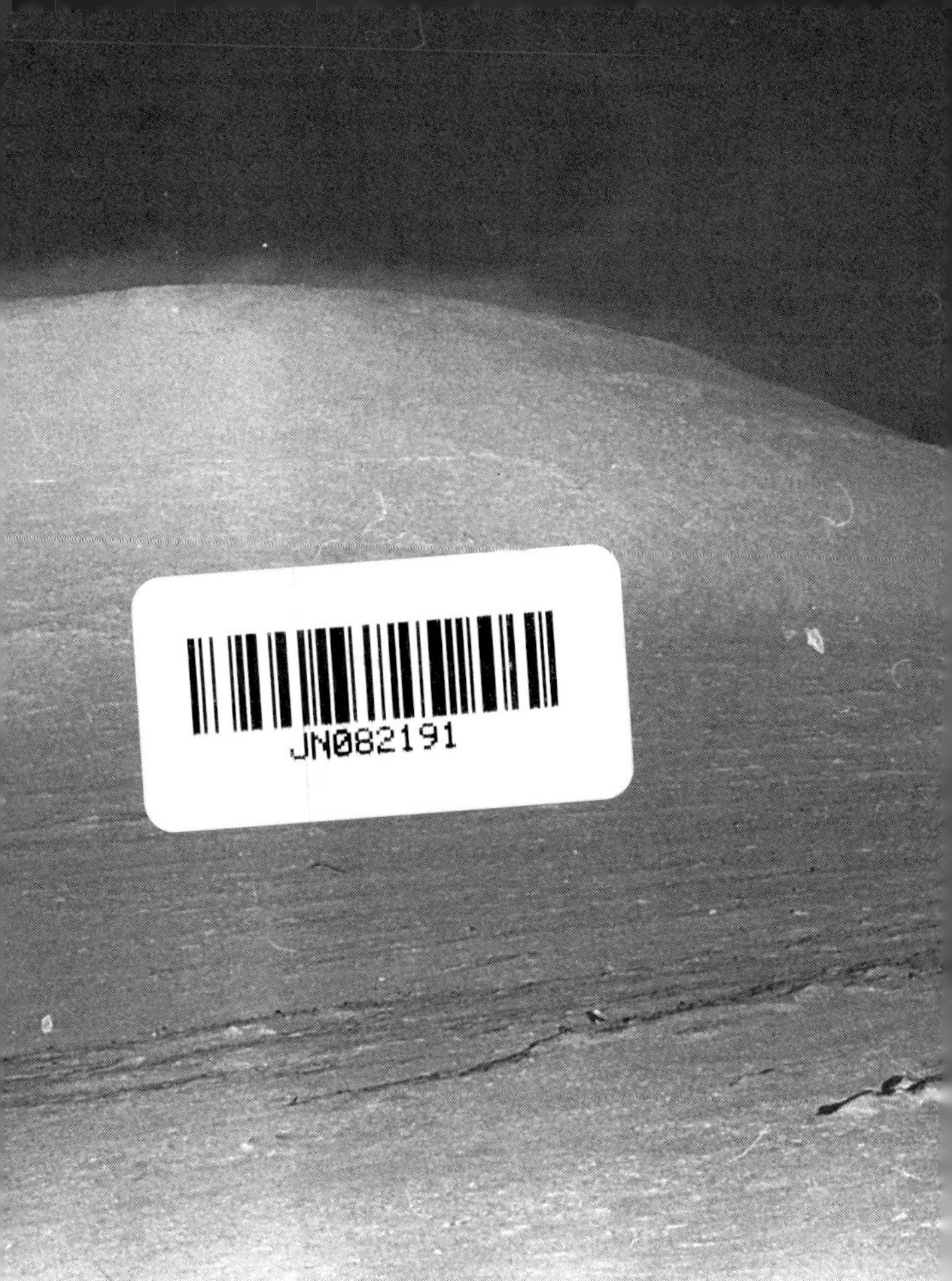

ホラチャフリ山（別名「死の山」）、1959年撮影。
ディアトロフのテントは、この写真の中央よりやや右の地点にあった。

「もし神に
ひとつだけ質問できるとしたら
あの夜、友人たちに
ほんとうはなにが起こったのか
訊きたい」
——ユーリ・ユーディン

もくじ

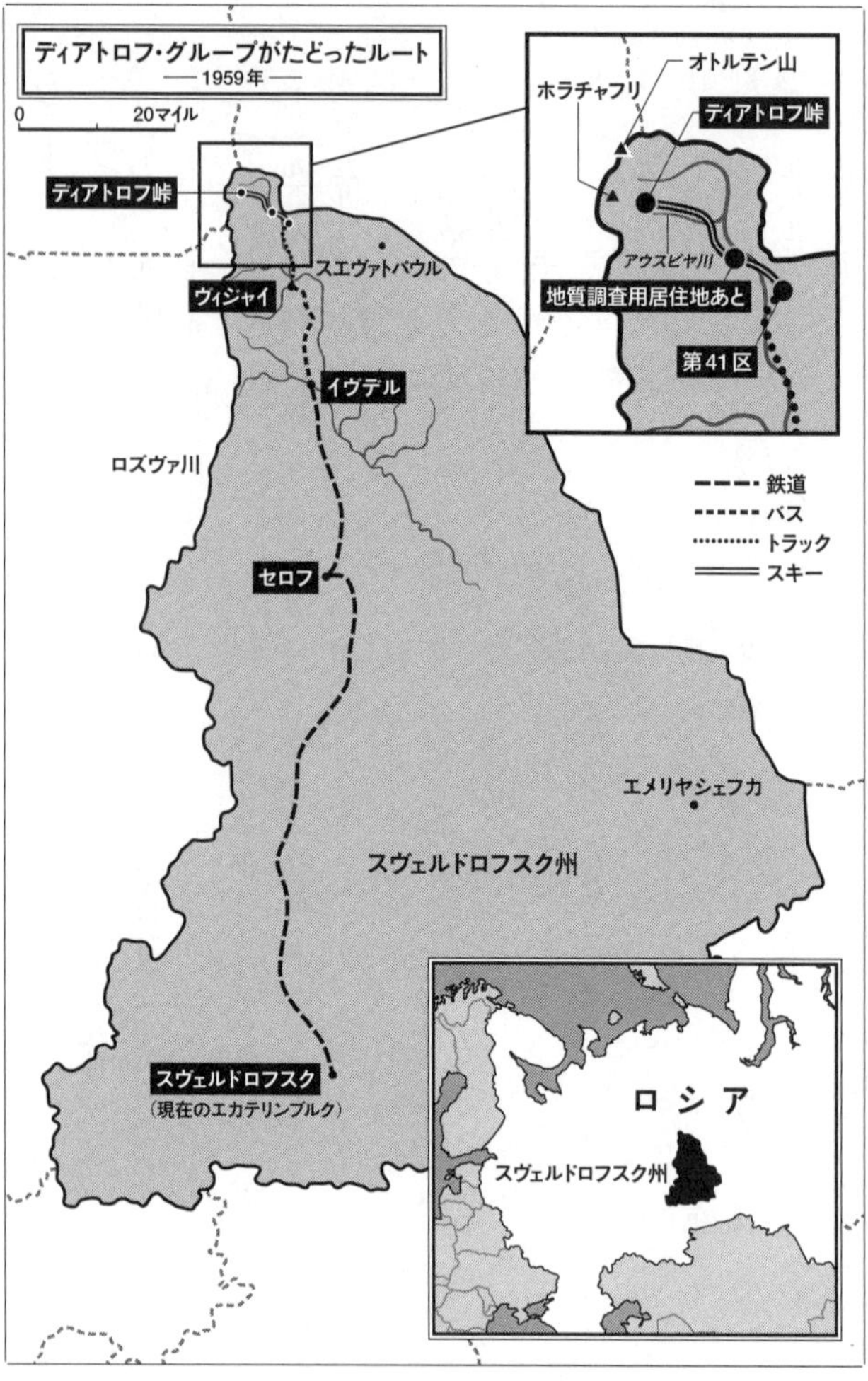
ディアトロフ・グループがたどったルート
1959年
0
20マイル
ディアトロフ峠
スエヴァトパウル
ヴィジャイ
イヴデル
ロズヴァ川
セロフ
エメリヤシェフカ
スヴェルドロフスク州
スヴェルドロフスク
(現在のエカテリンブルク)
オトルテン山
ホラチャフリ
ディアトロフ峠
アウスピヤ川
地質調査用居住地あと
第41区
鉄道
バス
トラック
スキー
ロシア
スヴェルドロフスク州

死に山

◎凡例

・本文中の〔　〕内にある語は原著者、〔　〕内にある語は訳者によって補われたものである。

本書は、多年にわたるディアトロフ事件の調査に基づいて書かれた。事実の記述はすべて、ソ連の文書保管所の事件簿、トレッカー自身の日誌と写真、トレッカーの友人・家族のほか、捜索に関わった人々へのインタビューから引用した。また、科学者やこの事件のさまざまな専門家へのインタビューも参考にしている。ヴラディーミル・ボルゼンコフ、ユーリ・クンツェヴィッチ、ユーリ・ユーディンの貴重な助力がなければ、本書を書くことはできなかっただろう。二〇一二年の冬、ディアトロフ・グループの最後の足跡をたどる旅に出たとき、私たちにはひとつ目標があった――さまざまな手がかりを総合して、半世紀前にロシアで起こったこの謎の事件の真相を明らかにすることだ。

プロローグ　一九五九年二月　ソ連ウラル山脈北部

ふたつの人影が広大な雪景色のなかを重い足どりで進んでいく。その遅々たる歩みを見守るのは、かなたに冷厳としてそびえるオトルテン山の頂きだけだ。午後なのはたしかだが、何時ごろなのかはよくわからない。この荒野にあっては時刻はろくに意味をもたない。雲に覆われた空では太陽はたんなるしみでしかなく、見渡すかぎりのもやで大地と空の境も判然としない。向かい風にあらがって進むふたりの着ぶくれた影は、この広大な冬のページのちっぽけな句読点のようだ。

このふたりは大学生で、一〇日前から行方不明になっている友人たちを捜索にやって来たところだった。これは救助活動であり、死体の回収作業ではないとふたりはみずからに言い聞かせていた。なにしろ、行方不明の九人のメンバー——男性七人、女性ふたり——はトレッキングの経験が豊富で、この地域の山々を何度となく征服してきているのだ。それどころか学内で一目も二目も置かれるトレッキング・グループのメンバーであり、消息を絶ってからの日数を考えても、かれらがすでに死亡していると信じる理由はなにひとつなかった。友人たちとはすぐに再会できるにちがいない、あるいはこの雪の吹き溜まりを越えたらすぐにでも……しかし、ときおりいじけた松の木がはえている以外には、荒野には影ひとつ見えなかった。

陽《ひ》が傾いてきている。もうあまり時間がない。そろそろ引き返し、仲間の待つベースキャンプに戻らなくてはならない。このウラル山脈北部では気候が変わりやすい。なんの前触れもなくいきなり猛吹雪が始まることもあるし、つねにハリケーン並みの強風が吹き荒れていて油断できない。午前中は晴れていたが、いつのまにか空には険悪な雲が垂れ込めてきているし、すでに風が地面から雪を巻きあげはじめている。吹雪の前兆だ。今日も収獲なしで終わりそうだと思ったそのとき、もやのせいで遠いとも近いともつかないあたりに、岩でも樹木でもないものがちらと見えた——暗い灰色のなにか。近づいてみると、それは風にはためくテントだった。風のなかでも二本の柱はしっかり立っていたが、最近降った雪の重みで防水布は一部つぶれていた。

近づくにつれて、ふたりの胸中では安堵と恐怖の感情がせめぎ合いを始めていた。大声で友人たちの名を呼ぶが、返事がない。ピッケルが雪のなかから突き出しているのが見つかった。さらに近づくと、懐中電灯も落ちていた。雪に埋もれかけている。スイッチは入ったままで、電池が切れていた。なかば雪に覆われたテントの入口にひとりが向かう。テントは分厚いキャンバス地の要塞だ。風と寒さを寄せつけないように、布とファスナーが三重の障壁をなしている。彼が入口の雪をかき分けはじめるのをよそに、もうひとりはもっと手っとり早く入る方法を探していた。やがてピッケルをとり、何度か素早くふるってキャンバス地を切り裂き、新たな入口を作った。

ふたりは歪んだテントに入り、急いでなかに目を走らせた。こういう気候のもとでキャンプを張るさいの通例どおり、からのザックや綿入りのコートや毛布が敷きつめられて、地面やテントの縁から冷気が入り込むのを防いでいる。テントはおよそ七・五平方メートル、その南端にスキーブーツが何足か並んでいた。べつの縁にはさらに六足が並べてある。入口の近くには斧とノコギリが置かれていた。それ以外の荷物はほとんど梱包されたままだったが、私物がいくつか――カメラに缶入りのお金、日誌が一冊――出ているのが見えた。死体がないのがわかって、ふたりはそろって安堵のため息をついた。

しかし、ここの様子にはなんとなく尋常でないところがある。なにもかもきちんと整いすぎている――スキーブーツはまっすぐ並んでいるし、パンと穀物の袋はまとめてひとすみに置かれている。テントの中央のストーブはまだ組み立てられておらず、その近くで蓋をあけたココアの水筒が凍っていて、温めなおされるのを待っているかのようだ。布ナプキンのうえにはきれいにスライスしたハムものっている。全体に、だれかが整頓したばかりという印象を受ける。テントの一部がつぶれていなかったら、元気なキャンパーの一団が束ねた焚きつけを抱えていまにも戻ってきそうだった。

ふたりは雪のなかへ引き返し、この状況について考えた。手放しでは喜べないが、そう悪い状況ではなさそうだ。友人たちは死んではおらず、どこか外にいるのだ。たぶん雪洞《せつどう》のなかにでも。テントの周辺を見まわすふたりの頭には、この無人のテントがほんとうに明るい徴候なのかという疑いはよぎりもしなかったが、とはいえ理由は想像もつかなかった——友人たち、それも九人全員が、唯一の安全な避難所を棄てて、厳寒のロシアの荒野に姿を消したのはなぜだったのだろう。

1　二〇一二年

気温は零下三〇度近い。膝まで積もる雪を踏みしだいて、ディアトロフ峠に向かう。この真冬のさなか、ロシア人の仲間たちとともに、八時間にわたってウラル山脈北部をトレッキングしてきた。目的地に到達したいのは山々なのだが、足を前に出すのがいよいよむずかしくなってくる。視界は悪く、地平線も見えない。空も地面も乳白色のベールに覆われているようだ。雪の凍った表面を突き抜けて、ときおりいじけた松の木が顔をのぞかせている。それがなかったら、この足の下に生命が眠っているとはとても思えなかっただろう。私が履いている膝まで届くブーツは、二か月前にインターネットで買った「北極圏用《アークティック》プロ」モデルというもので、極寒のなかでも足を守ってくれるはずだった。それなのに、そのブーツのなかで右足の指が凍ってくっつきあっている。早くも切断の悪夢が目の前にちらつきはじめる。とはいえ、もちろん不平などこぼさない。先ほどいささか不満めいたことを口にしたら、ガイド役のヴラディーミルが顔を寄せてきて「これがシベリアだよ」と言ってくれたものだ。あとで知ったのだが、ここは厳密にはシベリアではなく、その入口でしかなかった。ほんもののシベリアは、このウラル山脈の向こう側から東にのびて、ずっと太平洋まで続いているのだ。とはいうものの、歴史的に見れば「シベリア」の語は、地理的名称というよりは心理状態であり、のしかかる恐怖の名でもあった。帝政時代から共産党時代のロシアは、この凍てつくこの世の地獄に政治的に望ましくない分子を送り込んでいた。この定義によれば、シベリアは地名ではなく耐えがたい苦難の名であり、ここがシベリアだとヴラディーミルが言ったのはたぶんそちらの意味だったのだろう。私はとぼとぼと歩きつづけた。

二度にわたってロシアに長期の旅行をし、二万四〇〇〇キロ以上も踏破してきた。幼い息子とその母親のもとを離れ、貯金も残らず使い果たしたのは、すべてここへ来るためだった。そしていま、旅の最終目的地にあと一、二キロのところまで迫っている。その目的地こそホラチャフリ（「ホラート・シャフイル」と表記することもある）、この地に昔から住むマンシ族の言葉で「死の山」だった。ホラチャフリの東斜面で起こった一九五九年の悲劇はあまりに有名で、全滅したトレッキング隊のリーダーの名をとって、その一帯はいまでは公式にディアトロフ峠と呼ばれている。そこに至るこの最後の行程は楽ではないだろう。ホラチャフリは辺鄙《へんぴ》というもおろかな場所にある、極寒の山なのだ。同行者たちによると、冬季にこのルートをとるアメリカ人は私が初めてだそうだ。

しかしいまのところは、そう言われてもかくべつやる気は湧いてこないし、慰めになることもない。凍えた足指のことは忘れて、唯一の目的のことを考えようとした。それは、半世紀以上も前に九人のトレッカーが死を迎えたテントの場所を見つけることだ。

二年少々前までは、自分がこんなところに来ることになるとは夢にも思わなかった。二年前にはディアトロフの名も、その名が代名詞になっている事件についても聞いたことがなかった。それが、アイダホ州で実話に基づく映画のプロジェクトを手がけていたとき、その調査をしていてたまたまこの事件のことを知ったのだ。ちなみにその映画は、トレッキングにもロシアにもなんの関係もなかった。この半世紀前の謎に対する興味は、最初のうちはごく表面的なものだった。たとえて言えば、とくべつ面白いウェブサイトを見つけて、しょっちゅうのぞきに行かずにいられないというような。そして実際、まだ読んだことのないちょっとした情報でもないかと、盛んにインターネットめぐりをしたものだ。そうこうするうちに、信頼できるものもあやしげなものも、簡単に入手できるオンラインの資料はあっというまに漁り尽くしてしまった。そのころにはディアトロフ事件に完全にのめり込んでしまい、もっとくわしいことを知らずにはいられないほどになっていた。

まずは事実だけを述べてみよう。一九五九年初めの冬、ウラル工科大学（現ウラル州立工科大学）の学生と卒業してまもないＯＢのグループが、ウラル山脈北部のオトルテン山に登るためにスヴェルドロフスク市（エカテリンブルクのソ連時代の名称）を出発した。全員が長距離スキーや登山で経験を積んでいたが、季節的な条件からして、グループのとったルートは難易度にして第三度、すなわち最も困難なルートと評価されていた。出発して一〇日後の二月一日、一行はホラチャフリ山の東斜面にキャンプを設営して夜を過ごそうとした。ところが、その夜なにかが起こってメンバーは全員テントを飛び出し、厳寒の暗闇に逃げていった。一行が戻ってこなかったため、三週間近くたってから捜索隊が送り込まれた。テントは見つかったが、最初のうちはメンバーの形跡はまったく見当たらなかった。最終的に、遺体はテントから一キロ半ほど離れた場所で見つかった。それぞれべつべつの場所で、氷点下の季節だというのにろくに服も着ていなかった。雪のなかにうつ伏せに倒れている者もいれば、胎児のように丸まっている者も、また谷底で抱きあって死んでいる者もいた。ほぼ全員が靴を履いていなかった。

遺体の回収後に検死がおこなわれたが、その結果は不可解だった。九人のうち六人の死因は低体温症だったが、残る三人は頭蓋骨折などの重い外傷によって死亡していた。また事件簿によると、女性メンバーのひとりは舌がなくなっていた。さらに、遺体の着衣について汚染物質検査をおこなったところ、一部の衣服から異常な濃度の放射能が検出されたという。

捜査の終了後、当局はホラチャフリ山とその周辺を三年間立入禁止とした。主任捜査官を務めたレフ・イヴァノフの最終報告書には、トレッカーたちは「未知の不可抗力」

によって死亡したと書かれている。以後の科学技術の進歩にもかかわらず、五〇年以上たったいまでも、この事件の原因を語る言葉はこのあいまいな表現以外にないのだ。

目撃者はないし、半世紀以上も広範な調査がおこなわれたものの決め手はなく、ディアトロフ峠の悲劇はいまだに説明がつかないままだ。ロシアではこの問題を扱った書籍は無数に出版されており、その信憑性や調査の精度はさまざまながら、ほとんどの著者は他の著者はまちがっていると主張している。ただ驚いたのは、これらのロシア人著者のだれひとり、冬に事件現場を訪れたことがないらしい。そういう著作その他では、常識的なものから突拍子もないものまでさまざまな推測が語られている。雪崩、吹雪、殺人、放射線被曝、脱獄囚の攻撃、衝撃波または爆発によるショック死、放射性廃棄物による死、UFO、宇宙人、狂暴な熊、異常な冬の竜巻などなど。強烈な密造酒を飲んで、ただちに失明したせいだという説まである。この二〇年間には、最高機密のミサイルの発射実験――冷戦まっさかりのころ、ウラル山脈では定期的におこなわれていたのだ――を目撃したせいで殺されたのではないか、という説も出てきた。自称懐疑主義者ですら、この複雑な謎を解明して科学的に説明しようとして、陰謀論や偽情報の網の目にからめとられている。

しかしひとつだけ、いまでも明らかに言える事実、それも胸の痛む事実がある。九人の若者が不可解な状況で生命を落としたということ、そしてなにがあったのか知らされることもなく、その家族の多くもまたすでに世を去ったということだ。まだ生き残っていいる人々も、やはり同じ答えのない疑問を抱いて墓に入ることになるのだろうか。

私はドキュメンタリー映画作家として、ある出来事の事実関係を明らかにし、観客の心に響く形でそれをまとめあげるのを仕事にしている。どんな外的事件によって惹きつけられたにしても、私が関心を抱くのはやむにやまれぬ情熱を抱く人々だ。そんな情熱的な人物の足跡をたどっていると、往々にして過去に戻って、かれらの個人的な勝利や悲劇の背後にある歴史を調べることになる。*Victory Over Darkness*（闇に打ち克つ）において、世界初の盲目の鉄人、つまり盲目のトライアスロン選手の精神を探ったときでも、あるいは短篇ドキュメンタリー *Dan Eldon Lives Forever*（ダン・エルドンは死なない）で、フォトジャーナリストだった故ダン・エルドンの生涯を描いたときでも、突き詰めて言えば私が目指したのはある人間の謎を解きあかすことだった。

たしかにディアトロフ事件は謎めいているが、この事件に惹きつけられたのは、たんに真相を知りたいという欲求のためだけではない。ディアトロフ・グループのメンバーは、大学で勉強するかたわら、ろくに地図もない地域を探検して過ごしていた。インターネットもＧＰＳもない時代にだ。かれらの生きた環境——冷戦まっさかりのソビエト連邦という——は私自身が生まれ育った環境とはあまりにもかけ離れてはいるが、かれらの探検の旅には一種の純粋さがあり、そこに共感を覚えた。

私は一九七〇年代から八〇年代にかけて、フロリダ州のメキシコ湾岸中央部で育った。さんさんと太陽の輝く土地だ。私が生まれたとき両親はまだ一〇代だったから、子供時代は自由でのんきなものだった。学校に行っていないときは、たいてい暑い海岸で釣りやサーフィンをして遊んでいたものだ。一九八七年の夏、一五歳のとき、父とともにサーファーの楽園コスタリカに旅行した。私にとっては初の外国旅行だったが、当時の中央アメリカにはまだ観光客の大群が押しかけてはいなかった。なんのつてもない旅行者に入手可能な情報は乏しく、通信販売の地図に頼って当地最高のサーフビーチを見つけるしかなかった。届いた地図をキッチンのテーブルに広げて、私はくねくねした海岸線を調べた。滑稽なほど具体的なアドバイスが冒険を予感させる。「地元民に数コロンつかませてこのゲートを通ろう」とか、「河口の大木を目印に波をつかまえよう」とか。

サンホセで飛行機を降りたとたん、頼りと言えば地図とスペイン語の基本会話用語集一冊だけで、私たちはすべてのしがらみから解き放たれ、ただその瞬間瞬間を生きるようになった。その翌日から、人けのない海岸で完全無欠の波に乗り、静かな月明かりの下でキャンプを張り、侵入してくる虫にも負けず、ホエザルやワニや大蛇とニシキヘビの横で時を過ごした。はるかな地での冒険のおかげで同志意識がはぐくまれ、父と私はともに勇敢に行動していた。熱帯の中央アメリカを北極圏のロシアと同列に並べるつもりはないが、あのときのことを思い出すとわかるような気がするのだ――ソビエトの若者たちが、野外遠征のもたらす仲間意識と引き換えに、どうしてウラル山脈の荒野で繰り返し生命の危険を冒していたのか。

言うまでもなく、この事件の核心には謎があり、それに関する数々の不可解な手がかりがある。いったいなぜ、野外活動の経験豊富な男女九人が、零下三〇度という状況で、まともに服も着けずにテントから飛び出し、確実な死へ向かって一キロ半を歩きつづけたのか。ひとりかふたりなら、なぜか安全なキャンプを離れるという過ちを犯すこともあるかもしれない。しかし九人全員がそんな過ちを犯すだろうか。行方不明のトレッカーの遺体が発見され、犯罪捜査や法医学調査がおこなわれたにもかかわらず、なにがあったのかまったく説明がつかない——そんな事例を、私はほかに一件も知らない。ひとり、あるいはグループ全員が跡も残さず消え失せるという事件は、歴史を通じて何度か起こっている。しかしそういう場合は死因はかなりはっきりしていて、雪崩にあったかクレバスに転落したかのどちらかだ。グローバル化された現代世界では、かつて例のない大量のデータに即時にアクセスでき、個々人の努力の結果をプールする手段も高度に発達している。それなのに、この事件がいまだに頑固に解明を拒んでいるのはなぜなのだろう。

私の詮索好きシナプスが本格的に発火しはじめたのは、ディアトロフ・グループの唯一の生存者ユーリ・ユーディンがまだ生きていると知ったときだった。ユーディンは問

イーゴリ・ディアトロフ、1957～58年ごろ

題のトレッキング・グループの一〇人めのメンバーだったが、初期の段階で引き返すことを選んだのだ。そのときは知るよしもなかったが、おかげで彼は生命拾いをしたのである。そしてまたそのせいで、生存者罪責感〔戦争や大事故などを生き延びた人が、自分だけ助かったことに後ろめたさを感じて苦しむこと〕にずっと悩まされることにもなったのではないだろうか。計算してみると、ユーディンはいま七〇代の初めからなかばぐらいのはずだ。マスコミに対してはめったに口を開かない人のようだが、なんとか説得して話を聞かせてもらうことはできないものか。

ユーディンを探そうとする初期の努力はまるで実を結ばなかったが、ロシアのエカテリンブルクにある〈ディアトロフ財団〉の理事長ユーリ・クンツェヴィッチに連絡をとることはできた。クンツェヴィッチの説明によると、財団の目的は遭難したグループの記憶を風化させないこと、そして一九五九年の悲劇の真相を明らかにすることだという。ディアトロフ事件の捜査記録はすべて公開されているわけではなく、財団ではロシア当局を説得して犯罪捜査を再開させたいと希望しているらしい。通訳を通じてではあったが、彼の対応には心からの誠意がこもっていて、私が理解を深めるのに役立つ情報があれば提供したいと言ってくれた。しかし、この事件に関する具体的な質問——ユーリ・ユーディンにどうしたら会えるかという問いも含めて——には、あいまいなはっきりしない答えしか返ってこない。しまいに彼は私に相応の負担を求めてきた——「この事件の真相を解明したいなら、ロシアにいらっしゃらなくてはならないでしょう」

私がどういう人間か、クンツェヴィッチはちゃんと知っていたわけではない。私は映画作家だと自己紹介しただけだし、ふたりで話をしたのも四五分だけだ。にもかかわらず、彼ははっきり私を招待してくれた。それともこれは召還だろうか。私はロシア人ではない。言葉もわからないし、生まれてこのかた雪を見たことは一〇回あるかないかだ。それなのに、冬のさなかにロシアをうろつきまわって、かの国の最も不可解な謎のひとつを解明しようとは、いったいなにさまのつもりなのか。

それから二年後、私はディアトロフ峠に向かって歩いている。しょっちゅう立ち止まっては手袋に温かい息を吐きかけながら、気がつけばずっと同じことを自問していた。なぜ私はここへ来ているのだろう。

2　一九五九年一月二三日

背負う荷物を軽くしよう
空はいつも晴れているし
冬はそれほど寒くないし
夏はそれほど暑くない

――ゲオルギー・クリヴォニシチェンコ「新年の詩」（一九五九）より

一九五九年一月二三日、この寮の五三一号室をのぞくことができたら、友情と若さと幸福を絵に描いたような情景がそこにはあったことだろう。部屋じたいにはとくに見るべきものはない。スヴェルドロフスクのウラル工科大学の寮ではたいていそうだが、家具備品はなんとか使えれば御の字だったし、せっせと石炭を呑み込むボイラーのせいで、年の半分は建物全体が振動している。この部屋を眺める人がいれば、そのはがれかけた壁紙、ぼこぼこのマットレス、共用キッチンから漂ってくる悪臭からして、ここで暮らす学生たちは、物的な快適さ以外のものに喜びを見いだしているにちがいないと思うだろう。きっと、書物や芸術、友人や自然――この物置のように見すぼらしい部屋から、かれらをはるか遠くへ連れていってくれるもの――を生きがいにしているにちがいないと。そしておそらくそれは正しい。その一月の第四金曜日、新学期が始まる一か月前のこと、ここに集まった二〇代前半の九人の若者たちは旅行の最終準備にかかっていた。狭苦しい寮での生活から解放されて、はるか遠くへ旅に出るのだ。

その夜の部屋は興奮ではちきれそうだった。だれもが分担した仕事にせっせと取り組みながら、仲間に聞こえるように大声で話しかけている。グループの日誌には、そんな会話の断片が記録されていた。

塩を忘れてた!

イーゴリ! どこにいる?

ドロシェンコはどこだ。どうして包みを二〇個とってないんだ?

汽車でマンドリン弾く?

秤《はかり》はどこに行った?

くそ、入らん!

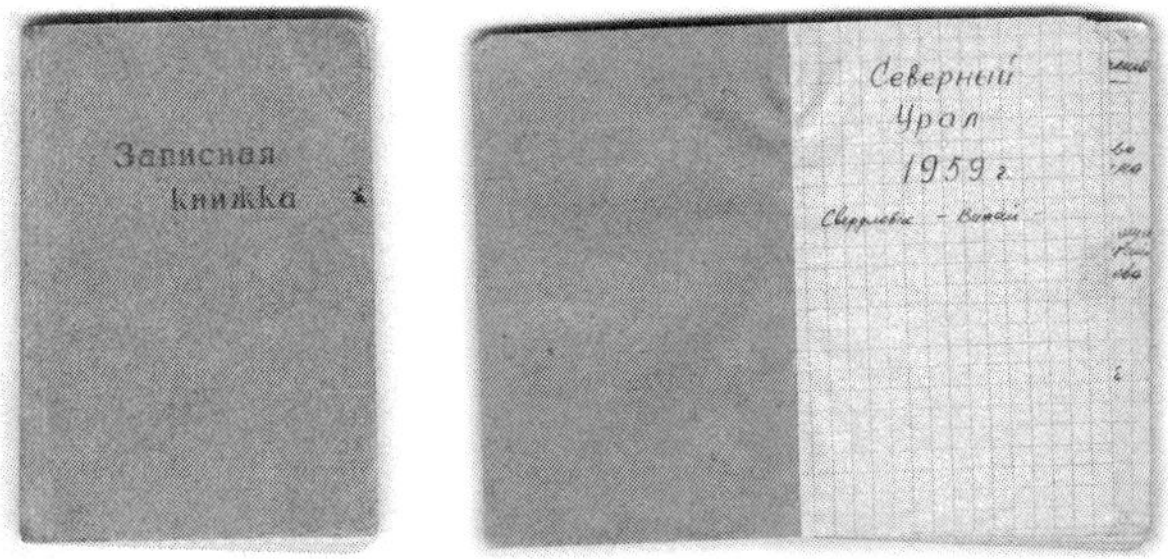

ディアトロフ・グループの日誌。表紙と第一ページ。

ナイフはだれが持ってる？

若者のひとりはザックに食料を詰めており、いくつもの麦の袋や肉の缶詰をうまく配置して、空間をできるだけ効率よく使おうと苦心している。近くでは、べつの若者が薬品の目録を作っている。紛失した靴をあわてて探している者もいる。

どこに行ったんだ、おれの革のブーツ。

グループのリーダーは二三歳のイーゴリ・ディアトロフだ。この最終準備のもようを、彼はきまじめな表情で熱心に見守っている。イーゴリはやせ型だが力は強く、髪の毛は短く切り詰めていた。口もとは女性的と言っていいほどで、目は離れている。一般的に言う美男子ではなかったが、その顔にはどこか目を離せないところ、内面の豊かさと強い自制心を雄弁に物語るところがあった。

技術的な知識が豊富で、どんな状況でもやすやすと対処できるというので、大学のトレッキング部ではよく知られていた。「イーゴリにはまちがいなくリーダーの風格が備わっていました」彼の友人で、トレッキングの指導者でもあったヴォロディヤ・ポロヤノフは、何年ものちにそう回想している。「だれもが彼の下で遠征に出たがったが、それだけの実力を証明しないうちは、イーゴリのグループには入れてもらえなかった」

イーゴリはエンジニア一家の子で、幼いころから緻密で科学的な才能を発揮していた。ウラル工科大学では無線工学を学び、冷戦中のソ連では短波無線通信は禁止されていたにもかかわらず、自宅の部屋には制御盤、手製の受信機、短波無線機が備わっていた。「イーゴリのおかげで、私たちはトレッキングに手製の無線受信機を持っていくことができたんです」ポロヤノフは言う。「技術分野に関しては、イーゴリの知識は百科事典なみだった」。べつのトレッキング仲間モイセイ・アクセルロッドは、一九五八年にシベリア南部サヤン山脈を旅したときのことをこう語っている。「ディアトロフがすごい超短波送信機を持ってきてくれて、あれはほんとうにありがたかった。ボートどうしの通信に使ったんです」

そんな無線好きにもかかわらず、今回の旅にイーゴリは無線機を持っていくつもりはなかった。当時の短波無線機はかさばる機械で、冬季にロシアの荒野に持ち出すなど問題外だった。それに、必要不可欠な荷物がすべてそろっているか、それを確認することで頭がいっぱいだったのだ。なにか忘れてきたら、ウラル山脈のまんなかでは補給のために立ち寄る場所もないし、生死を分けるような物品を忘れてきたと非難されたい者などいない。これは、イーゴリたちにとって重要きわまる旅だった。かれらは全員、トレッキング第二級の資格を持っていたが、今度の旅行が計画どおりに進めば、戻ってきたときには第三級の資格を獲得できるはずだった。これは当時のソ連ではトレッカーとして最高の資格であり、認可される条件は最低三〇〇キロを踏破、うち二〇〇キロは難度の高い地域でなくてはならないと決まっていた。また旅行期間は一六日以上、うち八日以上は無人の地域で、六日以上をテントで過ごすこと、という条件もつく。この条件を満たして新しい資格を得れば、「スポーツ・マスター」として人を指導することができる。そんなわけで、イーゴリたちはこの資格がどうしても欲しかったのだ。

彼の近くに座って日誌にペンを走らせているのは、この部屋にいる女性ふたりのうちのひとり――ジナイダ・コルモゴロヴァだ。同じく無線工学を学ぶ学生だが、もっともイーゴリほどこの分野に自然に親しんだというわけではなかった。友人たちにとって「ジーナ」は元気で明るく、いつも面白いことを言ったり愉快な話題で笑わせたりしてくれるお転婆娘だった。しかしいまは、そのきれいなお転婆娘も口をつぐんでいる。今夜の日誌を任されていたので、準備の最終段階についてグループ全体の記録を残す責任を感じていたのだ。整った顔だち、大きな茶色の目を手もとに向けて、出発前の雰囲気をとらえようとしている。この部屋をなんと表現しようか。室内は芸術的に散らかっている……ジーナは、どこへ行っても注目を集めるタイプの娘だった。グループのなかには、ひそかに彼女に想いを寄せている者も何人かいたほどだ。

この部屋にいるもうひとりの女性は「リュダ」ことリュドミラ・ドゥビニナで、グループ最年少の二〇歳だった。専攻は建設業界の経済、まじめな性格で、今夜任された仕事からもそのことはよくわかる。つまりお札を数えて丸め、防水の缶にきちんと収めることだ。リュダは体力があり、苦痛への耐性が高かった。以前のトレッキング旅行のさい、仲間の狩猟ライフルの暴発で脚を撃たれたことがあるのだが、サヤン山脈東部からでこぼこ道を八〇キロ以上も運ばれながら、泣き言ひとつこぼさなかった。

率直で真摯な学生と評判をとっていただけでなく、リュダは熱心な共産主義の信奉者でもあった。軍服を着ていたら、共産党の宣伝ポスターから抜け出てきたかと思われたかもしれない。ソ連時代には、そんな若い女性をさす「銃をもつ赤いスカーフの娘」という表現もあったぐらいだ。

その夜、ユーリ・ユーディン——グループに三人いるユーリのひとり——は、医薬品のキットをせっせと梱包していた。童顔で、笑うたびに口から出っ歯がのぞく地質学専攻の学生で、気安さと人の好さを絵に描いたような若者だった。生まれてからずっと、リューマチ、心臓病、慢性的な膝痛と腰痛に悩まされていて、このグループではいちば

「リュダ」こと
リュドミラ・ドゥビニナ。
夏のトレッキング旅行の
1枚（日付なし）。

以前のグループ・トレッキングの1枚。
「ジーナ」ことジナイダ・コルモゴロヴァは右から4人め、
縁の白い丸いサングラスをかけている（日付なし）。

んらしくないメンバーでもあった。病気で一年休学を余儀なくされたこともあったほどだが、トレッキングのおかげで体力がついてきた。たえまなく病気と闘ってきたことを考えると、彼の医薬品担当はまちがいなくはまり役だった。

イーゴリ、ジーナ、リュダ、ユーディンのほかに、部屋には五人のメンバーがいた。「ドロシェンコ」ことユーリ・ドロシェンコは、ジーナやイーゴリと同じくウラル工科大学で無線工学を学ぶ学生だ。熱血漢で勇敢で、伝説の英雄めいた雰囲気をまとっていた。これはおそらく、度胸と地質調査用のハンマーだけを頼りに、キャンプからクマを追い払ったことがあるせいだろう。

「ゲオルギー」ことユーリ・クリヴォニシチェンコは、グループ専属のコメディアン兼ミュージシャンで、気の利いたジョークとマンドリンならお手のものだった。人をそらさぬ魅力があって話術にたくみで、ある友人に「ズボンをはいたジーナ」とあだ名をつけられている。とはいえ、歌を歌ったりいたずらばかりしているわけではなく、ふだんは建築学と流体力学を学んでいた。

「コレヴァトフ」ことアレクサンドル・コレヴァトフは几帳面な若者で、堂々たる体格をしていた。核物理学が専門だが、休み時間には骨董のパイプを好んで吹かす。また孤独を好む傾向が強くて、自分の日誌を仲間に見せたがらないことも多かった。

「ルスティク」ことルステム・スロボディンは、いわばこのグループの「お坊ちゃん」

だ。裕福な大学教授の息子で、すでに機械工学で学位を取得していた。ゲオルギーと同じく音楽の才能があり、マンドリンの演奏が得意だった。とは言ってもエリート風を吹かせるようなことはなく、もったいぶったところのまるでない、とくべつ親しみやすい若者だった。

そして最後が、「コーリャ」ことニコライ・ティボー＝ブリニョールだ。外国ふうの名前と出自で異色の存在だが、これは曾祖父がフランス人で、一八八〇年代にウラルの工場で働くためにロシアへ移民してきたからだ。コーリャはすでに、産業土木建築学で学位を取得していた。まじめで博覧強記だが、いついかなるときも冗談の種を探しているようなところがあった。

七人の男とふたりの女は、重い荷物に腰を曲げながらも、興奮した神経束のように一団となって、五三一号室を出て階段を四つ降りていった。ぞろぞろと寮をあとにし、一月の身を切る寒さのなかへ出ていくと、市街電車の停車場へ向かった。この電車で、大学から数キロ離れた駅まで行こうというわけだ。二〇分後、市街電車が駅に着いたとき、急がないと汽車に乗り遅れることに気がついた。あわてて入口に駆け込んだ九人には、暗く煤けた町に最後の別れの一瞥をくれる時間もなかった。

九人の仲間たちは、プラッツカルトすなわち三等客室に向かった。予算のきびしいロシアの学生たちがよくやる手で、わざと本来必要な数より少ない切符しか買っていなかった。車掌が切符を切りにまわってきたときには、うちふたりは木の座席の下に隠れるのだ。リュダはとくにこれが得意で、その小柄な体格を活《い》かして車掌の鋭い目をごまかす手筈になっていた。

　座席に落ち着いてみたら、いきなりメンバーがひとり増えていた。新入りが紛れ込んでいたのだ。イーゴリの知り合いで、ぎりぎり最後になっていっしょに行きたいと申し出てきたという。八対の目が新入りことアレクサンドル・ゾロタリョフに注がれ、だれもがすぐに年寄りだと見てとった。年寄りというか、つまり年長者だった。正確には三七歳だ。イーゴリは彼をほかのメンバーに紹介し、ゾロタリョフは地元のトレッキングのインストラクターだから、貴重な戦力が増えることになると説明した。ゾロタリョフはもともと、学生のトレッカーであるセルゲイ・ソグリンのグループとともにさらに北に向かい、ウラル山脈でも亜北極圏を旅する予定だった。ところが日程が合わなかったため、ソグリンが彼をイーゴリに紹介したというわけだった。タイミングとしては完璧だった。イーゴリのグループからは、もうひとりのメンバーだったニコライ・ポポフが抜けたばかりだったからだ。

「サーシャと呼んでください」新入りは、金歯をきらめかせてそう言った。口中が金属だらけというだけでなく、サーシャは入れ墨もしていた。右手の甲には「ゲーナ」の名が入っているし、袖をまくったときにちらと見えたのだが、右の前腕にはビートの図柄

ユーリ・ドロシェンコ（最後列右端）、「ジーナ」ことジナイダ・コルモゴロヴァ（2列め右端）、ユーリ・ブリノフ（最前列中央）、その隣、筋の入った帽子をかぶっているのがイーゴリ・ディアトロフ。1957年5月1日のトレッキング旅行の1枚。

が入っていた。一九五九年には、一般のロシア市民のあいだでは入れ墨は比較的珍しかったが、退役軍人にはよく見られる習慣だった。そして実際、サーシャは第二次世界大戦で戦闘を経験していた。

見慣れない顔を見つけた最初の驚きが収まると、グループは座席にゆったり腰を落ち着け、周囲に座っているほかのトレッキング・グループとおしゃべりを始めた。イーゴリたちは、同じトレッキング部の仲間のひとり、ユーリ・ブリノフが同じ客車に乗っているのを見つけて喜んだ。ブリノフ隊はかれらと同じルートで北のイヴデルに向かうところで、ふたつのグループはこれから数日間、行動をともにすることができるのだ。

ディアトロフ隊の出発は、最初思っていたほどにはスムーズに行かなかったかもしれないが、汽車が駅から出発するころには、みな上機嫌になっていた。さほど経たないうちに、新入りは仲間として受け入れられていた。ゲオルギーがマンドリンを取り出すとサーシャが歌いはじめ、まるで最初からグループの一員だったかのようだった。一〇人は何時間もいっしょに歌った。お気に入りは、旅の喜びを歌った「地球」だった。

歌声は渡っていく、どこまでも
山の峰を越え、頂きを越え
二月の吹雪を越え、嵐を越え

ウラル工科大学。1959年

教室のイーゴリ・ディアトロフ、左端（日付なし）。

見はるかす雪原をも越えて
友の歌はわが耳に届く
何百マイルと離れていても
はるかかなたをさまよっていても
どんなに遠かろうとも、
友の歌はわが耳に届く

何時間もぶっ通しで歌を歌い、知らなかった歌もすっかり憶えてしまってから、ジーナは日誌を取り出してその日最後に考えたことを書き留めた。

この旅ではどんなことが起こるのだろう。いままでとちがうなにかが待っているのだろうか。そうそう、男子はみんなこの旅行のあいだは禁煙すると固く誓っている。その決意がどれぐらいもつものやら。煙草なしでやっていけるのかな？　そろそろ眠る時間。ウラル山脈の森が窓の向こうにぼんやり見える。

3　一九五九年二月

モスクワから一七〇〇キロほど、ウラル山脈の東側にエカテリンブルクはある。ロシア第四の都市にしてウラル工科大学のホームタウンだ。灰色の工場町だが、すぐそばには肥沃な湿地が広がっている。その湿地の向こうには息を呑むほど美しい山脈がそびえ、それが目の届くかぎりどこまでも続いている。人口七七万九〇〇〇のこの都市は、ぐるりを分厚い常緑樹の毛布に囲まれ、その一面の緑のあちこちに、湿地や漆黒の湖や静かな村々が点在している。そんなみずみずしい環境に、このコンクリートの町――機械と軍需工場で知られる――はあるのだ。周囲の美しい自然と、この薄汚れた工業都市とのあまりの落差には驚くしかない。一年の半分は穏やかな気候に恵まれているが、残り半分には街路は変色した雪に厚く覆われ、空は幾重にも重なる工場の煤煙で黒ずんでいる。少なくとも一九五九年、ソ連時代の名称であるスヴェルドロフスクと呼ばれていたころには、ここはそういう街だった。

ソビエトは君主制の名残を排除しようとし、そしてそれとの関連で、二世紀前のピョートル大帝による西欧化の名残をも徹底して排除しようとした。その一環として、エカテリンブルクなどの都市はいわば再洗礼（といっても無神論的なそれだが）を受けて、新たな名前をつけられている。一九二〇年代なかばには、改名されていない都市はないかのようだった。最もよく知られているところでは、ペトログラード（もとサンクト・ペテルブルク）がレニングラードになり、ヴォルゴグラードがスターリングラードになっている。しかし、どんなに名称を替えようと、ピョートル大帝の遺産をこの国から、あるいはエカテリンブルク――大帝の妃エカテリーナにちなんで名づけられた――から拭い去ることはできなかった。ピョートル大帝が建築物に残した影響は、いまも市の新古典様式の建物に見ることができるし、市民が大いに自慢にしている教育機関も大帝の残した遺産のひとつだ。この市で最高の教育機関は、おそらくウラル州立工科大学（Ural State Technical University）だろう。もっとも、ここはつい最近までずっとウラル工科大学（Ural Polytechnic Institute）、略してＵＰＩと呼ばれていた。

ＵＰＩは一九五九年、ソ連邦内の多くの教育機関と同じく、一種のルネサンスを経験していた。数年前に政権を握ったフルシチョフは、スターリン時代の文化的抑圧を緩和しようとしたのだ。彼の改革は、芸術や科学や運動競技の急速な開花につながった。スターリン後の全国的なこの軟化は「雪解け」と呼ばれている。芸術家や知識人にとってのフルシチョフ時代は、何十年も文化的な干ばつが続いたあとの、待ちに待った慈雨のようなものだった。
「歴史上、自国のみならず世界全体にこれほど長く破滅的な影響を及ぼした人物は、スターリンを除けばほとんどいない」ロバート・コンクエストは、このロシアの指導者に関する決定的な研究書 *Stalin: Breaker of Nations*〔邦題『スターリン――ユーラシアの亡霊』〕のまえがきにこう書いている。「まる二世代にわたり、スターリンの遺産は一〇カ国以上の国々の胸に重くわだかまり、またその他あらゆる国々にも、その脅威は恐るべき核戦争の可能性という形でのしかかってきた。スターリンには死の気配が色濃くまつわりついていたが、彼は自身の作り出した体制に長く生きつづけ、その寿命がようやく尽きはじめたのはつい最近になってからだ。一九五三年に死去したとき、スターリンはあとに怪物を遺していった。それから一世代以上を経たいまも、その怪物の断末魔はまだ終わっていない」

そうは言っても、スターリンの死後、ボリシェヴィキ革命以来初めて知識人たちが口を開けるようになり、その結果として一般の人々もより大きな自由とチャンスに恵まれることになった。この短命に終わったロシア史のめくるめく一時期、第二次世界大戦の壊滅的な打撃を生き延びた人々はとくに、ようやく自由に息のできる思いをしていた。そしてそれ以前、懲罰的な公開裁判の一九三〇年代を生き延びた人々も。アーサー・ケストラーが有名な『真昼の暗黒』で小説にしているが、これはスターリンが政敵と見なした人々を投獄・殺害した時代だった。

一九五〇年代なかばから後半にかけて、ロシアの若者は数十年ぶりに、将来への希望を感じられるようになった。スポーツ、芸術、技術、そして教育の機会、そのすべてがこの新たな楽観主義を形作っていた。それは希望に満ちた時期であり、それから三〇年ほどのちにソビエト連邦が崩壊するまで、こんな時期はロシアの歴史に現われることはない。ソ連の基準で言えば「雪解け」は、若さと健康と知的好奇心を備えていることを心底喜べる時期だった。そしてディアトロフ・グループの一〇人は、全員がその三つを備えていたのだ。

この一九五九年という文化花開く年の二月のある日、イーゴリ・ディアトロフの妹ルフィーナは、大学のキャンパスをあとにしようとしていた。二一歳の彼女は兄をかわいくしたような女性で、まっすぐなまなざしと、スラヴ系によく見られる骨格のはっきりした顔だちをしていた。兄妹は仲がよく、ともに科学技術に熱中していた。なにしろルフィーナは、兄イーゴリの例にならってＵＰＩで無線工学を専攻しているほどなのだ。

二月なかばともなれば、大学構内は学生でいっぱいになる。帰省先から、あるいは（スポーツ部の学生の場合は）トレッキング旅行から戻ってくるからだ。このころには、ほとんどのトレッキング・グループが新学期に間に合うように戻ってきていた。爽快な山の空気のなかで過ごした数週間で、若い心と肺をよみがえらせて。しかし、ルフィーナの兄は戻ってきていない。そしてルフィーナは、大学側と話をしてがっかりして戻ってきたところだった。今日は二月一六日、イーゴリは三日前には戻ってくるはずだったのに、だれもとくに心配していないようなのだ。

大学側が心配していないのは、イーゴリの提出した予定ルートの安全性を、トレッキング委員会が徹底的にチェックしていたためかもしれない。あるいは、冬山ではとくにそうだが、登山には遅れがつきものだからかもしれない。山に入ると下界と連絡する手段がないから（たまに山小屋から電報を打つのをべつにすれば）、なにかあって予定から遅れても、家族には待つ以外にはほとんどできることはなかった。

イーゴリ・ディアトロフの撮った写真。1958年

ルフィーナは気が重かった。大学での用向きが不首尾に終わったと、これから家族に伝えなくては

ならない。一二歳の妹のタチアナには伝えないでおこうか。妹はまだ子供だし、兄のことが大好きなのだ。大学側がルフィーナの訴えにろくに耳を貸さなかったとか、まともに相手にしてくれず、根拠のない励ましの言葉を口にするだけだったとか、そんなことをタチアナに聞かせる必要もあるまい。トレッキングに出た学生の集団が行方不明なのに、家族以外はだれも気にしていないようだ、とルフィーナは思った。もっとも、UPIトレッキング部では多少の懸念が感じられないではなかった。とはいえ、トレッキング部の花形であるイーゴリとその仲間たちについては、たんに遅れているだけということでほぼ全員の意見が一致しているようだった。山に遅れはつきものだ。ひとりが足首を捻挫しただけで、グループ全体が足を引っ張られてよたよた歩きになってしまうのだから。

しかし、ルフィーナは兄のことはよく知っているし、アウトドア人種としての強さもよくわかっている。イーゴリは、上の兄のスラヴァと同じく「旅人」だ。もっとも西側で言うそれとは意味がちがう。ロシア語の「旅人」は「冒険家」にずっと近い。徒歩やスキーで荒野に分け入り、人跡未踏の地を探検し、自分の体力の限界に挑戦する人という意味なのだ。そしてイーゴリは、仲間のトレッカーの目で見ても「旅人」の最右翼だった。しかし、だから彼は戻ってくるとトレッキング部の友人たちが考えているのに対して、それはさらに心配を募らせる理由としかルフィーナには思えなかった。兄のように有能で慎重な男がこれほど遅れるとしたら、なにかひじょうに悪いことが起こったとしか思えない。
ルフィーナは、イーゴリの以前の旅行のことを思い返し、これほど戻ってこないことがあっただろうかと考えた。兄は自然と写真が好きで、自然に接する態度のすべてにその鋭い観察眼がよく表われている。また、日誌に書いたトレッキングに関する文章にも、野外での冒険への深い愛情がはっきり読みとれる。

七月八日。タデやカミツレ、ブルーベルの咲き乱れる美しい草原を歩いている。丈の高い草が生えているので、一列になって歩く。この平坦で広々とした草原は、ぐるりを山々で囲まれている。遠くには、ウラル山脈に連なる丘陵が青くかすんで見える。陽差しを浴びた草の香りはうっとりするほどだし、鳥の歌も聞こえる――まるで夢のようだ！

イーゴリのトレッキング日誌の文章はほとんどこんなふうだった。穏やかで、ウラル地方の植物や動物への敬愛に満ちている。予想外の危険に不意打ちを食らうこともあったかもしれないが、彼に対処できないことはなにもなかった。二年前の夏、イーゴリたちはトレッキング中に野生馬の群れに遭遇しているが、グループの日誌にはそのときの出来事がこう綴られている。

だしぬけに、背後から耳を聾する咆哮が聞こえた。なにかはわからないが、どんどん近づいてくる。私たちはふり向き、恐怖に凍りついた。野生馬の大群がこっちに向かって走ってくる——何頭も何頭も、一団となって！　すぐに逃げようと思ったが、どこへ逃げたらいいのだろう。イーゴリの厳しい声が飛ぶ。「動くな！　みんなじっとしてろ！」私たちはぴったり寄り集まった。目をつぶる者もいれば、恐怖に目を見開いて、ものも言えずに見つめる者もいた。三〇頭ほどの馬の群れが、全速力でこちらへ驀進してくる！　ところが私たちに突っ込む一五メートルほど手前で、群れは急にふたつに分かれ、足をゆるめることもなく、私たちをよけて走り抜けていった。まるで岩の前で川が分かれて、そのまま流れていくかのように。

しかし、夏のウラル山脈のさまざまな危険は、冬のそれとはまったく異なる。ルフィーナは、冬のトレッキングはほかの季節よりずっと危険だと知っていた。大学が捜しはじめるのが早ければ早いほど、兄が生きて帰ってくる可能性も高くなるのに。

不安を感じていたのは、イーゴリ・ディアトロフの家族だけではない。ディアトロフ・グループが戻ってくる予定だった二月一三日以降、メンバーの家族はそれぞれ不安を口にしはじめた。最初に声をあげたのは、ルスティク・スロボディンの両親だった。ルスティクの父、ヴラディーミル・スロボディン教授は地元の農業大学で教鞭をとっている人だが、彼はウラル工科大学のスポーツ・クラブに電話をかけた。しかし、クラブ顧問をしている中年のレフ・ゴルドもいま旅行中で、数日は戻ってこないと知らされている。ゴルドが戻るまでは、できることはほとんどないというのだ。

さらに二日が過ぎると、大学の電話はひっきりなしに鳴りはじめた。心配した親戚がたびたび電話をかけてくるのだが、聞かされる答えはいつもほとんど同じだった――ディアトロフ・グループは遅れているが、クラブの顧問がいま留守なのでどうすることもできない、もうしばらくお待ちください。しかし、なんと言ってなだめられても、両親たちにとってはほとんど意味がなかった。子供たちが現に戻ってきていないのだ。かれらは電話のそばを離れようとしなかった。二月一七日、大学側はついに圧力に負けて、ヴィジャイ村に問い合わせの電報を打った。ディアトロフ・グループは、ここから出発する予定になっていたのだ。いっぽう、家族は救難捜索機を飛ばすよう大学に要請しているが、この要請は拒否された。

その翌日、クラブの顧問レフ・ゴルドが別荘から戻ってきて、留守のあいだに嵐が起こりかけていたのに気づいた。しかし今日の大学は、家族に伝えられる情報を入手していた。家族の望むような情報ではなかったが、ともあれヴィジャイ村から返信が来たのだ――「ディアトロフ・グループは戻ってきていない」と。

結局は、これがきっかけになって大学はようやく重い腰をあげ、UPIの予備役将校訓練部隊の講師を務めていたゲオルギー・オルチュコフ大佐が、正式な捜索隊を組織する役目を任された。いっぽうレフ・ゴルドは翌日、UPIの学生ユーリ・ブリノフ――旅行の初期にはディアトロフらと行程が重なっていた――とともに、ウラル山脈北部の入口であるイヴデルに向かうことになった。

しかし、捜索を始める前から捜索隊はつまずいた。ディアトロフ・グループの承認されたルート計画は、地元のトレッキング委員会ではどこにも見つからなかったのだ。紛失したか、最初から提出されなかったかのどちらかだ。おおよそ北に向かったのはわかっているが、どのルートをとったのか正確なことを知るすべがない。地図上のコースがわからないのでは、捜索隊はなかば目隠しをしてロシアの荒野に踏み込むのも同然だ。

二月二〇日金曜日、行方不明のトレッカーの捜索が正式に始まった。ゴルドとブリノフは、スヴェルドロフスクを軍用ヘリコプターで飛び立ち、その日のうちにイヴデルに到着した。そこからは〈ヤク12〉偵察機で北に向かい、ロズヴァ川を遡上し、廃鉱のうえを飛び、「第四一区」――木材伐採作業員が住む丸太小屋の居住地――を過ぎてヴィジャイをめざす。飛行機はそこで西に進路を変え、セヴェルナヤ・トシェムカ川に向か

イヴデルでヘリコプターに乗り込む最初の捜索隊。1959年2月20日

捜索救難のため着陸するヘリコプター。1959年2月

い、ウラル山脈の尾根と西側斜面を調べることになっていた。しかし、そこまでたどり着くことはできなかった。雲と強風のために飛行場に引き返し、その夜はそこで過ごすことになったのだ。

ゴルドとブリノフがウラル山脈北部を空から捜索していたのと同じ日、UPIの学生ユーリ・ユーディンは新学期を迎えるためにスヴェルドロフスクに戻ってきた。イーゴリ・ディアトロフらといっしょだと思われていたから、友人たちは彼の顔を見て驚き、おかしい、なぜ行方不明になっていないのかと説明を求めてきた。旅行の途中、持病の腰痛が悪化してまともに動けなくなり、ユーディンはやむなく早めに引き返したのだが、まっすぐスヴェルドロフスクに戻るのでなく、冬休みの残りを故郷で過ごすことにしたのだ。そんなわけで、スヴェルドロフスクの北東二四〇キロほどのエメリヤシェフカ村でゆっくり家族と過ごしていて、学校でなにが起こっているかまるで知らなかったのである。

それがこうして大学に戻ってきて、友人たちが戻っていないと知って今度はユーディンが驚く番だった。ただ、イーゴリたちが予定より三日遅れていたのをユーディンは知っていて、それを大学に電報で伝えるのを忘れていたのを思い出した。もともと三日遅れていたのが、六日の遅れになっていたわけだ。しかしユーディンは、それぐらいの遅れは心配することはないとまだ思っていて、戻ってきた最初の日は地質学の勉強に没頭し、友人たちのことは気にしないようにしていた。おそらく、この大騒ぎの責任は自分にもあると思っていたのだろう。ディアトロフ隊が最初から遅れていたことを伝えてさえいたら、大学側にこんな心配をかけずにすんだかもしれないと思っていたのだ。ユーディン自身も不安の色を見せはじめるのは、それから数日経ってからのことだった。

翌日、ゴルドとブリノフはまた空から捜索をおこなった。前日よりずっと天候がよく、ふたりを乗せた飛行機は川をさかのぼって発源地のヴィジャイ村に達し、支流のアンチ

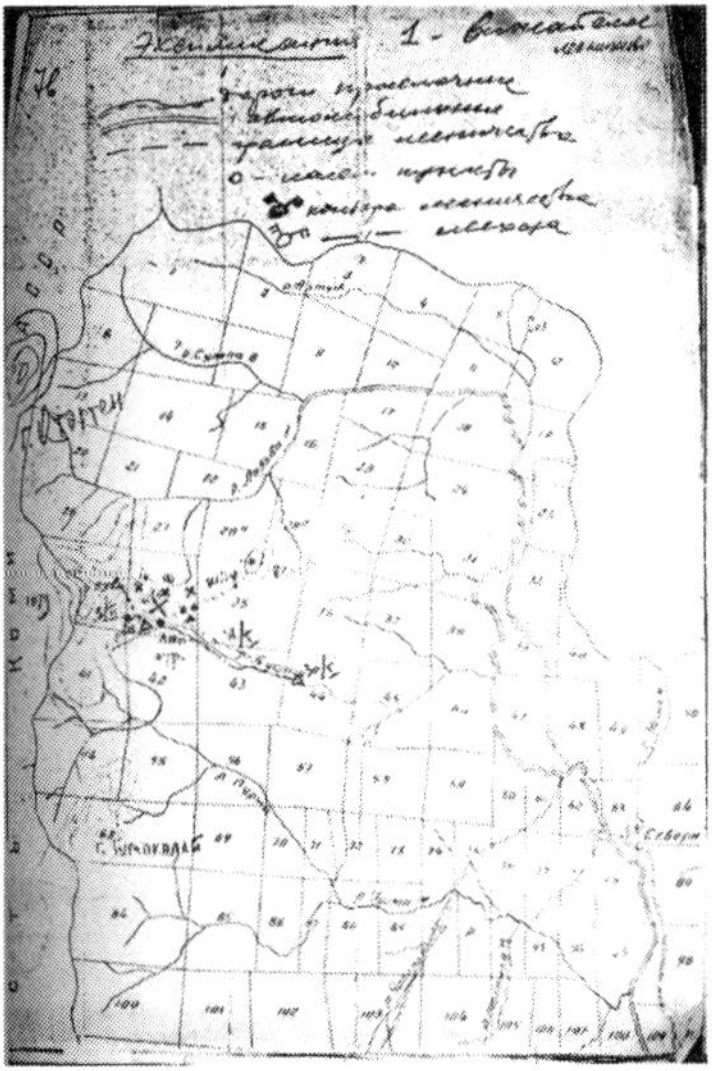
ヴィジャイ村の林間部で捜索隊が用いた図。
主要道路と生活道路が示してある。

ユチャ川を越えた。このあたりは、マンシ族という部族の住む地域である。隣接地域のハンティ族とともに、ウラル地域からシベリア北西部に住んでいる。数は少なく、六四〇〇人ほど。マンシ族の村々では、狩猟と漁労、それにトナカイの牧畜がおもな産業だ。

着陸すると、ゴルドとブリノフはバフティヤロヴァというマンシ族の村に向かった。村と言っても、防寒のためにトナカイの皮をかぶせた伝統的なユルト〔円形の移動式テント〕が集まっているだけだ。そこで聞いたところでは、数週間前に学生トレッカーのグループが村に立ち寄ってお茶を飲んでいったという。学生たちは、マンシ族の一員であるピョートル・バフティヤロフ（この村の名のもとになった一族だ）の客となったが、あまり長くは滞在せず、お茶を飲み終わるとすぐに立ち去り、ひと晩泊まっていくこともしなかったらしい。マンシ族からそれだけ情報を得ると、ブリノフとゴルドはまた離陸し、西のウラル山脈に向かった。窓から下を見おろすと、マンシ族の橇《そり》のあとが残っているのが見えた。そうやって客人を見送るのが土着民の礼儀なのだろう。橇のあとはバフティヤロフのユルトから始まり、西のウラル山脈のほうへのびていたが、森のとば口の少し手前で切れていた。そこから先では、九人のトレッカーの痕跡は原生林に呑まれて消え失せているようだった。

4　二〇一〇年

二〇一〇年一一月、初めてユーリ・クンツェヴィッチと電話で話してから三か月、ディアトロフの悲劇について知ってから九か月で、私は初めてロシアの土を踏むことになった。理想的なタイミングとは言えなかった。恋人のジュリアが妊娠七か月で、私たちは親になることの喜びと興奮を一から味わっているところだったのだ。しかし、子供が生まれたあとでは、この事件に割く時間はほとんどなくなるのもわかっていた。そんなわけで、私はロシアへ向かったのである。一二年来の親友で映画制作のパートナーであるジェイスン・トンプスンも、ありがたいことにすべてを放り出して同行することに同意してくれた。私と同様ディアトロフ事件に入れ込んでいて、学生たちがどうなったのか知りたがっていたのだ。私たちはモスクワに飛び、そこから東のエカテリンブルクに飛ぶ接続便をつかまえた。接続便はアエロフロートの飛行機だった。一九二三年にソ連政府によって設立された航空会社で、世界で最も歴史の長い航空会社のひとつだ。昔と同じく国有で、ディアトロフたちの捜索に使われたのもここの飛行機だった。それどころか、この会社のマークはもとから翼のあるハンマーと鎌なのだが、その同じマークは救難機の側面にも大きく描かれていたし、いまでもこの会社のマークとして使われている。

エカテリンブルクに降りてどうするというあてもなかったが、私は自分のなかの神経症的なプロデューサーを黙らせて、ただ旅の成り行きに身を任せることにした。現時点では、このプロジェクトにどれぐらい打ち込むべきかまだ決めていなかった。たしかに当初からこの事件に夢中になってはいたが、現実的に人生のどの程度をそれに費やしてよいかわからなかったのだ。それでも、私は同じ問題をずっと考えつづけていた。いったいなにがあって、学生たちは唯一の安全なシェルターをあとにしたのだろう。雪崩のような単純な説明がつけられるものだろうか。クンツェヴィッチが言うように、ロシアの公文書館にはほんとうに、いまも機密扱いの事件簿が隠されているのだろうか。そして、ユーリ・ユーディンはどこにいるのだろう。

ロシアに発つ直前の数週間、イーゴリ・ディアトロフのふたりの妹、タチアナとルフィーナにも私はなんとか連絡をとろうとした。ふたりはまだエカテリンブルクの近くに暮らしているといううわさだったのだ。しかしユーディンと同じく、半世紀にわたって作家やジャーナリストから図々しい質問——その多くは、犠牲者の個人的生活（恋人とのいさかい、嫉妬、グループ内での対立）についての根拠のない下世話な話に関するものだった――を受けつづけたとあって、ふたりはインタビューにまともに応じていなかった。

私たちは早朝、エカテリンブルクの少し南東にあるコルツォヴォ国際空港に降り立った。スターリン政権下の一九二〇年代、空軍基地として建設された空港だが、いまでは国内で五番めに大きな国際的ハブ空港になっている。このときは、ジェイスンがついてきてくれたのが心底ありがたかった。なにしろ右も左もわからない状況で、計画と呼べそうな計画はまるでないのだ。わかっているのは、唯一のつてであるユーリ・クンツェヴィッチに会う手筈になっている、ということだけ。それも空港出口の近くのどこかで、という頼りない話だ。恥ずかしながら白状するが、このとき私が抱いていた〈ディアトロフ財団〉理事長のイメージはかなりマンガ的だった。ひげをたくわえた無愛想なでっぷり太った男で、ウォトカとボルシチのにおいをぷんぷんさせているだろうと、なかば思い込んでいたのだ。

国際線のターミナルを出ると、人名の書かれた紙を掲げた人待ち顔の運転手の大群に囲まれた。私は自分の名前を捜した。キリル文字のなかにローマ文字を捜すうちに、黒マジックのよれよれの線で書かれたふたつの単語に目が留まった。その単語は見間違えようがなく、その暗い意味にもかかわらず私は笑顔になった。その紙にはこう書かれていたのだ――「ディアトロフ事件」。生身のクンツェヴィッチに会ったとたん、巨漢のロシア人のイメージはたちまち消え失せた。いかにも温和な父親を思わせる風貌で、年齢は中年もずいぶん後期（六〇代なかば）だったが、人形めいた驚くほど四角い顔にはまだ若さがしっかりしがみついていた。近づいていくと、彼は大きく顔をほころばせ、掲げていた紙をわきにおろした。私たち三人は握手を交わし、短く抱擁しあったが、ほとんど口はきかなかった。あちらはブロークンな英語、こちらは基本会話集のロシア語の片言を口にしただけだ。

二六時間も飛行機から飛行機を乗り継いできたあとだったから、私は外へ出たくてたまらなかった。季節はまだ秋で、地面には雪も積もっていない。ところが早朝の外気のなかへ足を踏み出したとたん、今度は暖房が恋しくなった。私たちはクンツェヴィッチのあとについていき、ルノーに乗り込んだ。しかしヒーターが故障しているか、でなければ車の主がヒーターを好まないのだろう。後部座席にジェイスンとふたり座って聞いていると、クンツェヴィッチは首にかけた携帯電話に向かってしきりにロシア語でしゃべっていた。

車はエカテリンブルク市を目指して北に走っていく。空を背景に煙突の輪郭がかすかに見え、都会の灯が遠くに見える以外は、ほとんどなにも見分けがつかない。私にとってこの都市は、ディアトロフ・グループとかれらの通った大学にゆかりの土地でしかない。しかし、初めてここを訪れるほとんどの旅行者にとっては、ここはそれとはまったたく別種の悲劇の記憶に彩られた都市だ。三世紀にわたってロシアを支配したロマノフ王朝が倒れ、ボルシェビキが権力を掌握すると、皇帝ニコライ一家は翌一九一八年、エカテリンブルク市の中心部にあるイパチェフ館に監禁された。その後もロシア国内では内戦が続き、反共主義の白軍に市を奪還されるおそれが出てきたため、七月なかばになって皇帝一家全員を処刑するよう命令が下った。七月一七日早朝、皇帝と皇后、その五人の子供たち、およびさまざまな従者たちは、全員館の地下に連れていかれ、家族写真を撮るという口実で一列に並ばされて、近距離から銃殺された。皆殺しはすぐには終わらず、銃弾で即死しなかった者は銃剣で刺し殺されている。七〇年ほどを経て、さらにもうひとつの革命が起こってから、ロマノフ一家の遺体はようやく市郊外の沼地から引きあげられた。エカテリンブルクの灯を眺め、その向こうの沼地を想像しながら、私は思った――皇帝一家の亡骸は、どこかあのあたり、泥炭の毛布の下で何十年も忘れ去られていたのだ。しかし、遺体が丁重に埋葬されたあとでも、一家の死にまつわる伝説は生きつづけた。とくに有名なのは、幼い皇女アナスタシアは銃殺をまぬがれ、外国に逃げて名前を変えて生き延びたという話だ。それに反する事実が出てきても、ロシアの陰謀論者はせっかくの面白い話を反故にする気はないらしい。

　壮麗な新古典主義の建物が、実用性重視の箱に変わってくる。車はクンツェヴィッチの住む労働者階級の区画に近づいてきていた。どこを見ても整然としていて、手入れ不足の気配や派手な落書きがたまに目につく程度だった。クンツェヴィッチの住む団地に入ると、天然ガスのにおいが波のように押し寄せてきた。照明はぽつんぽつんと蛍光灯があるだけで、廊下のあちこちに影が居すわっている。

クンツェヴィッチが妻と暮らしていたのは、こぢんまりしたふた部屋のアパートメントだった——夫婦ふたりならじゅうぶんだが、広いとは言えない。それでも、ロシア滞在のあいだ夫婦は私たちを快く泊めてくれた。私たちは玄関でゴムのスリッパに履き替え、やがて日が昇ると、クンツェヴィッチの小柄な妻のオルガは、日の出とともに早い朝食のしたくにとりかかった。私はすぐに彼女が好きになった。つややかな黒髪の下に、やさしい茶色の目とかわいい笑顔があって、それが死んだ祖母を思い出させる。ろくに言葉も通じないのに、そのせいで親愛の情を覚えたのだ。

オルガは私たちをキッチンに案内し、車のタイヤほどの大きさのテーブルで、私たちはダークミート〔鶏のモモ肉などの色の濃い肉〕と根菜を山ほどごちそうになった。その後、クンツェヴィッチに連れられて通りを歩き、軍事史博物館を訪ね、外側だけの戦車や大砲などの兵器をざっと見てまわった。それから車に乗り、街の中心にあるミハイロフスコエ墓地を訪れた。犠牲になったトレッカーのうち、ひとりを除く全員がここに眠っているのだ。クンツェヴィッチとジェイスンと私は、落ち葉や下生えを踏みしだいて敷地の端に向かった。塀に沿って、八基の大理石の墓標が一列に並んでいた。造花のユリが

ディアトロフ・グループの眠る墓所の碑。エカテリンブルク、ミハイロフスコエ墓地。

一輪ずつ供えられていたが、それからしばらく経つらしく、いまでは落ち葉や雑草に埋もれかけている。氏名と生年をべつにすれば、墓標はすべて同じだった。そして没年もすべて同じだ——一九五九年。クリヴォニシチェンコの家族は、ゲオルギーを数キロ西のべつの墓地に埋葬することを選んだが、近くの鎮魂碑はゲオルギーにも捧げられていて、九人全員の白黒写真が大理石に焼き付けられていた。そろってしばし黙禱したあと、私は何枚か写真を撮り、手入れする者もない敷地を三人で歩いて車まで戻った。

午前のなかばごろ車に戻った私たちは、それから町の外を何時間も走り、ウラル山脈に接する鬱蒼たる森に入っていった。この時点で、ジェイスンと私は三〇時間以上も眠っておらず、初めてこの国に来たばかりなのに、どう見ても即席のキャンプ旅行になぜ連れ出されたのかよくわからなかった。睡眠不足で幻覚が見える寸前だったが、ジェイスンと私はなんとかその日の活動をやりきった。木こりが使うものとばかり思っていた横引き鋸《のこ》で木を切り、クンツェヴィッチが持ってきた骨だらけの小魚を焚き火で焼き、アルコール入りのフルーツジュースをどっさり飲んだ。次はテントを張ることになるのだろうかと思ったが、日が沈むとクンツェヴィッチは私たちを市内へ連れ帰ってくれた。この自然発生的な遠征は、おそらくロシア式の耐久テストの一種だったのだろう。クンツェヴィッチは私たちを試していたのだ——アウトドア人種としての、そしておそらくは友人としての忍耐力をどれぐらい備えているか。

エカテリンブルクに来て二日めの朝、クンツェヴィッチはジェイスンと私を階下のアパートメントに呼んだ。ここもクンツェヴィッチ夫妻が所有しているのだ。なかに入ると、彼は主室の小さなデスクの前に腰をおろしていた。周囲には、ディアトロフ事件に関連する物的資料や文書が大きな山をなしている。クンツェヴィッチは前日と同じ服装だった。ピンストライプのジャケット、それと不釣り合いなズボン、黒い靴下、そしてクロックスに似たロシアふうのサンダルを履いている。携帯電話は例によって首にかかっていた。宝石細工用のルーペをストラップで頭にはめ、デスクに載っている小さな鉄枠の機械をいじりはじめた。

クンツェヴィッチは、なにをやっているのかすぐに説明する気がなさそうだった――というか、わざと秘密めかしていたのかもしれない。そんなわけで、ジェイスンと私はソファに座って眺めていた。しまいに、クンツェヴィッチはデスクのランプの向きを変えて、こちらからも機械がもう少しよく見えるようにしてくれた。それは緑褐色の金属箱で、ワニ皮の模様が型押しされていた。首をのばしてのぞき込むとなかの金属の機械が見えたが、それは水道の蛇口の頭に似ていた。また細い針金のようなものや、大きなベーズ〔フェルトに似た柔らかい生地。緑色が多い〕のコースターのようなものも見えた。小さな道具を使って、クンツェヴィッチは外科医のように細かい作業を続けている。たぶん四五分ぐらいはやっていたと思う。組立ラインで品質検査でもするように、部品をいちいち確認している。この日は通訳がいなかったので、ジェイスンと私はただ座って眺めているしかなかった。この家の主人が、なにも言わずに延々作業を続けるかたわらで、私たちはこっそり顔を見あわせた。ふたりとも居心地が悪くなってきているのを確かめあい、そろそろ立ちあがって出ていってもいいだろうかと考えていた。

とそのとき、クンツェヴィッチがハミングを始めた。最初は小さい声だったが、やがて大きな声で歌いだした。彼も居心地の悪い沈黙に気づいて、それを埋めようとしているのだろうか。知らない曲だったが、メロディからして民謡のようだ。やがて彼はこちらにちらと目をくれた。そのいたずらっぽい表情を見るに、このはらはらどきどきの「演技」が楽しくてしかたがないようだ。引出しをあけて、ビニールレコードのようなものを取り出した。それを機械のうえに置き、側面のクランクをまわす。するとだしぬけに、クンツェヴィッチのハミングに代わって、本物の歌が機械から噴き出してきた。この機械は蓄音機だったのだ。

のちに、通訳が来てからクンツェヴィッチが説明してくれたのだが、これはイーゴリと友人たちが互いに聴いたり演奏したりしていた曲だった。「かれらは詩や物語や歌を作り、それを毎晩代わる代わる演じていたんです」。曲が終わっても、クンツェヴィッチは針がスキップして雑音を流すに任せていた。まる一分ほどもたってから、ようやくレコードを交換して、次の曲に針を置く。クランクをまわす機械のせいだろうか、マンドリンとピアノとフォークギターの演奏のうえに、新たに悲哀と憧憬の響きが重なっているような気がする。学生たちが聴いてから五〇年後に、こうしてその同じ曲を聴いている。そんな私たち三人だからこそ、その響きを聴きとることができるのではないかと思った。

それからの二日間、クンツェヴィッチが手配してくれたおかげで、私はさまざまな作家や、肘掛け椅子探偵《アームチエア・デテクテイヴ》ならぬアームチェア・エキスパート、そしてディアトロフ事件に関連のある人々――ボランティアの捜索隊員や、犠牲者の友人たちなど――の話を聞くことができた。こういうインタビューのさいにはかならず通訳がついてくれたし、私は質問のリストを用意していたが、インタビューをしたあとはする前よりいっそうわけがわからなくなっていることが多かった。学生たちになにがあったのか、だれもが独自の意見を持っていて、そのどれひとつとして他の人の意見とは一致しないようなのだ。たとえば刑務所の殺人看守が脱走していたとか、軍の極秘の実験が失敗したとか、神話伝承の北極侏儒《ドワーフ》の話まであった。生き残ったユーリ・ユーディンが友人たちの死に関与していたのだと主張する男性までいた。途中で具合が悪くなって引き返す破目になるとは、また好都合な話ではないか。もっと大がかりな陰謀にも加担していたのではないか、というわけだ。北極ドワーフはともかく、これらの説のほとんどに透けて見えるのは、ソビエト政府に対する根深い不信感である。学生たちは「未知の不可抗力」によって死亡したという遠回しな結論には、はるかに陰惨な真実が覆い隠されていると広く信じられているのだ。どんな可能性も排除するつもりはまだなかったが、この人々へのインタビューが終わるころには、これはどうしても、事実を教えてくれる人に会わなくてはならないと思うようになっていた。月刊誌『フォーティアン・タイムズ』〔超常現象を扱う英の専門雑誌〕に載りそうな話はもうたくさんだ。

ある日、インタビューのあいまの空き時間に、学生たちの暮らしていたこの都市をクンツェヴィッチとジェイスンと三人で探検した。エカテリンブルク——ソビエト時代はスヴェルドロフスクと呼ばれた——が建設されたのは一七二三年のことだ。ピョートル大帝がウラル地域の豊かな天然資源を活用しようと計画し、その計画の一環として建設された。また、一九世紀後半にシベリア横断鉄道が建設されてからは、鉱業、冶金、機械製造の地域的拠点になった。そして続く二〇世紀、市の近くにきわめて大規模にして過酷な強制労働収容所が建設されることになる。のちに「矯正労働収容所管理本部」を意味するロシア語の頭文字をとって「グーラーグ」と呼ばれるようになるが、一九三〇年代にはスターリンによって拡張され、政治犯や反体制派などの国家の敵が収容された。

車で市内の史跡めぐりをしたあと、クンツェヴィッチはあれがウラル州立工科大学――というか、一九九二年までの呼びかたで言えばウラル工科大学――だと指さした。西側では、もとロシア大統領ボリス・エリツィンの母校として知っている人もいるかもしれない。イーゴリ・ディアトロフとその友人たちのほとんどは、エリツィンが一九五五年に卒業するのとちょうど入れ違いに入学しているはずだ。堂々たる列柱と彫刻で飾られたペディメントをもつ本館は、すでに写真で見ておなじみになっている。私としては、構内のそのほかの部分もぜひ見てみたかった。あちこち見て歩くうちに、思惑どおりトレッカーたちが暮らしていた寮を見つけた。部外者は立入禁止だったが、クンツェヴィッチはときどきこの大学で講義をしていたので、管理人を説得してなかに入れてもらうことができた。私たちは廊下を歩きまわった。とくに注目したのは最上階、出発の夜にイーゴリたちが歩いた廊下だった。開いた部屋のひとつに首を突っ込んでみる。一九五九年には実用的と褒められないこともなかったかもしれないが、いまではさらに荒廃が進んでいた。はがれかけた緑の塗料、欠けた石のタイルの写真を撮り、私たちは寮をあとにした。

この市内めぐりを楽しんではいたものの、その日の終わりごろにはいささか不安になってきた。ユーリ・ユーディンと連絡をとる件についてクンツェヴィッチに尋ねると、彼はただ首をふるか、「知りません」と言うだけだった。「いまどこにいるかご存じないんですか」と食い下がると、「知りません」彼はまた言って、話はそれで終わりなのだ。

ところが四日めの朝、クンツェヴィッチは折り畳みベッドから私たちを叩き起こした。いまではおなじみの、英語とロシア語と身ぶり手ぶりのごちゃ混ぜで、イーゴリの妹のタチアナ・ディアトロフ・ディアトロヴァに会うことになったと説明してくれたのだ。私は興奮した。これでやっと、まともな調査が始められるかもしれない。

その日の午後、私たちは列車に乗って市から西へ五〇キロほどのペルヴォウラリスクに向かった。イーゴリたちきょうだいが育った町、そしてタチアナがいまも住んでいる町だ。彼女の住む地区が近づくにつれて、頭上の電話線の数が増える。地平線を見れば、赤と白の煙突が濃淡さまざまの灰色と茶色の煙を噴き上げていた。太陽は隠れていたが、それが煙のせいなのか雲のせいなのかよくわからない。クンツェヴィッチの住む地区の落書きはただの火遊び程度だが、ここでは本格的に爆発している。セメントと石の風景にあって、ほかに色彩のあるものが少ないせいで落書きはやたらに目立っていた。ジェイスンと私は、七色にあばれまわるキリル文字が流れていくのを見ながら、あれにはどんな不謹慎な意味があるのかと想像をめぐらしていた。

タチアナが住む建物は二〇世紀中期の遺物で、外壁の塗装は何十年もかけて壁からはがれていく過程のなかばにあるようだった。堀のように団地を囲む落ち葉を踏みしだき、叩きつぶされた郵便受けが並ぶ横を通って、私たちは玄関口にたどり着いた。なかにもさらに落書きがあって、それを横目に歩いていくと、二色のエレベーターが現われた。エレベーターの右側のドアは最近取り替えられたらしく、左側のドア――無味乾燥な緑色に塗られている――だけがソ連時代のまま取り残されているのだ。その両方のドアにまたがるように、世界共通語のくそったれ《ファック・ユー》が派手になぐり書きされている。

危なっかしく三階まであがってから、廊下の端の部屋まで歩いていった。ノックすると、衣ずれのような音と犬の吠え声がする。ドアが開いたとき、そこに現われたのは、この数か月のあいだに私の脳裏に焼きついた顔そのものだった。六〇代前半になっているはずだが、タチアナは兄に驚くほどよく似ていた。目も、スラヴ的な鋭角的な頬骨もそっくりだし、そのうえ微笑むと前歯のあいだにすきまがある。彼女はそそくさと私たちをなかに通した。廊下でだれかが盗み聞きしていて、話を書き留められるのを恐れているかのように。

彼女の犬はジャックラッセルテリア〔小型のテリア犬。もともと猟犬だったため気性が激しい〕で、いつまでも吠えているので、タチアナは尾をつかんで隣の部屋へ引きずっていった。これまで見てきた建物の一室とは思えないほど、このアパートメントは暖かくて快適だった。三人でふかふかのソファに腰をおろし、壁にかかった静かな山中の湖の絵を私が眺めているあいだに、タチアナは急いでお茶の用意をした。茶器、真鍮のスプーンやフォーク類、チーズ、果物、ピクルス、ジャム、焼き菓子などが次々に並び、テーブルはすぐに見えなくなった。ふだんの私はそういうことに気がつくほうではないのだが、彼女が出してきたティーポットはそれはみごとなもので、ひょっとして革命前の骨董品なのではないかと思った。待っているあいだ、クンツェヴィッチは当然のようにトレイからお菓子を四つつまんでいた。

頼んでいた通訳がやって来た。二〇代前半の内気な女性だった。タチアナはまず、お目にかかれてとてもうれしい、新しい友人ができたと思っていると言った。しかし、その温かい歓迎のかげには慎重さと警戒心が感じとれた。質問攻めにして困らせたくなかったので、私は彼女の兄について尋ねるのは控えて、ロシアの印象やこれまでの旅行について当たり障りのない話をした。

しまいに、砂糖のどっさり入ったお茶を飲むあいまに、タチアナは自分から話しだした。家族のこと、あの悲劇の前にはどんなふうに暮らしていたかということを。タチアナとイーゴリのほかに、きょうだいはあとふたりいた。長兄のスラヴァと、イーゴリよりふたつ下のルフィーナだ。しかし、ふたりとも何年も前に亡くなって、いま残っているのはタチアナひとりだという。

ディアトロフ家の四人きょうだいは、みな立派な共産主義者として育てられたが、それぞれに独立心と探究心をそなえ、それを活かして専門の分野に進んだ。四人ともウラル工科大学に入学し、イーゴリとスラヴァとルフィーナは無線工学を、タチアナは化学

イーゴリ・ディアトロフ。手製の無線機を使って、べつのトレッキング・グループと通信しているところ。1957年

工学を専攻した。タチアナの話では、きょうだいのうちイーゴリが最も科学的才能があり、また芸術的才能も一番だったという。「いろんなことをとてもよく知っていました」彼女は言った。「写真を撮るのがすごくじょうずだったし、よくギターも弾いていました。自分の楽しみのためだけに、歌や詩を作っていました」

写真撮影に熱中したおかげで、彼女の兄は芸術的な創作欲と技術的な情熱を両方とも満足させることができた。早くにカメラ小僧になり、高校に入るころにはすでに新聞雑誌に写真を掲載されていた。そのころには機械の発明にも熱中しはじめ、無線受信機や録音機を作り、間に合わせの望遠鏡まで作っている。「イーゴリのおかげで、一九五七年に私たちはスプートニク一号を見ることができたんですよ」とタチアナは回想する。「みんなで屋根にのぼって、歴史に残る科学の驚異をこの目で見たんです」

無線に対する兄の情熱について、タチアナはこう言っている。「イーゴリの部屋は、手製の能動無線受信機の制御盤が壁をひとつ占領していました。おおぜいの無線仲間と短波通信を続けてたんです。あのころは、短波無線受信機はどこにも売ってなくて、自分で作らなくちゃならなかったんです」

彼女がそう語るのを聞きながら、私は思い出した。ディアトロフ事件に興味を持つ人々は、イーゴリの無線のことで首をひねる。どうして山に無線機を持っていかなかったのか、多くの人々には理解できないのだ。無線機があれば、捜索隊と通信できたかもしれないのにと。しかし、当時の短波無線機は重さが四〇キロを超えるのがふつうで、ザックに突っ込めばそのまま旅行に持っていけるというようなものではなかった。ソ連の学者アレクセイ・ユルチャクの *Everything Was Forever, Until It Was No More*〔邦題『最後のソ連世代』〕によれば、短波無線機に対する当時のソ連の態度は「あいまい」だったという。イーゴリのような若者が、危険を冒して短波無線に熱中した理由はこれで説明がつくかもしれない。無線機は公式には違法だったが、それを使うことでつねに眉をひそめられるわけではなかった。「外国の放送を聴くことは、それがすぐれた文化的情報と見なされるかぎりは――そして、ブルジョワ的あるいは反ソビエト的なプロパガンダでないかぎりは、黙認どころか奨励されていたほどだった」とユルチャクは書いている。

兄は立派な共産主義者であり学生だった、とタチアナは語った。高校を卒業したとき銀メダルを授与され、おかげで国じゅうどこの大学にでも無試験で入学できることになった。そんな優等生と認められるためには、ほかのみなと同じように共産主義を信奉し、教育と党への忠誠によって国全体を高められると信じることが必要だった。「これは忘れないでくださいね、当時は新しい興奮の時代だったんです。若者は高い教育を受けて産業界で働きたいと希望に燃えていました。ほんとうの自分を見つけたいと思い、なにか意味のあることをしたいとも思っていたんです。一九五八年、一九五九年には、世界が開かれていくようでした。とくに、あんな悲惨な世界大戦があって、そのあとは統制と配給の時代でしたからね、それが初めて、ふつうの人がテレビやトランジスタラジオを買えるようになったんです」

しかし、イーゴリが最も愛したのは学校ではなく、無線でもなかった——野外活動だったのだ。子供のころからトレッキングに親しみ、年とともにのめり込んでいったが、これは兄スラヴァの影響だった。「スラヴァはイーゴリよりふたつ年上で、イーゴリの先生でした」とタチアナ。「でも、ほんとうにリーダーの素質があって、生まれつき真のスポーツマンだったのはイーゴリのほうでした」

イーゴリに関する最後の思い出について尋ねたとき、タチアナはだしぬけに言った。「兄は雪のせいで死んだんじゃありません」。そして、葬儀のさいに柩《ひつぎ》のなかを見たときのことを話してくれた。かれらはみな皮膚が黒っぽく変色し、老人のようにしわだらけになっていたというのだ。「あんなことありえません。寒さで凍え死んだ人の顔が、あんなに黒っぽく変色することはないはずです」。兄の遺体についてはこう言っている。「イーゴリは二三歳でした。それなのに、老人のように髪が白くなっていました」。家族はこれがイーゴリだとは信じられなかったかもしれない——遺体にひとつ目立つ特徴がなかったら。それはきょうだい全員に共通する特徴だった。「イーゴリだとわかったのは、前歯にすきまがあったからなんです。あのすきまだけが……」

タチアナは、兄の遺体の外見が老人のようだったのはなぜなのか、その理由を推測しようとはしなかった。「真実を突き止めるのはとてもむずかしい。矛盾する話が多すぎますから。少なくとも私は、真実が明らかになるときは来ないだろうと思っています」

イーゴリの最後の思い出について重ねて尋ねると、彼が撮った写真をいっしょに現像したときのことを話してくれた。それは、アメリカの写真家アンセル・アダムズふうの山の写真だったという。「兄の写真はみごとなものでした」彼女はささやくように言った。またいったん口をつぐんでから、ややあって続けた。旅行に出る前、母はイーゴリを止めようとしたという。「『やめておきなさい、試験があるんだから。卒業できなかったらどうするの』と母が言うと、イーゴリは『母さん、これが最後の旅行なんだよ』って……息子が死んでしまって、しかもどうして死んだのかわからないままで、これからもわかる時は来ないだろうっていう、そんな状況で母はそれから四〇年近く生きていたんです」

タチアナがテーブルのものをキッチンに運びはじめ、そろそろ帰る時間だと私は感じた。のちに気がつくのだが、ぎりぎりまで愛想よく話が続くのに、だしぬけにそれが終わるというのが私のインタビューのパターンだった。別れのあいさつをする前に、タチアナの言った最後の言葉には考えさせられた。「母の直感は正しかったんです。一九九四年に亡くなる前、あのときもっと強く引き止めておけばと、母はそればかり言っていました」

クンツェヴィッチの家に戻る客車のなかで、ディアトロフの母のことが頭から離れなかった。歴史始まって以来、頑固な子供たちに無視されていらだち、あげくに悪夢が現実になってしまった母親がどれぐらいいたことだろう。わが子を失っただけでは足りないかのように、そんな母親たちはそれから死ぬまで後悔しつづけ、頭のなかで無益な言葉が繰り返されるのを聞かなくてはならない——だから言ったじゃないの。私自身、わが子の誕生が間近に迫っているだけに、イーゴリの母の苦しみは胸に刺さった。

イーゴリ・ディアトロフは、二〇世紀の万能型教養人として、また冒険家として、私の心中で現実的な姿をとりはじめていた。しかし、彼の人物とその最後の日々について理解するためには、妹の話を聞くだけではじゅうぶんでない。なにしろ彼女は、当時たった一二歳だったのだ。やはりユーリ・ユーディンと話をしなくてはならない。イーゴリと友人たちの生きた姿を最後に見た人物なのだから。〈ディアトロフ財団〉の理事長が、彼がどこにいるかまったく知らないとはちょっと信じられない。しかし、ユーディンの居場所を知っているとしても、クンツェヴィッチにはそれを教える気がないのはたしかだった。

5　一九五九年一月二四日

汽車のなかで一夜を過ごしたあと、怠惰な冬の太陽が昇る三時間前に、ディアトロフ・グループはセロフの駅に降りた。スヴェルドロフスクの真北三〇〇キロほどの鉄鋼業の町である。ホームでブリノフたちのグループも合流してくる。まだ八時前だったが、列車のなかで一〇時間半も愉快に騒いだりうとうとしたりしたあとで、どちらのグループも疲れていた。イヴデルに向かう乗り換えの汽車が出るのは夕方になってからだから、この知らない鉱山町で一日つぶす以外に道はない。地元の博物館を見に行ってもいいし、工科大学の学生らしく、冶金工場を見学してもいいだろう。

最初に考えたのは、まだ暗いことでもあるし、駅舎のなかで仮眠をとることだった。しかしすぐにわかったのだが、駅舎に入るドアには鍵がかかっていた。なかの職員たちは、駅舎の窓越しにぶっきらぼうに返事をしてよこした。外で寒い思いをしている旅客を駅舎に入れてやることはできないというのだ。

例によって、ゲオルギーがホームのうえでマンドリンを取り出し、歌を歌って気分を盛り上げようとした——朝は早いし人々はよそよそしいし、それを思えばずいぶん目立つ行動だった。大道芸人を滑稽にまねて、チップをもらおうという格好で彼はフェルトの帽子を差し出した。ひょろりとした体格と突き出した耳が、さらに滑稽さを添えている。しかし、この自然発生的なお祭り騒ぎは長くは続かなかった。近くの警察官が騒ぎを聞きつけて駆けつけてきたのだ。ユーディンはこのときの出来事をグループ日誌にこう記録している。

警官は聞き耳を立てていた。町は静かそのもので、犯罪もなく、騒ぎもない。これぞ共産主義だ——そこでユー・クリヴォが歌を歌いはじめたら、あっというまにつかまって連れ去られてしまった。

当たり前のことのように、ゲオルギーはかどを曲がった先の警察署に連行された。友人たちはついていき、彼が巡査部長に叱られるのを眺めていた。

鉄道の駅の秩序維持法第二条第三項によって、ほかの乗客に対する妨害行為は禁じられている、と巡査部長は同志クリヴォニシチェンコに言った。歌を歌うのが法律で禁じられている駅があるとは知らなかった。ぼくたちが駅で歌を歌わなかったのはそこが初めてだった。

厳重注意を受けたあとゲオルギーは釈放され、そこで仲間たちは警察署とは反対方向に退却し、ゲオルギーがあやうく逮捕されかけたときのあれこれを口々に話しながら歩いていった。ブリノフのグループとは駅で夕方落ち合う予定だから、町を探検する時間がまる一日ある。両側に丸太組みの家々が並ぶ、踏み固められた雪の道を行くと、さほど行かないうちに小学校に出くわした。第四一小学校という無味乾燥な名前がついてい

セロフの住民。1959年1月24日

る。ひと眠りできる場所がぜひとも必要だったため、トレッカーたちはそこの玄関をノックした。出てきた掃除婦は、事情を聞いてグループをなかに入れてくれた。すぐに親切な校長に迎えられ、校内で休憩するのを許可する代わりに、あとで生徒たちにかれらの旅行について話をしてほしいと言われた。眠くてたまらなかった一行は、一も二もなくこの話に飛びついた。

一般的に、ソ連の小学校の一日はふたつに分かれていた。午前中はふつうの授業があるが、午後にはとくに決まった形式はなく、生徒たちは自習したり、集まってゲストの話を聞いたりする。午後のゲストとして、退役軍人、工場労働者、美術館のガイド、作家などが来るのはめずらしいことではなかった。しかし、登山家のグループに冒険の話を聞かせてもらえるとなると——これはめったにあることではない。

ゆっくり眠ったあとで、イーゴリたちがぞろぞろと教室に入っていくと、七歳から九歳の子供たちが三五人ほど集まっていた。子供たちは熱心に話を聞き、ザックの中身を見せるとすっかり心を奪われた。氷割り具、地図、〈ゾルキー〉のカメラと懐中電灯——「中国の松明」と呼ばれる——が教室をまわっていく。イーゴリらはテント張りの実演までしてみせ、子供たちはしまいにはいつか自分たちもいっしょに行きたいと言い出した。こうして勉強の時間が終わると、みんなでそろって歌が始まった。入れ墨のあるサーシャが前に出て、新しい歌を何曲か紹介した。「メリーさんの羊」のロシア語版

「サーシャ」ことアレクサンドル・ゾロタリョフ。セロフにて、ディアトロフ・グループのメンバー撮影。1959年1月24日

（サムイル・マルシャーク作）を紹介したときは、サーシャと生徒たちは歌詞にあわせてお遊戯もできた。

メリーさんは小羊を飼っていました
犬のようになついていて
あとをついて歩きます、ええ、ほんとうに
雷が鳴っても嵐が来ても霧が深くても
小羊がとってもとっても小さかったとき
メリーさんは小羊を草原に連れていきました
でもいまは、もう角がはえているのに
やっぱりメリーさんのあとをついていきます

ほら、メリーさんが門の外に出ると
小羊はそのあとをついていきます
通りをスキップしてみると、まあどうでしょう
小羊もスキップしてついていきます

メリーさんがかどを右に曲がると
小羊もそのあとをついて曲がります
メリーさんが全力で走りだすと
小羊もあとを追いかけて走ります

歌のあいだはまちがいなくサーシャがヒーローだったが、子供たちがいちばんなついたのはジーナで、彼女が去るとわかると大いに悲しがった。ジーナがずっといられないのを理解できずに、「ピオネール」――アメリカのボーイスカウトと同様の子供向けのグループ――のリーダーになってほしいと言うほどだった。夕方が近づくと、トレッカーたちは最後にもういちど歌を歌って締めくくろうとしたが、いくら楽しい幕切れを演じても、かれらが帰ろうと腰をあげると子供たちはやはり泣きだした。教師の許可を得

て、生徒たちは全員学校を出て、冒険家たちのあとをずっと駅までついてきた。そして最後にまたジーナに泣きついて、いい子にするから行かないで、「ピオネール」のリーダーになってと懇願した。

グループは子供たちに最後のお別れを言い、六時三〇分発のイヴデル行きの列車に乗り込んだ。座席に腰を落ち着けて（リュダは座席の下に姿を消そうとしていたが）、セロフでの冒険はこれで終わったとだれもが思っていた。ところが、客車に乗り込んでから最後にもうひとつ事件が待ち受けていたのだ。グループのだれもアルコールを飲まないことを思うと、それは奇妙な事件だった。ユーディンはその出来事をグループの日誌にこう記録している。

> 客車のなかで、どこかの若い酔っぱらいが半リットルのボトルを返せと要求してきた。ぼくらにポケットから盗まれたというのだ。話が警察の介入で終わるのは、今日はこれで二度めだった。

このハプニングもどうやら解決し、その後にトレッカーたちの心に最も強く残ったのは、その日訪れた小学校の印象であり、そして小学生たちが惜しみなく与えてくれた愛情だった。

数週間後、ディアトロフ・グループが行方不明という話を聞いて、第四一小学校の子供たちはみな心配し、ウラル工科大学に手紙を書いて、子供にしかできない率直な質問をした。お兄さんお姉さんたちはどうなったのですか。ジーナはいまどこにいるのですか。しかし、グループの最期が明らかになってからも、その手紙に返事が来ることはなかった。ユーリ・ユーディンは、あの日会ったひとりの子供からそんな手紙をもらったが、とても返事を書くことはできなかった。いったいなにが言えるというのか。

6　一九五九年二月

二月二〇日、捜索ヘリコプターがスヴェルドロフスクから派遣されたのと同じ日に、イヴデルの検察当局はトレッカー行方不明事件の犯罪捜査を命じた。まだ犯罪がおこなわれたかどうかはわからないが、とはいえ検察の捜査対象は犯罪のみに限られているわけではない。ニコライ・クリノフ地方検事は、ヴァシリー・テンパロフ検事に捜査の指揮をとるよう命じた。これはおそらく、トレッカーたちが最後に目撃された場所に最も近いのが、テンパロフのイヴデル検察局だったからだろう。テンパロフは司法下級顧問――陸軍で言えば少佐にあたる階級――の称号を持っており、三八歳と比較的若かったが、この地域での事件を担当した経験がかなり豊富だった。しかし、若いトレッカーの行方不明事件に関する経験は皆無だったし、捜索隊からなんらかの証拠があがってくるまでは、テンパロフにできることはほとんどなかった。

いっぽう、スヴェルドロフスクのスポーツ委員会は、行方不明のグループのとったルートを確認しようとしていた。それがわかれば、捜索隊にその情報を伝えることができる。イーゴリ・ディアトロフの予定コースはトレッキング委員会のファイルには見つからなかったため、委員会はグループのトレッキングにくわしい人物を捜さざるをえなかった。メンバーのひとりであるユーリ・ユーディンが戻ってきているとも知らず、委員会は頼れると思われる唯一の人物に目を向けた。それがエフゲニー・マスレニコフ、地元のヴェルフ＝イセツキー金属工場の主任機械技師だった。ウラル工科大学の著名な卒業生であるだけでなく、市内でも指折りのカントリースキーの名手であり、広くスヴェルドロフスクじゅうのクラブでトレッキングのコンサルタントを務めている。それどころか、イーゴリがウラル山脈北部のコース計画を提出したとき、それにみずから署名していたのだ。

市のスポーツ委員会のヴァレリー・ウフィムツェフから電話を受けたとき、イーゴリらがまだ戻っていないと知ってマスレニコフは驚いた。「かれらのルートについて、自分の知っていることを伝えました」のちにマスレニコフは捜査官にそう語っている。「むずかしいルートだが、実力のあるグループだから道に迷うとは考えられない、したがって深刻な事態だと言ったんです」

グループがオトルテン山を目指していたことを伝えたのち、マスレニコフはウフィムツェフに自分の推測を伝えた。メンバーのひとりが脚に負傷でもして、それでグループ全体のスピードが落ちているのかもしれないし、あるいは全員で風邪でもひいて、どこかで回復を待っているということも考えられると。電話を切る前に、大々的に捜索をおこなうことになったらアドバイザーとして協力してほしいと言われて、マスレニコフは同意した。そして三日後、彼はみずからイヴデルまで飛び、上空からの捜索にも地上での捜索にも加わることになる。

いっぽうゴルドとブリノフは、バフティヤロヴァ村から先のグループの足どりをつかむことができずにいた。マンシ族の村人たちが言うには、かれらがやって来たのは一六日ほど前だということで、すると二月四日ごろということになる。

二月二三日、ゴルドとブリノフが村を訪れたのち、数名のマンシ族が捜索に加わった。この山地を自分の庭のように知っているから、かれらの協力は不可欠だった。マンシ族の捜索隊を率いるのはステパン・クリコフという人物で、名前はロシアふうだが、部族の尊敬を集める長老だった。なかば同化したマンシ族が、ロシアふうの名前を名乗るのはめずらしいことではない。

捜索隊はこのころには、イヴデルとスヴェルドロフスクに無線電報を送る態勢を整えていた。無線機は重く、技術を持った通信士が必要だが、この山地から何百キロも離れた都市にすばやく情報を送るには、この無線通信以外には方法がなかったのだ。最初に送られた電報はこんな文面だった。

マンシ族捜索に加わると承諾
日当は四人で五〇〇ルーブル
マンシ族が足どりを発見
スエヴァトパウルからウラルの尾根へ九〇キロ
捜索許可を与える

ブリノフ

二月二四日にマスレニコフがイヴデルにやって来たときには、捜索の規模は目に見えて拡大していた。同日、イヴデル市も協力に同意し、ディアトロフ・グループがとった可能性のあるルートのすべてを捜索することになった。空からの捜索を続けるのに加えて、地上での捜索に加わる人々も増えていった。そのなかにはウラル工科大学の学生、行方不明者の家族、地元の役人、周辺の労働キャンプからのボランティアなどがいた。その後の数日間に、三〇人近い捜索隊員が雪の積もる土地に扇形に散開し、ペルミ地区のヴィシェラ川、オトルテン山じたい、アウスピヤ川の谷、そして周辺のオイコ＝チャクルおよびサンパル＝チャフル地域を目指して捜索を進めた。

アウスピヤ川上空のヘリコプターによる捜索の結果、川岸に沿ってスキー跡がのびているのがすぐに発見された。いっぽう地上のグループは、マンシ族のスエヴァトパウル

ヘリコプターによる捜索。1959年2月

集まって戦略を練る捜索隊のメンバー（左から右へ、ミハイル・シャラヴィン、ヴラディーミル・ストレルニコフ、ボリス・スロブツォフ、ヴァレリー・ハレゾフ）。ヴァディム・ブルスニツィン撮影、1959年2月

村から九〇キロほどのところで、マンシ族の狩人がスキー跡とキャンプの跡を見つけたという報告を確認していた。後者の発見に対応するため、マンシ族のステパン・クリコフの率いるグループが、無線技師とともにそのスキー跡を追跡にかかった。これをたどっていけば見つかるだろうと予想して、救急キットと食料も用意していった。

しかし翌日になっても、トレッカーたちの明らかな形跡は発見されなかった。ウラル工科大学の学生ボリス・スロブツォフの率いるグループは、ロズヴァ川の谷を捜索しているとき、頭上から落ちてきたメッセージを受け取った。航空機からメッセージを落とすのは、とくに辺鄙な地域で無線通信がむずかしい場合によく使われる通信手段だ。これは一方通行ではない。地上の捜索隊が飛行機やヘリコプターのパイロットに万事好調と伝えるときは、ふたりの人間が雪のうえに平行に横たわる。向かう方向を伝えたいときは、四人で矢印マークを作る。航空機から地上の捜索隊に伝えたいことがある場合は、ひらひらと落ちながらよく見えるように、明るい色（たいてい赤）のモノに取り付けて落とすことになっていた。

二月二五日にボリス・スロブツォフたちに落とされたメッセージには、進路を変更して、近くのより小さなアウスピヤ川に沿って捜索せよと指示が書かれていた。その川岸で、先ほどスキーの跡が発見されたというのだ。スロブツォフほか九人の捜索隊はただちにコースを変更して、その日のうちにディアトロフのスキー跡を見つけただけでなく、

ディアトロフたちの目指したオトルテン山。
捜索隊撮影、1959年2月

川沿いに設営したキャンプの跡も発見した。

ボリス・スロブツォフのグループには、本人も含めて訓練された捜索隊員はひとりもいなかった。スロブツォフは二二歳、ウラル工科大学の三年生で、トレッキング・クラブのメンバーだった。イーゴリ・ディアトロフをトレッカー仲間として尊敬していただけでなく、友人だとも思っていた。ディアトロフのように実力のある者にこんなことが起こるとすれば、同じことはだれにでも起こりうる。どんな形であれ手を差しのべるのは、トレッカー仲間としての義務だ。

スロブツォフのグループは、その夜は近くの森のなかにキャンプを張り、翌日はまたスキーの跡をたどっていこうと計画していた。ところが、翌朝川に沿って進みはじめたときには、もうスキー跡を見つけることができなかった。その日は風が強かったので、吹き消されてしまったのだろうと容易に想像できた。この地域の風はすさまじく、スキーストックのストラップが地面と平行に吹き流されることもしばしばだった、とスロブツォフは書いている。たどろうにも跡が見つからず、捜索隊は川沿いに進んでいくしかなかった。

捜索隊員のひとりのイヴァンというボランティアが気分が悪いと訴え、イヴデルに戻るとスロブツォフに言ってきた。具合が悪いのではなく、こわがっているだけだとは思ったが、以後は彼抜きで進むことにみな同意した。立ち去る前にイヴァンは、ここからオトルテン山を目指して進むと斜面の下の川床に出る、そこを目指して進んではどうかと提案した。この地域には西風が吹いているから、その斜面に雪が溜まって、雪崩が起こりやすくなっているだろうというのだ。ディアトロフらが雪に呑まれたなどとスロブツォフは信じたくなかったが、イヴァンを見送ったあと、かれらはそのアドバイスに従って山の方向に向かって進んだ。成功率をあげるため、スロブツォフはふたりずつに分かれて捜索しようと提案し、自分の組む相手としては、クラスメートでトレッキング・クラブのメンバーでもあるミハイル・シャラヴィンを選んだ。アウスピヤ川から、スロブツォフとシャラヴィンはその斜面を登った。川床を見おろす丘のうえからよく眺めようとしたのだ。このころには天候が悪化しており、もう長くは捜索を続けられそうになかった。

その午後、丘の頂きにたどり着く前に、シャラヴィンはあるものが目に入って胸が高鳴ったという。彼はのちにこう回想している。「七〇メートルほど左に黒い点が見えた。思ったとおり、それはテントの一部だった」シャラヴィンはスロブツォフにそれを伝え、風と深い雪のなか、若者ふたりはそこへ急げるだけ急いだ。テントの柱はまだまっすぐ立っていたし、南向きの入口もまだちゃんと立っていた。しかしかなりの部分が最近降った雪に埋もれており、テントの一部はつぶれていた。それが吹雪のせいなのか、それとも風で周囲の雪がそこに溜まっただけなのか、すぐには判断がつかなかった。大声で呼びかけたが、返事はなかった。テントの正面近く、雪のなかからピッケルが突き出していた。また懐中電灯も一部埋もれていたが、スイッチは入ったままだった。シャラヴィンはピッケルを手にとった。振りかぶってから振りおろし、テントを引き裂いた。

7　二〇一二年

ロシアへの旅は、私の望んでいた回答をもたらしてはくれなかった。とはいえ、言語の壁にもかかわらず、少なくともユーリ・クンツェヴィッチの信頼を得ることはできた。おかげでタチアナに会わせてもらえたし、その後にはリュダの兄弟イーゴリに会う手筈もつけてくれた。口数の少ない男性だった。のちに知ったのだが、私がインタビューをしてまもなく、イーゴリは亡くなっていた。犠牲者を知っている人々の輪は年々小さくなっていく。

　私がロシアを発つ前に、クンツェヴィッチはディアトロフ事件の事件簿をまるごと、私のノートパソコンに転送してくれた。四五二ページにおよぶデジタルデータ、すべてロシア語だ。この事件の記録が閲覧可能になったのは、一九八〇年代後半になってからだった。ゴルバチョフの情報公開《グラスノスチ》によって、政府の活動の透明性が高まったおかげだ。さらに九〇年代後半、この事件簿の一部――スヴェルドロフスク州立公文書館から不法に持ち出された――によってディアトロフの悲劇への関心が復活した。しかし、この事件簿の不完全なコピーは、主としてこの悲劇をセンセーショナルに書き立てたいライターによって利用され、エカテリンブルク検察局を大いにいらだたせていた。二一世紀に入ってからも出まわるコピーは増えつづけていたが、二〇〇九年になって、おそらく学生と思われるが、だれかがこっそり足りないぶんをコピーしてつぎあわせ、事件簿の主要部分の完全なコピーを作成し、それが数少ない熱狂的なファンのあいだに出まわることになったのだ。

その事件簿のほかに、クンツェヴィッチはまた五〇〇枚近い写真とネガも提供してくれた。主任捜査官レフ・イヴァノフの娘アレクサンドラの好意によるものだという。父親が事件の主任捜査官に任命されたとき、彼女はまだ幼児だったが、その父の長く忘れられていた写真のコレクションを、二〇〇九年にディアトロフ財団に寄贈してくれたのだ。まだロシアにいるうちに、ジェイスンと私は急いでネガを現像してもらった。できあがった写真を目にするなり、覚悟はしていたものの、私たちは激しく動揺した——なかでもとくに心を乱されたのは、凍りついたままの遺体の写真だった。イヴデルの死体安置所で、検死解剖を待っているあいだに撮られたものだ。

ロシア人がどうして私を信用すると思うのか。クンツェヴィッチにも尋ねられたが、五〇年も前に外国で死んだ九人のトレッカーたちのことを、なぜ私はこんなに気にするのだろうか。この問いに対して、私は満足の行く——ほかのだれよりもまず、私自身にとって満足の行く——答えが出せなかった。

一年以上にわたり、事件簿やトレッカーの日誌の翻訳、何時間ぶんもの私自身のインタビューの書き起こしたものを読みふけり、その他見つけられるかぎりの情報をじっくり研究した。これ以上はなにも出てこないとなって、私はふたたびロシアへの飛行機を予約した。ユーリ・ユーディンを見つけられないとしても、少なくともイーゴリ・ディアトロフらがいた場所にわが身を置くことはできる。かれらと同じ冒険に乗り出すのだ。まずはエカテリンブルクの駅から出発して、ウラル山脈北部の人跡まれな山腹、かれらが最期を迎えた場所まで行こう。

私はこの計画を電子メールでクンツェヴィッチに伝えた。彼はとくに驚いた様子はなかったが、しかしそれを言うなら、彼のメールはいつもそっけないのだ。彼は今度も私を泊めることを承知してくれただけでなく、私のトレッキングに同行し、山深く分け入るさいには案内人も手配しようと言ってくれた。ユーリ・ユーディンを見つけられないかと重ねて尋ねると、今回はかすかに手応えがあった——「やってみましょう」。なにを用意していけばよいかと尋ねたときには、彼の答えは具体的というにはほど遠く、「温かい服を用意してください」だった。トレッキングのときにはどこに泊まることになるのかという問いには、こう書いてきた——「雪のイグルーで」。彼は本気なのか。いや、私のほうこそ本気なのか。彼の返答は簡潔すぎ、私には解釈する能力がなく、そのせいで少し頭がおかしくなりそうだった。しかし、彼を信用する以外に道があるだろうか。私は旅行の準備にとりかかった。

地中海性気候のロサンゼルス盆地に住んでいると、亜北極の気温の土地へ出かける準備をするにはいささか想像力が必要だ。どちらにしようか――〈ゴアテックス〉と〈ポーラテック〉のどちらにしようかとか――決めかねたときには、イーゴリ・ディアトロフたちにはそんなことで悩む贅沢は許されなかったのだと自分に言い聞かせた。かれらにとっては、「防風」と言えばジャケットの下にセーターをもう一枚重ねることだった。耐寒性の靴が必要であれば、自分でブーツカバーを縫うしかなかった。そうは言いながらも、私は破廉恥なほどの時間とお金を費やして、防寒具をどっさり買い込んだ。耳当てつきのウールの帽子、〈ゴアテックス〉の手袋二組、ウールの靴下、〈ゴアテックス〉のオーバーソックス、長い下着、フリースを内張りした濃褐色の〈パタゴニア〉のミッドレイヤー・ジャケット〔アウタージャケットの下に着るジャケット〕、軍支給のアウタージャケット、そしてなにより鼻高々だったのが「アークティック・プロ」モデルのブーツだった。ゴムのなかに断熱用の保温フォームが内張りされたものだ。この新しいブーツがとても気に入ったものだから、友人たちが開いてくれた歓送ランチの席に持っていって、零下五〇度という極寒の地でもこれがあれば足が冷たくないのだと自慢したほどだ。レストランだったのに、ぜひにと勧めて友人たちに代わる代わる試し履きまでさせてしまった。

出発前にクンツェヴィッチから最後のメールが届き、乗り継ぎのためにいったんモスクワで降りることになるので、それに関して細かい事項を書いてきてくれた。それじたいはとくに驚くようなことではなかったが、なんとその最後にこんな一文が入っていた——ユーリ・ユーディンがよろしくと言っています。このときには、ディアトロフ・グループ唯一の生存者を捜すのを一時的に中断していたこともあって、私はこの謎めいた短い一文にどう応えていいかわからなかった。クンツェヴィッチはユーディンの居所を突き止めたのか、それともユーディンがその隠れ場所からメッセージを送ってきただけだろうか。この疑問については、メールで解明しようとするのはやめて、クンツェヴィッチにじかに会うまでのお楽しみにとっておくことにした。

その後まもなく、私はまた東に向かう一五時間の空の旅に出た。今回はひとり旅だったが、前回との違いはそれだけではなかった。三九歳にして、私はいままでは一児の父だった。一年前の二月一日、恋人のジュリアが愛しい息子ダシールを産んだのだ。今後はずっと、このことが見えない紐帯《ちゅうたい》となって私を家族に結びつけるだろう。少しでも危険な徴候が見えれば、それが私の袖を引き、息子から親をひとり奪う気かと警告してくるにちがいない。スーツケースに防寒具を詰め込んできたのは、私自身を守るというより、もっとか弱い者を守るためだった。この二度めのロシア行きについて、ジュリアはぜひ行くべきだとずっと賛成してくれていたから、おかげでずいぶん気が休まったものの、ディアトロフ事件の調査には予期せぬ災厄のおそれがないとは言えない。

エカテリンブルクの空港には、今度もまたクンツェヴィッチが迎えに来てくれることになっていたが、モスクワでの乗り継ぎのさいにはヴラディーミル・ボルゼンコフという人物を行かせるとのことだった。クンツェヴィッチとのやりとりではいつもそうだが、そのボルゼンコフについてはほとんど説明がなく、ただ私の「弁護士」を務める人物だとあるだけだった。それがどういう意味なのか、またなぜ私に弁護士が必要なのかよくわからない。出発前に、クンツェヴィッチはボルゼンコフの写真を送ってきてくれた。白い帽子をかぶった中年の男だった。

モスクワのシェレメチェヴォ空港に降り立つと、私はノートパソコンを引きずって保安検査場を抜けた。いまではノートパソコンに数百ページの事件簿を保存して持ち歩いており、それだけに被害妄想は悪化の一途で、ディアトロフ事件のフォルダにはさまざまな偽名を使っていた。「ディアトロフ」は、いまでは息子の愛称の「ダッシュ」になっているし、デスクトップには「二〇一二年ロシア旅行」という名前の囮《おとり》フォルダまで作って、ウェブサイトであさった観光名所の情報や、見に行くつもりもないのに、有名なクングルの氷の洞窟を訪れる計画まで保存していた。この事件についてもっとくわしいことがわかるまでは、私がこの国を訪ねた真の理由をロシア当局に喧伝するのは賢明ではないと思ったのだ。こんな手の込んだフォルダの偽装が冴えた一手だったのか、それともたんにジョン・ル・カレの小説の読みすぎだったのかはよくわからない。

手荷物引き渡し回転コンベアの周囲に集まった人々が減りはじめたころ、六〇代ぐらいの男がひとり壁際に立っているのに気がついた。両手でブリーフケースをつかんでいる。短く刈った白髪に、黒のピンストライプのジャケットにネイビーブルーのズボンという不揃いなスーツ。弁護士というより作家か学者のようだった。

ためらいがちに近づいていき、「失礼ですが、ミスター・ヴラディーミル・ボルゼンコフですか」と声をかけると、向こうも一歩近づいてきて、「ドニーさん?」と応じた。私たちは握手を交わし、私の貧弱なロシア語と彼のたどたどしい英語で話し合って、近くの空港の喫茶店に入ることにした。歩きながら気づいたのだが、彼は黒っぽい万能鍵をひもで首から下げていた。しかし、私はとくに不思議にも思わなかった。というのも、前回ロシアに来たときに(A)ロシアではいまも万能鍵が広く使われており、(B)そのほうが紛失や盗難のおそれが小さくなるので、ロシア人は鍵や携帯電話を首から下げて歩くのを好む、という二点にすでに気がついていたからだ。

がらがらの喫茶店に入り、すみのボックス席に腰をおろした。私が荷物をおろして腰を落ち着けるより早く、ボルゼンコフは厳重にロックをかけたブリーフケースを開きにかかっていた。そして一分とたたないうちに、地図や手書きの図、そして彼によれば機密扱いを解かれた公文書でテーブルは埋もれていた。もちろんすべてロシア語だ。私は大いに興味をそそられたような顔をして、書類の山を穴があくほど見つめていたが、そのじつ一語も理解できなかった。私はノートパソコンを取り出したが、この空港ではワイファイが導入されていなかったため、グーグル翻訳は使えなかった。ボルゼンコフが自分のノートパソコンを取り出してきた。かさばる古めかしいマシンだった。垢抜けない翻訳ソフトウェアらしきものに文字列を打ち込んでいく。しばらくそうやっていたが、五分後にも状況はまるで変化していなかった。

気まずい沈黙をまぎらそうと、私は温かい飲物かキャンディバーでもどうかと申し出たが、彼は首をふり、わき目もふらずに山のようなデータをかき分けていく。彼の言うことの九割は理解できなかったし、私は二六時間寝ていなかったのだが、それでも彼がディアトロフ事件について私にヒントを与えようとしているのはよくわかった。この事件に真剣に取り組んでいるのは明らかだったから、その熱心さがとてもありがたかった。

二時間ほどもどかしいやりとりを続けたあと、私は彼の言葉を理解しようとするのをやめて、ただその表情を見守るだけになっていた。再度、喫茶店の飲食物を勧めようとしたが、また断わられた。そこで自分のバックパックからエナジーバーを取り出すと、それは受け取ってくれた。そのゴムのような弾性を科学者のように調べ、ていねいに包みを開き、恐る恐るひと口かじると、残りはすぐにブリーフケースに入れてしまった。

エカテリンブルクへの接続便に乗る時間が来て、別れの挨拶を交わしたとき、私は「弁護士」にロシア語で心から礼を言った。もっとも、いったいなにに感謝しているのか自分でもよくわからなかった。ゲートに向かいつつ最後に手をふったときには、ヴラディーミル・ボルゼンコフにふたたび会うことはまずあるまいと思った。

エカテリンブルク空港に着いたのは午前三時を少し過ぎたころだった。時差ぼけでへろへろだったが、それでもユーリ・クンツェヴィッチの笑顔を見るとうれしくなった。最後に会ってから一年以上になる。抱擁を交わすが早いか、彼は首からさげた携帯電話に向かって話しはじめた。なにかむずかしい交渉をしているようだったが、午前三時にいったいなんの交渉ができるというのだろう。ボルゼンコフと意見の交換でもしているのだろうか。しかしすぐにわかったのだが、彼はたんに車を手配していただけだったのだ。

外へ出ると、地面には雪が積もっていて、早朝の静けさがあたりを包んでいた。クンツェヴィッチといっしょに車を待ちながら、その冷たい空気を胸いっぱいに吸い込んだ。またここへ来られてよかった。クンツェヴィッチのアパートメント前で車からおりると、おなじみの化石燃料のにおいに迎えられた。室内に入ってみたら、オルガはもう起きて朝食の用意をしていた。私たちを見ると笑顔になって、温かい抱擁を交わしたあと、ここぞとばかりに英語でこう言った。「またお目にかかれてうれしいです」、「あなたは家族のようなものだから」。わざわざ練習してくれていたのだ。

私は靴を脱いでゴムのスリッパに履き替え、玄関を入って五分後には三人で小さなキッチンテーブルを囲んでいた。キッチンはこぢんまりしていて、オルガはカウンターやレンジから料理を出すのに椅子から立ちあがる必要もなかった。たんに身体をひねるだけで、必要なものに手が届くのだ。ラジオがロシアの政治ニュースをがなりたてるなか、私たちはじゃがいもとキャベツとサワークリームを添えたチキンのホイル焼きをごちそうになった。

食事が終わりに近づいたころ、オルガがまた英語で話しはじめたので私は驚いた。私のためにそこまで努力してくれたのかと感激すると同時に、もっとロシア語を勉強してくればよかったと罪の意識を覚えはじめたが、彼女がその力の入った明瞭すぎる英語でなにを言おうとしているのかわかったとたん、そんな後ろめたさは吹っ飛んでしまった。階下の空き部屋にいま客が泊まっている、と彼女は言った。前日に着いたばかりだというその客は、ユーリ・ユーディンだったのだ。

8　二〇一二年

クンツェヴィッチと私は、ユーリ・ユーディンが泊まっている階下の部屋におりていった。前回には私が泊めてもらっていた部屋だ。そこはディアトロフ財団のオフィス代わりに使われていたから、私にとってはこの事件の「スタート地点」のようなものだった。しかし、クンツェヴィッチがドアの鍵をあけ、ずらりと資料の並ぶ主室に入ったときには、それをユーディンの視点から眺めてみずにはいられなかった。ひびの入った竹のスキーストック、〈ゾルキー〉の三五ミリカメラ、衣類、テント用品、事件簿の入った引出し、地図、それに一九五九年の救助活動のさいの写真が山ほど。亡くなった仲間たちの遺物に囲まれて、ここで眠るのはどんな気分だったろうか。

クンツェヴィッチは部屋のすみへ行き、ベッド代わりのソファで寝ている客人を起こした。ユーディンは眠そうに起きあがり、手をあげて挨拶をした。立ちあがると身長は一七〇センチほど、豊かな白髪がつんつん立っていた。七〇代なかばという年齢を考えても、その身のこなしはいささか弱々しい。幼いころからずっと、さまざまな病気と闘ってきた人だということを私は思い出した。握手を交わしてから、彼は足を引きずり引きずりキッチンへお茶を淹れに行った。

この悲劇について、彼は話したがらないのではないかと私は案じていた。そして実際、ユーディンが部屋に戻ってきたとき、その懸念が当たっていたのは明らかだった。通訳を通じて、これからの会話に彼ははっきり規則を定めてきたのだ。自分のことを話の中心にされたくないし、あの悲劇についてはすべて語り尽くされているはずだ。澄んだ青灰色の目をひたと私に向けて、彼は言った。「あなたの国には、未解決の謎はひとつもないのですか」。もちろんないわけがない。私になにが言えるだろう。答える代わりに私は微笑んで、部屋の中央のテーブルに着きませんかと提案した。彼は私のテープレコーダーを取りあげてしげしげと眺めまわしていたが、やがて私には思いつきもしなかったことを言った。今日は二月二七日。遭難したトレッカーの最初の遺体が発見されたのは、ちょうど五三年前の今日のことだったのだ。

先に質問してきたのはユーディンだった。ロシア革命に原因を求める図と、鉄のカーテンに原因を求める図と、あなたはどちらを描きたいかというのだ。私は面食らい、当時の政治的背景に興味はあるが、この物語に政治的視点を持ち込むつもりはないと言った。しかし、どちらかを選んでほしいと彼が期待しているようだったので、鉄のカーテンのほうに興味があるということをもごもご答えると、この答えに満足したようで、彼は話しはじめた。

一九五〇年代後半のソ連では、野外探検は若者にとってひじょうに大きな生活の一部だった、とユーディンは語った。ディアトロフ・グループのようなトレッカーたちは、息苦しい大都市を逃れてそんな探検に出かけていたのだという。「スターリンが死んだあとには、以前より締めつけがゆるんで、学生たちは国内のほとんどどこにでも行けるようになりました。ただ、やはり外国へは行けなかった」。外国旅行に行けないユーディンらにとって、人跡まれな荒野に分け入るのは次善の策だったものの、荒野には荒野なりの独特のロマンがあった。しかしそれだけではなく、国内の旅行者は、ソ連のまだ地図のない地域、とくにシベリアやウラル山脈の地図を作成する上でも役に立っていたのだ。

友愛、平等、尊敬は、ロシアのトレッカーの支配的価値観と考えられていた。「協力的でなかったり、グループとして行動できなかったりすると、次の旅行には呼ばれなかった」とユーディン。また、女性は男性と平等に扱われていた。彼の考えでは、当時アメリカで一般的だった文化——女性の活躍の場は戦前とさほど変わらず、電話の交換手や学校教師や秘書といった職種にほぼ限定されていた——とは異なり、ソビエト連邦では女性に対する制約がずっと少なかった。この平等の精神はディアトロフ・グループにも反映されており、ジーナとリュダは男子学生たちと同様の能力があると見なされていた。「グループ内には男も女もなかった。私たちはみんな、すべてにおいて平等だったんです。風紀や規律についてはとても厳しかった。あのころのなにより重要な目標は、チームがひとつになって距離を克服するという精神を実現することでした」

ユーディンは子供のころからずっと、リューマチとそれにともなう関節炎の症状に悩まされてきた。それを考えると、彼がディアトロフ・グループに加わったのは理解に苦しむところかもしれない。しかし、トレッキングや登山という難関に挑戦することで、彼は自分の慢性的な病気とよりうまくつきあえるようになった。病気のおかげで彼は野外活動に駆り立てられ、危険な状態に身を置いたわけだが、ユーディン自身の言葉を借りれば、彼にとってはそれは「救済」でもあったのだ。

驚いたことに、病気の話をするうちに、ユーディンは貧しかった子供時代のことを話しはじめた。彼が育ったのは、エカテリンブルクから車で半日のエメリヤシェフカという町だったという。夏のあいだは戸外でも裸足で歩き、一足しかない靴を冬のためにとっておいた。行った先で靴を履かなくてはならない場合は、棒にくくりつけて肩にかついで持って歩いた。第二次世界大戦中は食料は配給があたりまえだった。「砂糖を初めて口にしたのは学校に通いだしてからでした。私は七つでしたが、戦時中のことでどこにもなにもなかった。国は学校の給食にパン一個とスプーン一杯の砂糖を支給していて、私たちは砂糖をパンにつけて食べていたんです」

ユーディンには年の離れた兄がいて、航空士として従軍したが、幸い生きて帰って来た。父親も出征したが、こちらは残念ながらそれほど運がよくなかった。父が亡くなり、ユーディンの無学な母はひとりでユーディンとその姉を育てることになった。苦しい時期だったが、兄が帰還してすぐに教職に就くことができたおかげで、それからは暮らし向きも楽になったという。

スターリンの死後、ユーディンの世代には新たな機会が開け、幅広い教育の場も開放された。ディアトロフ事件のあと、ユーディンはＵＰＩで地質学の学位を取得し、大学院に進んで経済学を学んだのち、北のソリカムスク――ペルミ地区の鉱山都市――に移り、マグネシウム工場で技術者として働くようになった。一九九〇年代後半に退職するまで、ユーディンはずっとその工場に勤めつづける。

あの悲劇のあと、リューマチが治まったおかげで、ユーディンは野外活動を続けることができた。トレッキングを愛する気持ちはその後も変わらず、ユーディンはウラル山脈への旅行を企画しつづけている。「大学の伝統はその後も守られたんです」彼は誇らしげに言った。「トレッキングはずっと私の趣味でした。一九五九年にあったのはたしかに恐ろしい事件でしたが、それとこれとはべつですから」

やがて、私の遠征のことが話題になった。まだ一週間以上も先の話だったのだが、そこでクンツェヴィッチが言葉をはさみ、ウラル山脈北部の気象はきわめて不安定になりそうだと伝えてきた。突然の吹雪や暴風が恐ろしいのはもちろん、晴天だからと言って安心はできない。いったん高木限界を越えたら、身を隠す場所はどこにもない。危険があるのはわかっているとうなずいたものの、私をおどかすつもりだったとしたら、彼のもくろみは成功したと言わざるをえない。私はしぶしぶ、その日のユーディンとの会話を終わりにして、翌朝また改めて再開することにした。

その日の夕食後、つのる不安を鎮めるためにビールでも飲もうと思い、私はアパートメントを抜け出した。一〇分と行かないうちに酒場を見つけた。コンクリートのビルの地下、道路より低い位置で隠れるように営業していた。そこで結局三杯もビールを飲んだのだが、これは失敗だった。煙草の煙のこもる酒場を出て歩いて帰るころには、奇妙な被害妄想に取り憑かれていたのだ。数日前、空港で私を拾うために雇ったハイヤーが、私をおろしたあとで故意にぼこぼこにされていたという。クンツェヴィッチは今日になってそれを知ったのだが、私がこの事件を調べているのをＦＳＢ――ＫＧＢの現代版――が快く思っておらず、警告のためにハイヤーを壊したのではないかと言いだした。それを聞いたときは、クンツェヴィッチの冷戦時代ばりの被害妄想を面白い、というよりかわいいとすら思ったものだが、夜中にひとりで歩いていると、行き交う人々がみなこちらを見ているような、そしてその見ている時間がほんの少し長いような気がしてきた。クンツェヴィッチの憶測が正しかったとしたらどうだろう。私はここでは歓迎されていないのではないか。急いでアパートメントに帰ってみると、オルガがまだ起きていたので胸がいっぱいになった。ふだんベッドに入る時間は過ぎているのに、私の無事を確認するために起きていてくれたのだ。

9　一九五九年一月二五日

トレッカーたち一〇人がイヴデルに着いたときはまだ暗く、次の輸送手段の出発まで半日待たなくてはならなかった。スヴェルドロフスクからやって来た旅行者たちは、ウラル山中へのスキー・トレッキング遠征にとりかかるためには、まずはさまざまな輸送手段を使って数日かけて移動しなくてはならない。そうでないと、スキーを使える地点の近くまで行くこともできないのだ。鉄道がイヴデルから東にそれるため、さらに北のヴィジャイへ向かうにはバスを利用するしかない。ヴィジャイは文明の存在する最後の地点であり、ここを過ぎると文明のレーダーから外れてしまい、もう通信を送ることはできなくなる。

ここでもやはり、ユーリ・ブリノフらのグループはイーゴリらと行動をともにしている。ブリノフは、のちに捜索隊の献身的なメンバーになるのだが、この時期の日誌にこう書いている。「ぼくたちは、セロフでもイヴデルでもヴィジャイでも、汽車やバスやトラックをずっといっしょに乗り継いでいった。つまり、同じトレッキング・チームのメンバーのように、あいかわらず言葉を交わしていたということだ」。イヴデル駅――セロフの駅より駅員ははるかに親切だった――で一夜を過ごしたあと、トレッカーたちは路面電車に乗ってイヴデル市街に向かった。イヴデル川とロズヴァ川の交わる地点にあるこの町は、最初は金鉱採掘者の集落として誕生し、のちにイヴデルラーグ――一九三七年に建設されたソビエトの囚人収容所――の所在地となっている。

一九六三年に、アレクサンドル・ソルジェニーツィンの『イワン・デニーソヴィチの一日』――そしてのちには『収容所群島』――の英語版が出版されるまで、スターリンの作った秘密の収容所制度のことは西側ではほとんど知られておらず、このころには存在がうわさされているだけだった。実際には、強制労働収容所《グーラーグ》制度はヒトラーの強制収容所より早くから存在し、ブーヘンワルトやアウシュヴィッツが解放されたあとも何十年も機能しつづけることになる。ゴルバチョフがソ連の刑務所制度の改革に着手するのは、やっと一九八九年になってからだ。

とはいえ、かれらがこの町に滞在したのは短時間だったから、この地域に追放されたソ連の反体制派を目にすることはなかった。若いトレッカーたちは、ロシアの荒野に自分で自分を一時的に追放しようとしていて、その準備で頭がいっぱいだった。そして現時点では、それはイヴデル市内のバス停でバスを待つことを意味していた。男性陣にとっては、これは煙草を取り出して熱い煙で肺を満たす絶好の機会だっただろうが、ジー

「ジーナ」ことジナイダ・コルモゴロヴァ。ヴィジャイの宿泊施設にて、
1959年1月26日

ディアトロフ・グループのトレッカーたち、ヴィジャイのカフェテリアにて。アレクサンドル・コレヴァトフ（左端の鏡の下）、「ゲオルギー」ことユーリ・クリヴォニシチェンコ（鏡の右）、イーゴリ・ディアトロフ（壁に背を向けている）、「コーリャ」ことニコライ・ティボー＝ブリニョール（窓に背を向けている）、1959年1月26日

ナが好んで指摘するとおり、かれらは煙草は吸わないと約束していて、だれも煙草を持ってきていなかった。そんなわけで、グループは寒いなかただ立って待っていた。口から吹き出す煙と言えば、冷気に触れて白く見える息だけだ。

ついに小型のGAZ651ががたがたと近づいてきた。GAZはソ連製のバスやトラックの名称で、第二次大戦が終わってから大量生産されていた車両だ。このバスは、収容所に勤める地元の労働者の通勤バスでもあったにちがいないが、今日のところは観光バスだった。席は二五人ぶんしかなく、トレッカーだけで二〇人になるうえ、地元の乗客も何人か待っていたから、荷

ディアトロフ・グループの面々が友人たちに最後の別れの挨拶をしているところ。1959年1月26日

物と荷物、人と人を積み重ねるしか手がなかった。

これが都会であれば、運転手はトレッカーたちの乗車を断わるしかないと思ったかもしれない。しかし、小さな町では、たちまち同志意識が生まれるものだから、運転手も乗客もみな、なんとかしようと決めてしまった。バスがイヴデルを出たときには、何層にも重ねたザックやスキー用具のうえで、さらには乗客どうし重なり合ってぐらぐらしているという滑稽なことになっていた。ディアトロフ・グループの日誌の記録には、「いちばん上の乗客は椅子の背に腰掛けていて、足を同志たちの肩にのせていた」とある。こんな窮屈な状況だったが、窓の外でイヴデルが遠ざかっていくなか、それでもゲオルギーのかき鳴らすマンドリンの調べが車中に満ち、乗客たちはそれに合わせて歌を歌っていた。

二時間のバス旅行はいわば「急行」の旅で、停車するのはトイレ休憩のときだけだった。田舎のバスでは(これは今日のロシアでも同じだが)、トイレ休憩は運転手の気分で決まる。運転手はバスを停めると、道端の共同トイレに向けてドアをすべて開放する。女性はバスの左側、男性は右側に並ぶのである。

ただ、ヴィジャイ行きのバスでは途中に一度、ある商店のそばというもっと快適な休憩場所があった。ここでは乗客はバスから多少は離れることができ、また停車時間も長かった。車内は荷物と乗客でぎゅう詰めでごちゃごちゃだったため、バスがついに発車してしばらく経ってから、トレッカーたちはようやく仲間がひとり足りないのに気がついた。コレヴァトフはどこだ?

コレヴァトフはいつもきちんとしていたから、乗り遅れるというのはまったく彼らしくなかった。ひょっとして、隠れて煙草を吸おうとして遠く離れすぎたのだろうか。「彼はいつもトレッキングのときに骨董のパイプを吹かしていて、本物の煙草の香りをぷんぷんさせていました」とユーディンは回想している。

コレヴァトフは自分の面倒は自分で見られる男だったから、彼の姿が見えなくてもだれも気にしていなかったのだろう。ユーディンによれば、コレヴァトフは慎重な性格で、ときには杓子定規すぎると思うこともあるほどだった。しかし前年の夏、シベリアでのトレッキングから戻ってきてから、大学のトレッキング部ではコレヴァトフの評価は急上昇していた。彼のグループはカズィル川をボートで下ったのだが、その途中にバズィバイ急流という難所があった。そこでボートが転覆し、荷物はほとんど失われたが、コレヴァトフだけは賢明にも荷物をボートにきちんと固定していたので、それでグループ全員の生命が助かった。彼の荷物に入っていた小麦粉とマッチのおかげで、みな飢えずにすんだのである。

ほかの乗客のだれかであれば、取り残されて翌日のバスを待つ破目になっていたかもしれないが、不撓不屈のコレヴァトフは自分のミスでこの旅行を台無しにしたりはしなかった。彼は可能な唯一の手段に訴えた。走ったのだ。バスの運行スケジュールは決まっているし、ルートを変えたり引き返したりすることはできなかったが、運転手は待つことに同意してくれた。トレッカーたちが窓から見守っていると、やがて友人が全速力で走ってくる姿が見えてきた。なぜコレヴァトフが遅れたのか、ユーディンはその理由はもう思い出せないと言うが、置いていかれそうになって友人がどんなにびびっていたかは憶えていた。バスに乗ってきたときは「目が飛び出しそうになっていた」そうだ。

何十年とたったいま、ユーディンは考えずにはいられないという――もしあのとき、コレヴァトフがいないことにもっとあとまで気がつかなかったら。「たぶん彼は引き返して、翌日のヴィジャイ行きのバスを待つしかなかったでしょう。まる一日予定が遅れることになったわけです。そうしたら、あんなことは起こらなかったのではないかとどうしても考えてしまうんです」

午後二時、バスはヴィジャイに到着した。ヴィジャイはかなり大きな木材伐採業の町で、学校も病院も商店もあり、集会所では映画も上映されていた。ここは強制労働収容所の受刑者と、この地域のボランティアによって建設された町であり、どちらも日中は森林に送り込まれ、夜にはそれぞれのキャンプに戻っていた。強制労働収容所は町から厳重に切り離されていたため、トレッカーたちはヴィジャイ滞在中ひとりの受刑者も見かけなかったが、ボランティア・キャンプのメンバーを目にしていたのはまちがいない。当日のブリノフの日誌にこう書かれている。「その日、全キャンプから若い共産党員たちが集まって集会が開かれていたが、われわれが到着したときは終わりかけていた。集会のあと、若き共産主義者たちはそれぞれのキャンプに運ばれていった」

ブリノフ・チームは幸運にも、第一〇五区のキャンプに戻るボランティアのグループにたまたま出会った。それはまさに、ブリノフらが向かっている方向だった。いっぽうディアトロフ・グループは、その日は次の目的地までヒッチハイクすることはできず、翌朝まで待たなくてはならなかった。そんなわけで、その日はヴィジャイで一泊することになった。

ふたつのグループは、木材伐採作業員がよく訪れる地元のカフェテリアで遅い昼食をとり、残りの時間をともに過ごした。コレヴァトフの日誌によれば、「暖かくなごやかな雰囲気」での最後の食事を楽しんだわけだ。ヴィジャイのカフェテリアは実際にはさほど暖かくなく、コートも脱げないほどだったが、家庭的な雰囲気と熱い食事にありつけたのはまちがいなかった。トレッカーたちは窓ぎわのいくつかのテーブルに集まり、パンとシチューが出てくるあいまに、格子縞のテーブルクロスのうえに地図や日誌やぎりぎり最後の計画書を広げた。ジーナはすでに悪天候を予想していて、バヒリー——防水布で作った靴カバーのこと——を糸と針でせっせと縫っていた。

その後、ディアトロフとブリノフのグループは集まって、別れる前に最後にみなで写真を撮った。それからブリノフらは、第一〇五区のボランティアとともにトラックに乗り込み、級友たちに向かって手をふった。来月にはまた学校で会えると信じて疑いもしなかったが、ユーリ・ブリノフがのちに書いたように、「ディアトロフのグループを見たのはそれが最後になった」のだ。

ディアトロフ・グループのテント、発見された翌日の様子。ヴラディスラフ・カレリン（左）、ユーリ・コプテロフ（右）。捜索活動や積雪のためにテントはつぶれている。1959年2月27日

10　一九五九年二月

テントには遺体はない。ボリス・スロブツォフとミハイル・シャラヴィンにとって、これは級友たちがまだ生きている可能性があることを意味していた。たぶん、どこかで雪洞かなにかに身を潜めているのだろう。テント内はきちんと整っていて、すぐにも食事ができるようになっていることからして、異常があったとはますます考えにくく、ふたりの安心感はさらに強まった。テントがつぶれかけていなかったら、イーゴリらはついさっきまでここにいたのではないかと思ったかもしれない。

ふたりはテントの外に出て、これからどうすればいいか考えた。あたりを眺めるうちに雪が降りはじめ、捜索にとりかかるには時間が遅すぎると気がついた。キャンプに戻る前に、ふたりは捜索隊の役に立ちそうな物品を集めた——ジャケットにカメラ、薬用アルコール、スキー、イーゴリの懐中電灯、そしてピッケル。

ふたりがキャンプに戻ってみると、無線通信技師のイーゴリ・ネヴォーリンがグループの他のメンバーとともに到着していた。無線で連絡がとれるようになったので、スロ

無線通信技師のイーゴリ・ネヴォーリン。無線通信は捜索隊がイヴデルと連絡をとる唯一の手段だった。2009年に調査がおこなわれたとき、この機械のバッテリーが置き忘れられているのが見つかっている。左からふたりめがボリス・スロブツォフ、左から3人めがミハイル・シャラヴィン。1959年2月

ブツォフはイヴデルの捜査官に電報を送り、先ほどの発見のニュースを伝えた。その電報には、テントの位置（東側斜面、高さ一〇七九メートル）が書かれているほか、吹雪が近づいているため、いまは調査を中断しているとも説明されている。その夜のうちにイヴデルから返信が来て、ヘリコプターの着陸できる場所と、五〇人ほどが寝泊まりできるキャンプをその近くに用意してほしいと要請があった。また、テント内の物品は動かさないようにと厳重に注意もされていたが、言うまでもなくこれはもう後の祭りだった。

テント発見の報は捜索グループ内にたちまち広まり、翌日には複数の

捜索隊が東斜面にやって来て、より集中的な捜索が始まった。スロブツォフ班とネヴォーリン班のほかに、ディアトロフ・グループのトレッキング顧問エフゲニー・マスレニコフの指揮するグループがあり、またチェルニシェフ大尉の率いるイヴデル刑務部隊もあった。またマンシ族のボランティアや、スヴェルドロフスクの野外活動家、それにウラル工科大学の学生たちも捜索に加わっていた。

新たに到着した捜索隊は、テントの内部や周辺の調査にとりかかったが、のちにミハイル・シャラヴィンの言うところでは、そのやりかたは「でたらめ」だった。あとから考えてみれば、専門の捜査官に任せておくべきだったと彼は言っている。しかし、この事件の主任捜査官であるヴァシリー・テンパロフはまだ到着していなかったし、形式的な手続きを守っても時間がむだになるだけだとだれもが思っていたのだ。遭難者を生きて発見したいと意気込むあまり、テントやその中身はそのための手がかりとして扱われたのである。警察も来ていたものの、それはニコライ・モイセイエフ中尉の指揮する警察犬のチームだった。

残念ながら、周囲の雪にははっきりした足跡はなく、警察犬はたどることができなかった。これはおそらくそこが斜面だったせいと、風で足跡が吹き消されたせいだろう。しかし、たとえ行方不明者たちの足跡が残っていたとしても、これほど捜索隊の人々がテントに押し寄せていては、まちがいなくかき消されてしまっていただろう。とはいえ、

ディアトロフ・グループのテントがあった場所からの眺め。捜索隊の撮影した写真。1959年2月28日

斜面のずっと下、地面がたいらになっているあたりで、踏み固められた雪に足跡が見つかった。テントから二〇メートルほど離れたところに、数組の足跡が残っていたのだ。足跡のなかには大きなものもあれば、小さくてあまりはっきりしないものもあり、それを残した人物は靴を履いていなかったのではないかと思われた。捜査官たちは九組の足跡を確認したが、それは川谷に向かって八〇〇メートル近く続いていた。足跡はふたつに分かれて平行に谷に向かって進み、途中でまたひとつに集まっていた。ただ、新たに降った雪が積もっている箇所があり、そこで足跡は途切れていた。しかし捜索隊は、また足跡が現われるのを期待してさらに先に進んだ。

エフゲニー・マスレニコフの日誌の絵。犯罪捜査簿に収載されたもの。「くぼみの位置と、ディアトロフのテントから陸標（高度1023、峠の川と孤立した岩）に対する方位角」

いっぽう、そこから一、二キロ離れたロズヴァ川の谷間で、ミハイル・シャラヴィンとユーリ・コプテロフ（スロブツォフ・グループの一員）はキャンプに適した場所を探していた。捜索隊の数が増えたため、かれらの寝場所が必要だし、また装備を保管したり電報をイヴデルに送ったりするための基地も必要になったからだ。寝場所になるキャンプ地を探すのは楽しい仕事とは言えないが、イヴデルからの指令とあってはさからえない。

正午ごろ、若者ふたりはどうも様子のおかしい場所に出くわした。大きなヒマラヤスギの根元に、焼

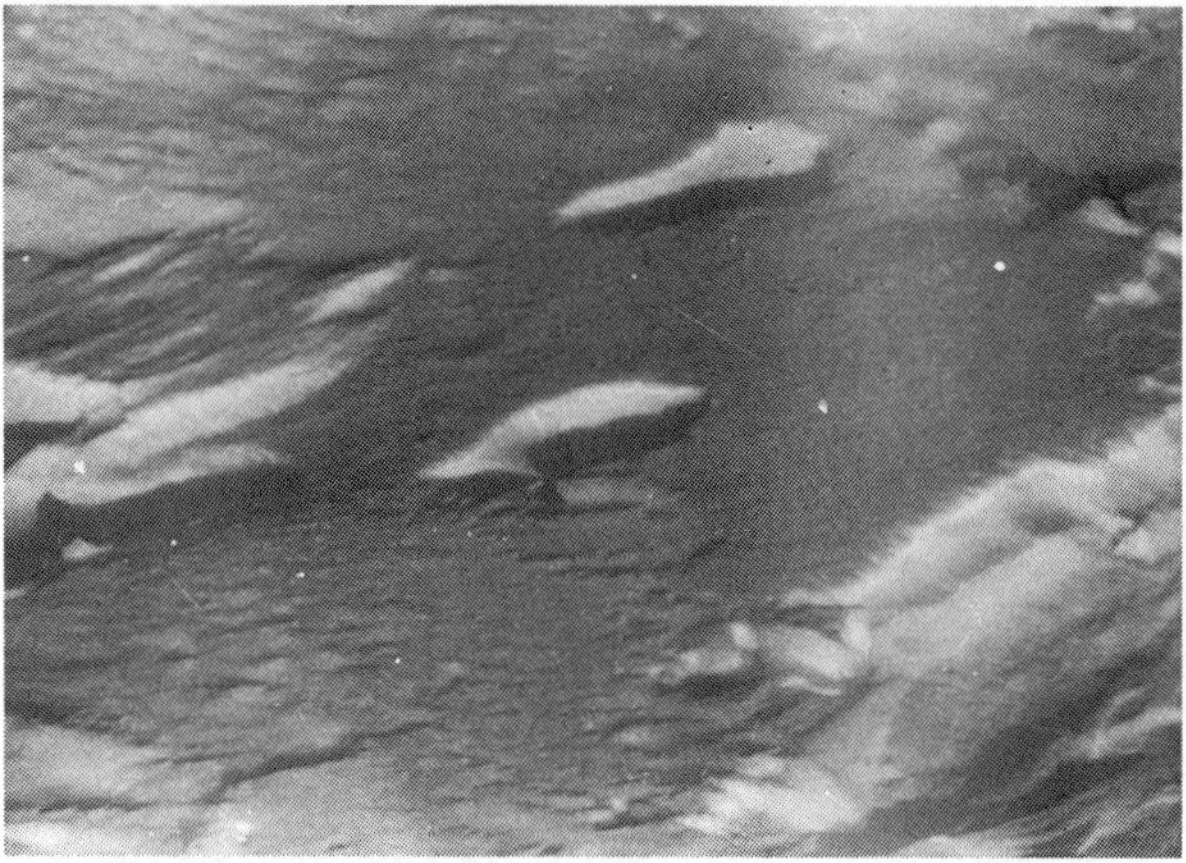
9人のトレッカーたちのひとりが残した足跡。1959年2月

け焦げたヒマラヤスギの枝がなかば雪に埋もれていたのだ。近づいてみると、それは焚き火の穴のあとのようだった。穴の行き当たりばったりな掘りかたから見て、きちんとしたキャンプのあとではない。また、マンシ族の焚き火のあとのようでもなかった。冬の毛皮用の獣を獲るために罠をしかけに来たマンシ族なら、森や川のそばから離れないはずだからだ。

その穴の少し北で、雪からなにかが突き出しているのが見えた。近づいてみると、それは人間のひざだった。

シャラヴィンとコプテロフは現場に手を触れずに立ち去り、キャンプに戻ってこの発見を報告した。エフゲニー・マスレニコフらが問題のヒマラヤスギの場所に派遣され、露出したひざの周囲の雪を掘り返したところ、そこにあったのはひとりではなくふたりの遺体だった。どちらも男性で、並んで横たわっていた。どちらも上着を着ておらず、それを言うならズボンもはいていなかった。ひとりはチェックのシャツを着て、長いズボン下の下に水泳パンツをはいていた。ズボン下の右脚は残っていたが、

ヒマラヤスギの近くで見つかった衣服。1959年2月

もういっぽうは引き裂かれていた。裸足で、足指のあいだには雪が詰まっていた。もうひとりの遺体はもう少しちゃんと服を着ており、アンダーシャツにチェックのシャツ、長いズボン下、ブリーフに靴下という姿だった。しかし、どちらの遺体も衣服はずたずたになっていて、かなりの部分がなくなっているらしく、変色した皮膚が大幅に露出していた。ひとりは雪のうえにうつ伏せに横たわっており、両腕を曲げて顔の下に枕のように置いている。また折れたヒマラヤスギの枝がその遺体の下敷きになっていた。もうひとりは仰向けに横たわっており、顔がうえを向いていた。口と眼球は動物に食われていたが、これはおそらく鳥のしわざだろう。

顔の損傷にもかかわらず、シャラヴィンとコプテロフには、その仰向けの死者がゲオルギー・クリヴォニシチェンコなのがわかった。また、うつ伏せの遺体はその級友のユーリ・ドロシェンコだった。

11　二〇一二年

最初のインタビューのときは、ユーリ・ユーディンは予想どおり堅苦しかったが、二度めに会うころには打ち解けてきて、この事件に私がのめり込んでいることについて冗談も飛び出した。アメリカ人がロシアへやって来て、本人とはまるで関係のなさそうな謎を解こうとするというのが、クンツェヴィッチと同じくユーディンにもやはり不可解に思えるらしい。「あなたの国には、未解決の謎はないんですか」とまた尋ねられたが、今度はからかうような調子だった。

ともに腰をおろし、私がテープレコーダーのスイッチを入れると、ユーディンは黄ばんだ歌集を取り出してきた。トレッキングに持っていっていたものだという。一九五〇年代には音楽を放送するラジオ局はほとんどなかったため、かれらはよく歌を自作していた。それは彼の言う「放浪楽人《バード》の時代」の始まりだった。ロシアの若者のあいだでは、愛や自然、政治の歌——マンドリンやギターの伴奏で——を歌うのが流行した。そんなバード・ソングは、アメリカのフォークミュージックと同じく、体制の外側で自然発生的に生まれてくるものだった。ソビエト政府から処罰されるのを避けるため、こういう歌は暗記するしかなかった。録音したりすれば、不利な証拠になるおそれがあったからだ。「汽車に乗っていると、たいてい一〇〇人ぐらいの学生が歌を歌っていたものです」ユーディンは言った。「ひじょうに反政府的な歌もあったが、だれも気にしていなかった」

短い旅行のときは、ユーディンらは携帯用レコードプレイヤーを持っていき、夜にはテントでバード・ソングやジャズやクラシック音楽をかけたものだった。そんなレコードの多くは、レントゲニズダチすなわち「レントゲン盤」と呼ばれる一種のビニールに刻まれたもので、これは違法だった。第二次大戦中、配給制をとっていたロシアではビニールは恐ろしく高価だったため、安いX線フィルムを使って海賊盤レコードが製造されていた。使用済みのレントゲン写真原板を一、二ルーブルで医療施設から買い取り、それをはさみや刃物で円盤形に切り取って、好きな音楽を刻みつけるのである。とくに工学を学ぶ学生なら、こういう海賊盤作りはお手の物だったそうだ。

しかし、フルシチョフの雪解けの時代でも、体制側には譲れない基準があり、政府は一九五九年、この違法な音楽市場の取り締まりに乗り出した。政府のとった戦術のひとつに、再生できないレコードをレコード店にあふれさせるという手があった。その多くは、再生できないどころかプレイヤーを故障させるという代物だった。そんなレコードには、音楽の途中に脅しの言葉が入っていたりした。知らずに聞いていると、いきなり恐ろしげな声で「おまえはロックンロールが好きなのか。恥を知れ、この反ソビエト主義のごくつぶしが！」と怒鳴りつけられるのだ。ついにこのレントゲン盤がすたれたのは、オープンリールの磁気テープなど、それに代わる技術が登場したからだ。しかしそれまでは、レントゲン盤の製造業者は摘発され、強制収容所に送られたものだった。ソビエト政府がとくに神経を尖らせていたのは、アメリカのジャズ・レコードの海賊盤だった。スターリンが「文明に対する脅威」と断罪していたからだ。

ソビエト政府は気まぐれに残酷な仕打ちをしたが、にもかかわらずユーディンは当時をなつかしんでいる。「貧しかったが、暮らしは楽だった。なんでも安かったからね。政府は国民を助けてくれたし、お金も出してくれた。私たちのトレッキングについて言えば、それにもお金を出してくれましたよ。それがいまでは、プーチン政権のもとじゃ国民はプランクトンも同然だ。いまでは金が王さまで、金があれば自由も買える。エリツィンが悪いんだ」。次にユーディンが言ったことは、西欧人である私の耳には奇異に聞こえたし、彼がスターリン支配下で貧しく育ったことを考えれば驚きですらあった。「スターリンが死んだあと、国民はみんな泣いて悲しがった。……スターリンは正しいことをしたと私は思うし、偉大な人だと思っている」

ユーディンがこう言っているとき、見れば通訳の女性は絶対に賛成できないというように首をふっていた。彼女の厳しい非難には気づかなかったらしく、彼は言葉を継いだ。「それはともかく、私はレーニンが嫌いなんですよ。レーニンはろくな男じゃなかった……まあこれも、たんなる私個人の意見ですが」。なぜレーニンでなく、スターリンがそれほど偉大だと思うのかと尋ねたかったのだが、尋ねるまもなく、ユーディンはだしぬけにディアトロフ・グループのリーダーの話に移った。「こう言っても間違いではないと思うんですが、イーゴリは当時の全体主義的な指導者タイプでした。なにもかもひとりで決めていた」

イーゴリのワンマンぶりについて聞かされたのは、これが初めてではなかった。前回ロシアに来たとき、イーゴリのウラル工科大学時代の友人であるアレクセイ・ブドリンに会うことができたのだが、そのさい、イーゴリがトレッキング仲間に妙な規則を押しつけたという話を聞かせてもらった。そのひとつに、ひじょうに厳しい衛生規則があったという。「毎晩足を洗えっていうんですよ。冬場で暖房もなく、お湯がないときもあったんですけどね」ブドリンは言った。「みんなにそれを強制するのは、よほど意志の強い人間でなくちゃ無理です。なかにはいやがる者もいますから……なにしろかなり異例なことで、ほかのトレッカーはこんなことはしていませんでしたからね、ディアトロフだけです」

翻訳してもらった日誌のなかにも、同様の話はいくつもあった。たとえば一九五七年の夏、イーゴリがグループを率いてカフカス山脈に遠征に出たときの話がそうだ。このときのパーティにはジーナとコーリャも加わっていた。西に向かう汽車が途中でスターリングラードを通ったとき、イーゴリはいまも戦火の傷跡を残すこの都市に感銘を受け、日誌にそのことを書き残している。しかし、スターリングラードの戦いが残した漏斗孔〔砲弾が地上で破裂したときにできる穴〕などの記念物に関するイーゴリの真摯な記述の下に、ジーナはそれを茶化すような付録を走り書きしている。それによると、イーゴリはグループの荷物を汽車に残していくつもりだったが、ほかのメンバーから見張りを残しておくべきだと抗議の声があがった。「最初、イーゴリは断固として『ノー』と突っぱねた」とジーナは書いている。「しかし、またみんなに抵抗されると、まるでナポレオンみたいにずいぶん長いこと考え込んでいて、それから落ち着いた声で『それじゃ、コーリャと、ジーナ、きみ残ってくれ』と言った」

イーゴリは、自分の指揮する遠征のコースは自分で決めるのを好んでいたが、オトルテン山への最後の旅に関しては、その実際のルートを決めたのはじつはイーゴリではなかった。「もともとは、ほかの学生の発案だったんです」とユーディンは説明してくれた。「ただ、その学生たちは組織力に欠けていて、いっしょに行こうというメンバーを見つけられなかった。それで、私たちのグループがそれを引き受けることにしたんです。イーゴリぐらい組織力のある男はいませんでしたから」

悲劇のあと何年間も、ユーディンが最も苦々しく思っていたのは、イーゴリらの描かれかただった。出版された書籍のなかには、たんに煽情的な側面をほじくり返そうとしているだけのものもある、と彼は感じていた。「メンバーの異性関係の話がどっさりでっちあげられていてね。女子をめぐる口論が死につながったというんだ。まったくのたわごとですよ」

では、ユーディン自身はなにがあったと思っているのだろうか。この問いに対して、彼ははっきりと、友人たちの死は自然現象とはなんの関係もないと思っていると言った。「私の考える第一の可能性は、銃を持った人間に襲われたということです。たぶんいてはならない場所にいたか、見てはならないものを見てしまったのでしょう」。彼はさらに続けて、その銃を持った男たちに強制されて、捜査を攪乱するため、友人たちは奇妙な現場をでっちあげる破目になったのだろうと言った。銃で脅されて、ろくに服も着けずに森のなかへ歩いていき、自分の衣服を引き裂いて、あとはそこに放置されて死んだのだろう。「つまり、強制されてやったことなんです。それで、あんな狂気めいた状況が残されたんですよ」

銃に脅されていたとユーディンが確信する最大の手がかりは、リュダの舌がなくなっていたことだ。広く認められた合理主義的解釈によれば、これは野生動物のしわざとされている。九人の遺体は野外に数日から数週も放置されていたのだから、においで寄ってきても不思議はない。ゲオルギーの顔を鳥がつついて傷つけたのと同じで、軟組織であるリュダの舌は齧歯類《げっし》の標的になったのだろう。しかし、ユーディンはこの説には懐疑的だ。「ネズミのしわざであれば、ほかのどの遺体にも同じことが起こっていたはずです」。彼の考えでは、だれかがリュダを選んで懲罰を与えたのだ。おそらくは彼女が最も気が強くて、ほかのメンバーよりはっきりものを言ったからだろう。「ただの野生動物のしわざなのか、それとも彼女が大胆にものを言いすぎたのか、だから当局が見せしめとしてやったのか、ということですよ」

それに加え、リュダが肌身離さず持ち歩いていたお守り——ハリネズミをかたどった小さなぬいぐるみ——がなくなっていた。「いつでも持ち歩いていたのに、遺体は身に着けていなかった」。また、グループが持っていったチョコレートもなくなっており、包み紙すら残っていなかった。森でトレッカーたちに会った何者かが、だれにも気づかれないと思って持ち去ったのだろうか。だとしたら、だれが？

その夜、インタビューのテープを聞きなおしながら、私はいささか落胆せずにいられなかった。ユーディンは明らかに、ディアトロフ事件陰謀論を唱える一派に属していた。リュダのおもちゃはキャンプ地に残された物品のなかにあったし、彼女の舌には切り取られた形跡はなく、たんになくなっているだけだ。この悲劇に密接にかかわっているにもかかわらず、政府の隠蔽を疑う多くの人々と見たところなんの変わりもない。それどころか、彼の説はクンツェヴィッチが語ってくれたのとほとんど同じだった。クンツェヴィッチは、極秘の政府の事件簿が出てくれれば、自分たちの正しさが証明されると思っているのだ。

さらに奇妙なのは、スターリンだけでなく共産党支配全般に対して、彼が忠誠を表明していることだ。ソビエト時代への深い愛情を抱きながら、その政府に対して強烈な猜疑心を抱きつづけることがどうして可能なのだろう。政府は自分や家族を養い、無料で教育を受けさせてくれたと思っていながら、その同じ政府が、少なくとも二月一日の夜に起こったことを隠蔽していると――最悪の場合は親しい友人たちを拷問し、殺したとどうして信じられるのか。しかし、強権政治に対するこのような愛憎関係は、ユーディンのみの特徴でないのはたしかだ。この国の不安定な歴史を見ればわかるが、この種の二面性はロシア人の遺伝子に刻み込まれているように思える。

とはいえ、ユーディンとともに過ごせるのはうれしかったたし、今度の旅行のあいだに彼がそばにいて話を聞かせてくれるのを楽しみにもしていた。しかしすぐにわかるのだが、ディアトロフ・グループの生存者と面談できる時間はすでに残り少なくなっていた。その後の数日間に、クンツェヴィッチ家には残念なニュースが届くのと同時に、モスクワから意外な客がやって来ることになる。

12　一九五九年一月二五〜二六日

ヴィジャイでは、質素な宿泊施設しか期待していなかった。頭のうえに屋根があり、身体を横にできる床があればいい、ぐらいの気持ちだったのだ。しかし、自由労働者キャンプの責任者にイーゴリが自分と仲間たちを紹介すると、責任者はたちまちこの若い冒険家たちが気に入って、今夜はキャンプのゲストハウスに泊まれと言って聞かなかった。そこなら快適に過ごせるし、ひとりずつ個室も用意できるというのだ。ユーディンによれば、そこは町でいちばん「豪華」な家で、かれらがいつも過ごしている宿とくらべたら豪邸だった。「当時としてはすごく垢抜けていた」と彼は言っている。

敷居をまたいで、設備の整った宿泊施設に足を踏み入れたとたん、かれらは自分たちが汚れほうだいなのに気がついた。「リネンにはしみひとつなかった」とユーディンはふりかえる。「枕カバーがないと言ったら、すぐに替えを持ってきてくれたし」。彼はこうも付け加えた。「掃除の女性はみんなかんかんに怒っていたよ。私たちが出ていったあと、どこもかしこも掃除しなおさなくちゃならなかったのでね」

荷物をおろし、贅沢な部屋をそれぞれ割り当てられたあと、かれらは薪ストーブに火を入れ、夕食にとりかかった。ほかの用事もあった。ジーナは防水布のブーツカバーを縫い終わり、ルスティクは家族に葉書を書いた。夕食後、町へ繰り出そうという話が出た。ちょうどそのとき、全員の好きな映画『黄金の交響曲《ジンフォニー・イン・ゴルト》』が地元の映画館で上映されていたからだ。これは一九五六年製作のオーストリアのミュージカルで、美しい雪景色のなかをスケートですべっていく魅力的な登場人物、それに浮き立つようなミュージカル曲で人気を得、そのころソ連の劇場を巡回していたのである。かれらはこの『黄金の交響曲』を何度も観ていて、歌詞はドイツ語なのに、もうそらで歌える曲が何曲もあるほどだった。なかでも「ドン・ディンゲルダン」では、牧歌的な山の風景のなか、若いスキーヤーの集団がさっそうと雪のなかをすべっていくさまが描かれていて、ヨーデルをべつにすれば、そしてスケート靴をはいたコミカルな雄牛の登場もべつにすれば、冬の冒険と明るい歌のその場面に、イーゴリらが自分自身を重ねて見ていたのは容易に想像がつく。

ほかのメンバーが「映画館」――折り畳み椅子のある公民館の映写室と大差なかった――に行っているあいだに、しっかり者のコレヴァトフはあとに残り、ドロシェンコの手を借りて夕食の後片づけをしていた。自分のことを三人称で言及しつつ、グループの日誌にコレヴァトフはいささか辛辣にこう書いている。

ドロシェンコとコレヴァトフは残って家事を片づけ、ほかのメンバーは映画館に繰り出し、『黄金の交響曲』を観て「ミュージカル気分」で帰ってきた。

翌朝になって、第四一区に向かうトラックは午後にならないと出発しないことがわかった。おかげで、荷造りをし、朝食を確保する時間はたっぷりあった。ゲオルギーは日誌にこう書いている。

> 今朝は料理をしなかった。薪が湿っていて、昨夜は料理に六時間かかった。朝食はカフェテリアに行って、カフェテリアふうごた混ぜ《グーラーシュ・ア・ラ・カフェテリア》とお茶をとった。

グーラーシュはとくに不平の種にはならなかったが、お茶が冷えていたのにはがっかりした。しかし、イーゴリはそんな不満を巧みにかわした。ゲオルギーの日誌によると、「お茶が冷えてるなら、外で飲めば温かく感じるさ」と気の利いたことを言っている。

朝食と荷造りがすんだら、午前中のおもな仕事は、これを最後に足りないものを町でそろえ、地元の森林監督官の話を聞きに行くことだ。「どんな入植地でも、まっさきに訪ねていくのは森林監督官でした」ユーディンは言う。「道のことをよく知っていて、どのルートをとればいいかアドバイスしてもらえるから」。ヴィジャイ居住の森林監督官は、イヴァン・レンペルという人物だった。この職業の人間としては珍しく、彼はロシア化ドイツ人と呼ばれる集団に属していた。ドイツからの移住者で、ロシア文化を受け入れ、言語も堪能という人々だ。

　森林監督官はじゅうぶんにロシアに同化していたが、それでもその家には故国の雰囲気を残している一面があり、入ったとたんにユーディンはそれに気がついた。第一に、室内が過剰なほどきちんと整っていた。しかし最も目についたのは、レンペルが家の一角をヴンダーカマー、すなわち「驚異の部屋」——英国人なら「蒐集品の棚《キャビネット・オブ・キュアリオシティズ》」と呼ぶだろうが——のようにしつらえていたことだ。壁にはすきまなく絵がかかっていたが、多くはレンペルが自分で描いた作品だった。しかし、客人たちの目を惹きつけて離さなかったのは、何段もの棚を埋めつくすガラス壜に入ったミニチュアだった。それぞれの壜に、さまざまな場面が縮小されて再現されている。その多くは宗教的な場面や季節の風景——ユーディンらが前夜、映画館で観たような場面の静止版だった。キリスト降誕の場面があり、クリスマス・ツリーがあり、子供たちが橇で遊ぶ冬の風景があり、また霜の老人《ジェド・マロース》（サンタクロースのスラヴ版）もあった。イーゴリらがレンペルの話を聞いている横で、ユーディンはガラスのなかで静止している小さな像から、そして小さな飼い葉桶に眠る、同じく小さなキリストから目が離せなかった。今日にいたるまで、あの森林監督官があんな小さな奇跡をどうやって作りあげたものか、ユーディンには理解できないという。「どうしたらあのなかにあんなものが作れるのか、だれにも想像がつきませんでした」

ユーディンがその不思議な雪景色に魅入られているあいだに、森林監督官はほかのトレッカーたちにこの地域の冬の実態について警告していた。オトルテン山に行くつもりだとイーゴリが説明すると、森林監督官はやめたほうがいいと強くいさめた。「冬にウラルの尾根を越えるのは危険だという意見を伝えました」レンペルはのちに言っている。「大きな峡谷や穴があって落ち込む危険があるし、強風で人間など吹っ飛んでしまう」。自分自身はじかにそんな危険を経験したことはないが、そういう過ちを犯した地元民の話なら聞いている、とレンペルは話した。

しかし、森林監督官がなんと言っても、イーゴリは難関に挑戦したいのだと言って譲らなかった。「装備は整っているし、ぼくたち自身も訓練を積んでいます。こわいとは思いません」、イーゴリがそう言っていたのをユーディンは憶えているという。「ディアトロフ・グループの装備のレベルは、こういう旅行のさいに地元民が必要と思うよりずっと高かったんです」

森林監督官が主張したように、大きな危険が行く手に待っていると思っていたとしても、そのためにグループを思いとどまらせるつもりはイーゴリにはなかった。イーゴリは「危険きわまる状況を愛していた。その中毒だった」ユーディンは言う。「わざといちばん危険な状況を探し出し、それを克服していった」。とすれば、森林監督官の警告はむしろ、意図していたのとは逆の効果をもたらしたのかもしれない。イーゴリは、自分たちは正しい道を進んでいると確信しただけだったのだ。レンペルの地図のうち、かれらが持っていたのより詳細な一枚を写し取ったあと、イーゴリたちは礼を言い、最後にもういちど珍しいミニチュアにひと目くれると、森林監督官の家をあとにした。

このころから、ユーディンはこのまま山地に行けるだろうかと強く危惧しはじめていた。それは森林監督官の警告とはなんの関係もない。ひとえに、腰から両脚に走る痛みが激しくなってきたせいだ。ユーディンはこの問題を仲間に話した——痛みを訴えるのでなく、たんに事実として——が、それでも第四一区にはまちがいなく行くつもりだとも伝えた。

その日の午後、一〇人の友人たちはひとまとめにされ、木材伐採作業員のトラックの荷台に積み込まれた。このトラックは、おもに労働者がキャンプと森林を往復するさいに使われているものだった。三時間乗っているあいだにユーディンは気がついたのだが、この輸送手段はリューマチをわずらっている人間にはまるで不向きだった。恐ろしく寒いうえに、でこぼこの悪路で荷台が揺れるたびに痛みがひどくなるようだ。道が悪いの

第41区に向けてヴィジャイを出発するディアトロフ・グループの面々。1959年1月26日

はどうしようもないが、せめて暖をとろうと、ユーディンはグループのテントを広げて毛布のようにかぶっていた。このつらい旅を友人たちがせいいっぱい楽しもうとした様子を、ゲオルギーが日誌に書き残している。

GAZ63の荷台に乗っていたときはかなり寒かった。ずっと歌を歌ったり、議論したりして過ごした。愛や友情から癌やその治療まで、議論のテーマはさまざまだった。

「風が顔に吹きつけてきた」ユーディンは回想する。「気温は恐ろしく低かったし、私の服はぺらぺらだった」。このトラック旅行のせいでユーディンはのちに風邪をひくのだが、幼いころから闘ってきた病苦に比べたら、その当時は風邪など大した問題ではなかった。「これがロシア式の考えかたなんですよ。病気になると、大丈夫、医者になんかかからなくてもいいし、休養をとったりしなくても、たぶんそのうちよくなると考えるんです」

先に進むつもりだと友人たちには言っていたが、いったんウラル山地の奥深く入ったら、こんな痛みにはとても耐えられないとユーディンにはわかっていた。楽になる方法といえば、彼のザックに入っている薬しかないのだ。第四一区に向かうトラックががたがた揺れ、それとともに骨ががたがた揺れるのを感じながら、いつか引き返せない時点が来るのをユーディンは痛感していた。まもなく決断を下さなくてはならない。

13　一九五九年二月

ステパン・クリコフは、小さな峡谷を重い足どりで歩いていた。手に持った引き綱の先には警察犬がつながれている。クリコフは、アンチューチャ川に面するマンシ族の村、スエヴァトパウルから捜索にやって来た。村では部族の長老として尊敬されている人物で、また捜索隊に加わった数少ないマンシ族のひとりだった。ゆうに五〇歳は超えていたが、まったくの疲れ知らずだった。その後ろに従っているのはヴラディスラフ・カレリンという医療技術者で、トレッキング第二級の資格を持っていた。カレリンは、その月の初め、マンシ族のバフティヤロヴァ村に休憩のために立ち寄ったトレッキング・グループの一員だった。ちなみに、このカレリンのグループはディアトロフのグループと混同されて、捜索の初期に混乱を招いている。

冬枯れのカバノキの黒い鉤爪をかき分けて進みながら、クリコフは犬がそわそわしているのを感じた。警察犬は、なにかを見つける直前にこんなふうにそわそわするものだ。午後ももう遅くなっていた。ここは、数時間前にユーリ・ドロシェンコとゲオルギー・

クリヴォニシチェンコの遺体が見つかった場所から数百メートルしか離れていない。クリコフがまたここに来ているのは奇妙なことだった。ここは、もうひとりのマンシ族のボランティアとともに、ほんの数日前にしらみつぶしに捜索してなにも見つからなかった場所なのだ。午前中に遺体がこの近くで見つかっていなかったら、捜索隊はいまも東側の斜面に群れ集まっていただろう。しかし、いまでは捜索の中心はこの谷間、ディアトロフ・グループのテントから一、二キロも離れた地点に移っていた。

ジャーマン・シェパードは引き綱を引っぱり、粉雪の積もる地面のうえをクリコフはカバノキの若木のほうへ引きずられていった。その若枝は地面から不自然な角度に突き出していた。なにか重いものか風に成長を妨げられたかのように。クリコフが見守る前で、犬はその若木の周囲を嗅ぎまわり、雪にでたらめな足跡を残していく。犬の興奮がいよいよ高まるのを見て、クリコフは相棒に声をかけた。ここになにかがあるのはまちがいない。ふたりの男はひざをついて雪を掘りはじめた。手袋をはめた手で、雪の塊を背後に放り投げていく。しかし、そう深く掘る必要はなかった。三〇センチと掘らないうちに、固いものに手が当たった。黒っぽい布が見えた。さらに雪をかき分けてみると、毛織物に覆われた関節が見分けられた。ひじだ。

考古学者のように慎重に雪をかき分けていくうちに、人間らしい姿が現われてきた。最初は片腕、次に両手、そしてもう片方の腕が見えてきた。なにかから身を守るために

ステパン・クリコフ、マンシ族の捜索隊長。1959年2月

両腕を胸の前で交差させているかのようだ。しかし実際には、両手でカバノキにつかまっていたのだ。そのために細い幹が引っ張られ、それで妙な角度に傾いていたわけだ。遺体が掘り出されてくるにつれ、ドロシェンコやクリヴォニシチェンコよりは暖かいかっこうをしているのがわかったが、とはいえそれほど大きな差はなかった。この男性はチェックのシャツのうえからセーターを着ていて、毛皮のベストを着けてズボンもはいていた。しかし、仲間たちと同じく帽子や手袋はしていない。また靴もはいておらず、左右不揃いの靴下を痛ましく縮めた足にはいていた。左手首にはズヴェズダの時計をはめていた。モスクワの北、ウグリチで製造されている人気の時計だが、これが五時三一分で止まっている。カバノキにしがみついているその体勢は、凍りついた苦闘のそれだ。息絶える寸前まで自然と闘っていたかのようだった。

クリコフはディアトロフ・グループのメンバーとは面識がなく、遺体の身元を特定できる立場にはなかったが、カレリンはこの人物を知っているどころか、オトルテン山に向かうグループのために地図を入手するのを助けた仲だった。こわばった仰向けの顔からこびりついた雪をぬぐいとると、カレリンの目の前に現われたのは、見間違えようもない顔――遭難したトレッキング・グループのリーダー、イーゴリ・ディアトロフの顔だった。

雪になかば埋もれたイーゴリ・ディアトロフの遺体。1959年2月27日

この遺体発見の報がキャンプに届くと、カバノキを出発点に四方八方に捜索を広げていくことになった。捜索隊で二頭めの警察犬を連れていたニコライ・モイセイエフ中尉は、カバノキからグループのテントのほうへ戻る道をたどった。数百メートルも行くと谷からのぼる斜面に差しかかる。すると、アルマというその犬が、なめらかな雪のうえを行ったり来たりしはじめた。モイセイエフは、犬の行動を読み解くのを仕事にしてきた。スヴェルドロフスクの彼の管区では、おもにふたつの特技、すなわち話がうまいことと警察犬の訓練で知られていた。彼が訓練するのは主としてジャーマン・シェパードだったが、イースト・ヨーロピアン・シェパードと呼ばれる軍用犬——一九三〇年代にジャーマン・シェパー

ドとロシアの犬種をかけあわせて作出された——も訓練していた。何年間も、密輸品や行方不明者を嗅ぎ出すように犬の訓練をしてきたが、その苦労がいま、一、二メートル積もった雪のうえで、こんな形で報われることになるとはと、胸がふさがるような思いだった。

アルマは立ち止まって雪を引っかきはじめた。モイセイエフも両膝をついていっしょに雪をかき分けた。するとさほど掘るまでもなく、すぐに人の姿が現われた。小さな身体つきからして女性なのはすぐにわかった。右側を下にして横たわり、顔をうつぶせにし、両手は身体の下でねじれていた。きれいな顔には血がこびりついている。右脚は曲げていて、斜面をのぼる途中で倒れたかのようだった。しかし、ほかの遺体とちがうのは、もう少しこの気候にふさわしい服装をしていたことだ。そんな遺体は彼女が初めてだった。帽子をかぶり、スキージャケットにスキーパンツという姿だったが、これはほかの遺体と同じく、不思議なことにやはり靴ははいていなかった。足を覆うのは靴下だけだったのだ。

モイセイエフはグループのメンバーを知らなかったため、その場では名前はわからなかった。しかし、その日にイヴデルに送られた電報から、その若い女性はジーナ・コルモゴロヴァだと特定されることになる。

その同日、モイセイエフらが谷を捜索しているあいだに、エフゲニー・マスレニコフ――トレッキングに出る前に、ディアトロフらがアドバイスを受けた人物――が捜索の総指揮者に任命された。彼はそれにふさわしい資格の持主だった。勤務する金属工場のトレッキング・クラブの部長をしているだけでなく、スヴェルドロフスクでも数少ない「マスター・オブ・スポーツ」の資格を持っている人間のひとりだったのだ。しかも、行方不明のトレッカー全員を直接知っていた（ゾロタリョフを除いて）ので、その場で遺体の身元を特定できる数少ない捜索隊員のひとりでもあった。

遺体が発見されはじめると、あいかわらず主任捜査官が到着していなかったこともあり、マスレニコフが捜査官の役目を引き受けて、若き友人たちになにがあったのか推理するようになった。彼がイヴデルに送信した電報には、ディアトロフらは強い突風に吹き飛ばされて斜面から転落したのではないか、という初期の説が簡単に述べてある。

テントを調べる時間がなかった
おそらく豪雪に埋もれたのだろう
テントは裂けており被害者は立っていて
風によって斜面の下へ吹き飛ばされたのだろう。

同じ日、これより先に捜索隊のべつのメンバーも電報を打っているが、そこでもこれと同じ説が述べられている。

――一六時間で四遺体をべつべつの場所で発見
遺体はまともに服を着ておらず裸足
嵐によって吹き飛ばされたと見られる

現場の人々は納得していたようだが、この初期の推理ですらイヴデルの人々には理屈に合わないと見なされていた。委員会事務局長のザオストロフスキーという人物はこう問いかけている。

――人が風で吹き飛ばされたのなら、なぜテントのなかのものはそのままなのか。

もっと具体的に言えば、トレッカーたちがすさまじい力で吹き飛ばされたというのに、なぜテントは（そのなかの物品や支柱も含めて）ぶじにそのまま残っていたのかということだ。一見するとなんということもない疑問だが、電報に書かれたこの疑問は、ディアトロフ事件にまつわる最も不可解な謎のひとつとなって、その後の捜査官たちを悩ませてやまないことになる。

二月二七日は捜索隊にとってあわただしい一日になったが、その日の終わるころになっても、まだ五人のトレッカーが見つかっていなかった。カバノキとヒマラヤスギの周囲は徹底的に調査し尽くしたため、翌日、マスレニコフはテントから下る足跡の道筋に捜索隊を集中させることにした。その道筋からは、前日にはなんの成果もなかったのだが。驚いたことに、前日にはあれほど役に立った警察犬が、今回は厄介な問題に直面していた。マスレニコフはある電報で、雪の深い場所ではモイセイエフの犬は「役立たず」だと書いている。雪の問題を解決するため、モイセイエフは捜索隊に鋼鉄製のゾンデ棒〔折り畳み式の長い棒。雪に突き刺して遭難者を探す〕を支給した。これはたまたま、マスレニコフの勤める金属工場で製造していた製品だった。雪に棒を突き立てるのは、想像以上に大変な作業だ。雪が固く締まっているところでは、永久凍土まで棒を届かせるのにはかなりの力が要る。ひとりの捜索隊員が一日に一万回棒を突き立て、二万五〇〇〇平方メートルもの場所を捜索したが、やはりなにも出てこなかった。

それまでに発見された四人の遺体は、防水布に包んで、ホラチャフリ山から一キロ半ほどの場所、ブーツ形をしているので「ブーツ岩」と名づけられた大きな岩の下に保管されていた。いっぽうマスレニコフは、現場の状況に頭を悩ませつづけていた。イヴデルへのある電報で、その問題についてこう述べている。

――なぜろくに服を着けずにテントを離れたのか、
理由はまだわからない。
まったく見当もつかない。

その同じ日、捜索隊本部の近くにヘリコプターが着陸し、イヴデルの主任検察官が降りてきた。ヴァシリー・テンパロフ――このような事件の経験は皆無だった――がやっとやって来たのだ。彼はその日の出来事について情報の収集に取りかかり、テント内の物品の目録を作り、公式の報告書を作成した。彼の書き留めた事実は以下のとおりだった。

テントは高度一〇七九メートルの斜面に設営されていた。
平らにならした地面にテントは張ってあり、スキーは奥に置かれていた。
テントは雪に覆われていた。
入口は完全には閉まっておらず、シートカーテンがはみ出していた。

ブーツ岩に集まる捜索隊。1959年2月

尿のあとが複数見つかった。だれかがここで小便をしたらしい。テントを掘り出したとき、斜面に面する側の入口寄りの部分に裂け目が見つかり、毛皮のジャケットがその穴からはみ出していた。下り斜面に面する側はびりびりに引き裂かれていた。束ねたスキーひと組がテント入口の正面に横になっていた。テント内の物品の配置については目録が作成されている。

これらの物品の多くには、二日前にこのテントを発見した人々も気づいていた。しかし、ひとつ奇妙な点がある。テントの奥、北に面する側に何か所か引き裂かれたあとがあったのに、最初のうちだれもそれに気がつかなかったのだ。しかしそうは言っても、テントは全体にすでにぼろぼろだったから、裂け目のひとつふたつはさして重要とは思われなかった。実際あまりに軽視されていたせいで、最初に気づいたのはだれだったのか、あとになってからはだれも思い出せなかった。

その日の終わり、ほかの遺体は見つからなかったとマスレニコフは書いている。また、テンパロフが現場から集めた物品についても電報に記録している。

――検察官は、スケッチや個人的なメモ帳を除き、グループの文書をすべて押収した。それに含まれるのは、ルート計画の写し三枚……

しかしふたをあけて見れば、テンパロフ検事がその日やったことにはほとんど意味がなかった。いったんイヴデルに戻ってからは、テンパロフはこの事件に着手する機会すらなく、二日後には彼の関与はもう必要とされなくなる。それどころか、前日に最初の遺体が発見されたあと、地方検察庁の上層部では、テンパロフに替えてもっと実力のある検察官を任命しようと用意を進めていたのだ。こうして三月一日、レフ・イヴァノフが選ばれる。以後数十年間、ディアトロフ事件の顔となる男の登場だ。イヴァノフは、成功のためのモットーは「正直で、不正を働かず、よく眠る」ことだとよく人に言っていた。しかしこの事件

レフ・イヴァノフ、日付なし

が終わるころには、このモットーのうち少なくともふたつを破ることになる。

14　二〇一二年

クンツェヴィッチの地下のアパートメントは、旅行準備の作戦室の様相を呈してきた。毎朝、朝食をすませた私はコンクリートの階段を降りていき、ユーリ・ユーディンとしばらくともに過ごした。旅行用の装備で埋まり、リビングルームは日に日に狭くなっていく。出発の日が近づいたとき、ユーディンから残念なニュースを聞かされた。通訳を通して、この山地への旅行に彼は参加しないと伝えてきたのだ。具体的な理由は教えてくれなかった。私はがっかりした。ディアトロフ・グループの唯一の生存者が、半世紀後にかつての自分の足跡をたどるのを、すぐそばでともに体験できると期待していたのに。ディアトロフ峠までずっといっしょに来てくれると予想していたわけではないが、少なくとも途中までは同行してもらえると思っていたのだ。しかし、それほど驚くようなことではなかったのだろう。一九五九年の冬、二一歳のときにこのルートを最後までたどれなかったとすれば、いま七四歳のユーディンが同じルートに挑戦すると思うほうが無理だったのかもしれない（とはいえ、一九六三年の夏、亡くなった友人たちを記念する式典に参加するため、ユーディンはかの地に戻っている)。

出発の二日前の朝、作戦室に行くとクンツェヴィッチに断わってから私は階段をおりた。ドアをあけると、ソファに座っていたのはユーディンではなく、六〇代なかばの男だった。だれだか思い出すまで数秒かかったが、それはモスクワで会った私の「弁護士」だった。最初の驚きが収まると、私はヴラディーミル・ボルゼンコフと固い握手で挨拶を交わした。ここへ来るのに、彼はかなりの距離を旅してきたのはまちがいない。飛行機でないとすれば、モスクワからここまで鉄道で一六時間の道のりなのだ。どう考えても、軽い気持ちで訪ねてきたはずはない。

三〇分後、通訳のオルガ・タラネンコがやって来た。数日前、スターリンに関する自分の気持ちをはっきり表明してくれたあの女性だ。タラネンコはエカテリンブルクで生まれ育ったにもかかわらず、この仕事を引き受けるまでディアトロフ事件について聞いたことがなかったという。この事件に興味を惹かれて、旅行に通訳として同行したいと言ってくれたが、クンツェヴィッチが断わった。若い女性をあんな山地に連れていくのは安全でないと思うというのだ。

今回はやっと話が通じたから、それで最初にわかったのは、ボルゼンコフはクンツェヴィッチや私とともに今回の旅行に同行するということだった。それから子供のように興奮して、ボルゼンコフはソファの裏に積んであったトレッキング装備を誇らしげに取り出した。梱包のなかから多色のナイロン製のスノースーツを引っぱりだし、どうだと言わぬばかりに広げてみせる。狂ったキルトのように継《つ》ぎ接《は》ぎされていて（ピエト・モンドリアンとロシアのスーパーヒーローを足して二で割ったようだった）、私はこんなスノースーツは見たことがなかった。彼はそろいの付属品、フードやザック、ナイロンの手袋も取り出し、このスーツはソ連のスポーツ連盟と共同で、彼が自分でデザインしたのだと説明した。同様のジャケット三枚とズボン二本とともに、このスーツは五〇回のスキー旅行、捜索救難作業のほか、コラ半島や極地ウラル、そして北極への旅行を経験してきたのだという。このスーツは世界じゅうのあらゆる国々をめぐっているから、これを着ると歩く国際連合だと彼はジョークを飛ばした。

スーツの左腕に、飛行機の描かれた水色のワッペンがついていたので、私がそれを指摘すると、ボルゼンコフは自分の履歴や学歴についてくわしく説明しはじめた。彼は弁護士などではなかった。そのワッペンはモスクワ国立航空技術大学で授与されたもので、彼はこの大学の第三期卒業生だったのだ。そこで彼は高等教育の学位を三つとった。ひとつは航空工学、もうひとつは応用数学で、三つめ――これは博士に相当する――は航空宇宙システム用の安全救難設備工学だ。こうして工学の学位を取得したボルゼンコフは、一九八二年、ソビエト初の公的なエベレスト登頂隊を支える科学者チームの一員となった。このとき彼は二六名の登頂隊のために寒冷地対応のスーツをデザインし、さらに特殊な酸素マスクを発明した。エベレスト遠征で役に立ったので、これはソビエトの宇宙開発計画でも使われている。

「その登頂隊では、エベレストの南西側の、きわめて困難で前人未踏のルートが選ばれたんです」彼は言った。「また、ほかのだれもやったことのない、夜間の登山もふた晩実行しました。酸素マスクの設計に関わった私たちにとってとくにうれしかったのは、ロシアの歴史で初めて、酸素マスクの故障がただの一度も起こらなかったことでした」

ディアトロフの遠征について、どうしてそれほどくわしくなったのかと私が尋ねると、彼はこう答えた。七〇年代後半、トレッキングのコンサルタントとしての経験を買われて、ソビエトの共和国一五か国の連邦旅行者連盟の副理事長に任命された。その地位についてから、大学生の巻き込まれたトレッキング時の事故や被害についてくわしく調べたという。「純粋に、行政上の方法論的な研究でした」と彼は説明する。「私は安全問題を直接に担当していて、学生が休暇中によく行くトレッキングコースの視察にもひんぱんに出ていたんです。救助隊として、応急処置のできる装備を整えて目を光らせていたわけです」

救助活動の経験について尋ねてみると、表情が曇ったように見えた。最初の捜索救難活動は一九七一年、ロシア北西部のコラ半島でのことだったという。「ポリャルニエ・ゾリという町の小学生がスキーツアーでヒビヌイ山脈へ行ったんですが、ひとりの少年が集団から遅れてしまった。参加者は多く、しかも列車に乗り遅れそうだったので急いでいて、ひとり足りないことにリーダーが気づいたのは、もう列車に乗ったあとだったんです。翌日、私を含めて三人の救助隊が少年の捜索に出かけました。私たちはボランティアでした。まだ専門の救難組織がなかったんですよ。私はスキー旅行から戻ったばかりで、キロフスクの町〔コラ半島にある町〕にいたので……ひどい悪天候で、毎秒四二メートルにも達する強風が吹いていて、気温も零下二〇度ほどと恐ろしく寒かった。ルート上に一か所通れないところがありまして、それが細い峡谷だったんですが、強風でその入口に近づけなかったんです。ルートの反対側から捜索していたチームも、やはり同じ問題に直面していました。割り当てられたルートは隅から隅まで捜索して、のちに天候がよくなってから、通れなかった例の峡谷で少年は見つかりました。残念ながら助かりませんでした。初日にもう凍死していたんです。最初の救難活動が失敗に終わったわけですから、長いこといろんな細かい点が記憶に焼きついて、そのことばかり考えていましたよ」

ボルゼンコフは昔のトレッキング事故について調べていたから、一九七八年にはディアトロフ峠の事件に関する情報に出くわしていた。しかし、その捜索活動に参加したというボランティア数名に会ったのは、一九八四年に航空宇宙人間工学の会議に出席したときだったという。それ以来、彼はこの事件のことが頭から離れなくなった。

しばらくともに過ごすにつれて、ボルゼンコフは陰謀論者ではなく、ディアトロフ事件について科学的な説明を求めていることがわかってきた。対照的に、クンツェヴィッチは自分の直感に頼るほうで、ときに事実を大きく誇張して解釈することもあった。とはいえ、ふたりは六〇年代から親しくつきあい、最後のソビエト世代の同胞であり、激しい議論を交わすのをいとわなかった。ふたりともこの事件を最終的に解決したいと思い、いまも悲しんでいる犠牲者の親族が心の平安を得る手助けをしたいと努力しているのだ。

こんな大がかりな旅行については、その荷造りのことを私はまるでわかっていなかった。少なくともそれが私の結論だった。ロシアの友人たちから、冬山登山の方法についてみっちり教育されたからだ。まずクンツェヴィッチには、以下の物品は肌身離さず持っていなくてはならないと言われた。すなわちポケットナイフ、ライター二個、マッチ箱一個である。マッチ箱は服に縫い込んでおくことが望ましい。それから、衣類は使用する順番に梱包するようにと教えられた。それはつまり、毎日なにを着るか前もって計画しておかなくてはならないということだ。服装の計画を立て終えたら、一枚一枚をできるだけ小さく丸めてスペースを節約しなくてはならない。その後クンツェヴィッチは、なべや食器などなどの私の割り当てぶんをずっしり付け加えてくれた。ボルゼンコフに、は、ザックの底のほうには軽いものを、重いものは頭近くの上のほうに詰めるようにと教えられた。完全に私の直感に反していたが、反論するのはやめておいた。相手は物理学にかけてはちょっとした知識の持主なのだから。

ボルゼンコフと私は、いつしか装備の優劣競争に突入していた。なんだか冷戦時代のシーソーゲームのようだった。手の込んだアウターウェアとか仰々しいブーツについて私がいまだに優越感を抱いていたとしたら、ボルゼンコフはたちまちロシア製のすぐれたヘッドランプで反撃してきた。彼が指摘したように、それは私のメイドインＵＳＡのランプよりずっと頑丈にできていたのだ。さらに赤面ものだったのは、数か月前に買ってよい買い物をしたと思っていたシェルパンツだった。私の自慢だったアークティック・モデルの、クンツェヴィッチが呼ぶところの「象のブーツ」をはくと、すそが入らないことがわかったのだ。この見込み違いから、私は最後の最後になって、この旅行に適したロシア製のスノーパンツを探しに走りまわる破目になる。

出発の日が迫るころには、クンツェヴィッチとボルゼンコフと私は、もう気安く冗談を言い合うようになっていた――タラネンコの通訳を通じてだが。重大な任務を前にすると、こういう浮かれた冗談が飛び交いがちになるものだ。それで思い出したのが、一九五九年一月二三日の五三一号室で、最後の冒険にそなえてイーゴリたちが荷造りをしていたときの明るさだった。ユーディンに目をやるたびに、私は考えずにはいられなかった――私たちの準備するさまを見守りながら、彼はあの夜のことを思い出しているのではないだろうか。

ユーディンは私たちのまわりをうろうろしていたが、ときどき立ち止まっては紙切れに何事かメモしていた。なにか重要なことをメモしていたのか、たんに暇をもてあましていただけなのかはわからない。たまに会話に入ってくることもあったが、たいていは黙って部屋にいて、周囲の活動を眺めて満足していた。悲劇が頭から離れることはないのだろう。私たちの遠征の日が近づいていたあのころ、彼はしょっちゅう「無事を祈っていますよ」と繰り返していた。

出発前日の午後、クンツェヴィッチの妻のオルガが私と通訳をキッチンに引っ張っていった。てっきりまた午後のお茶休憩か、こっそりサーロ――塩漬けにした豚の脂身――でも出してくれるのだろうと思っていたら、他の人に聞かれたくない内緒話だった。ささやくような声で、クンツェヴィッチは私の身をとても案じていて、この旅行を完全にとりやめにしようかとも考えている、と彼女は言った。こんなに心配してもらって私は感動したが、大丈夫、心配はいらないと（自分でも内心不安を感じているのは無視して）請け合った。

戻ってみると、クンツェヴィッチは真剣な面持ちで天気予報の話をしていた。イヴデルから山地にいたる地域では、天候を予想するのがとくべつむずかしいというのだ。彼の説明によると、ディアトロフたちがひと晩過ごしたヴィジャイ村には泊まれないらしい。二〇一〇年夏に山火事が起こり、村の家屋三四軒が焼失したため、村人はみなイヴデルに避難してしまったというのだ。同様に、第四一区ももう存在しない。あのような木材伐採用の入植地は、五年間使われたあとは壊されるのがふつうなのだ。その代わり、私たちはウシュマというマンシ族の村に滞在することになっていた。ロズヴァ川沿いにある村で、ディアトロフたちがひと晩過ごした第四一区から八キロほど下流にある。ウシュマ村には水道や電気という現代的な設備がないので、私たちはディアトロフらが過ごしたのとほとんど同じようにして一夜を過ごすことになる。

クンツェヴィッチが懸念していたのは、そのウシュマ村からディアトロフ峠までの七〇キロほどの道のりだった。そのあたりはハリケーンなみの強風で知られていて、天気予報はまったくあてにならないのだという。予報では気温はマイナス三二度。これはディアトロフらがともに過ごした最後の夜の推定気温と同じだった。しかし、この予測すら楽観的すぎるかもしれないのだ。

そんな極寒をじかに経験したことがないだけに、私はいささか緊張してきた。最悪のケースについての議論が続くなか、抑えようとはしていたが、どんどん恐怖が募ってくる。クンツェヴィッチがこちらを見るたびに、その顔に不安が浮かぶのがわかる。キッチンでオルガと話したこともあって、それをいっそう意識せずにいられなかった。少々のことではびくともしないロシア人たちが、ウラル山脈北部への旅にこれほど緊張しているのだ。こういうとき、私はどんな顔をしていればいいのだろう。

明日は七時に起きることになっていた。寝る準備をしながら、私は胸のなかで自分を叱咤激励した。私はこのトレッキングをやるためにここに来たのだ。何年も前からやりたいと思っていたことじゃないか。床《とこ》につくため部屋に引き取ろうとしたら、ボルゼンコフに引き止められて、最後に登山家の知恵をもうひとつ、たどたどしい英語で伝授された。てっきりこれを忘れるな、あれをするな、必ずこれをせよ、というような忠告をされるものと思ったら、歯ブラシは持っていかなくてもいいと言われただけだった。彼は理由は言わなかったが、いかにも重要そうな口調だったので、そのときは賢明なアドバイスだと私も思った。だが結局、私は自分の歯ブラシを忘れずに持っていった。それも、すぐ取れるようにザックのサイドポケットに入れて。なにしろ、私の新たな友人はずいぶん歯が少なくなっているのだ。

ベッドに入る前に、家族への電話という仕事が待っていた。まずスカイプで恋人に電話すると、それは涙ながらの三〇分のやりとりになってしまったが、かならず無事に帰るからと最後に私は約束した。さらにつらかったのは息子の面食らった顔だった。コンピュータ画面の顔を見てもだれだかわからないのに、母親からずっと「パパよ」と言われつづけて困惑している。私は胸が引き裂かれそうだった。たった二週間離れていただけなのに、一歳児にとってそれは永遠にも等しい時間だったのだ。

最後に母に電話した。私がこの冒険に着手してから、母はずっと「なぜそんなことをするの」と言いつづけだった。この電話でまた「なぜそんなことをするの」と尋ねられたとき、私にはそれに納得の行く答えを出すことはできなかった。それで、心配しないで、すぐに帰るからと答えた。

「ジーナ」ことジナイダ・コルモゴロヴァ。第41区にて。ヴィジャイで作ったブーツカバーを着けている。1959年1月27日

15　一九五九年一月二六〜二八日

第四一区に暮らす木材伐採作業員たちは、何か月も女性を見ずに過ごしていただろう。だから、一〇人のトレッカーを乗せたトラックが見えてきたとき、女性がふたり混じっていたのに気づいて、全員がそろって胸を震わせたのは想像にかたくない。あと一時間ほどで日没というころだったが、トレッカーたちがトラックから降りて挨拶してきたときにはまだ日の光も残っていて、お互いの顔をはっきり見ることができた。作業員たちは、この地域の標準的な服装にくるまっていた。罠猟師の帽子にテログレイカ——もともと赤軍用に作られたキルトのコットンジャケットだ。作業員たちはしわのない若い顔をしていて、トレッカーたちよりさほど年上ではないのがわかった。かれらを迎えた作業員のなかに、ひときわ目立つ押し出しの立派な男がいた。黒っぽいもじゃもじゃの髪に、豊かな赤いあごひげをしている。本人はエフゲニー・ヴェネディクトフと名乗ったが、彼にはぴったりのあだ名がついていることにゲオルギーは気がついた。

ここの労働者たちとずいぶん長いことさまざまな話をした。

とくに記憶に残ったのは赤いひげの労働者で、仲間からは「バラダー」と呼ばれていた。

バラダー（ロシア語で「ひげ」の意）は全員の代弁者を自任していて、すぐに率先して客人たちに部屋を割り当てにかかった。とはいえ、作業員たちの寮になっている松材の丸太小屋が何棟かあるのを除けば、第四一区にはほとんどなにもなかった。ここはこの地域によくある多くの居住地のひとつであり、五〇人ほどの男たちが送り込まれて、長期契約で周辺の森林で伐採・裁断・運搬をおこなっていた。伐採作業員の生活は孤立していて、年に何か月も家族と離れて過ごさなくてはならない。しかし当時のソ連では、正規の教育を受けられなかった人々にとって、肉体労働が最善の選択肢という場合は少なくなかった。一〇人のトレッカーたちはこういうとき、大学で学ぶ場を与えられて幸運だったと感じたのではないだろうか。フルシチョフ時代になっても、多くの若者にはごく限られた選択肢しかなかったのだ。

思いがけない客の到来に作業員たちは元気づいていたが、トレッカーたちは吹きさらしのトラックの荷台から降りられてただほっとするばかりだった。やっと夕食をとって

第41区の伐採作業員たち。左端が「バラダー」ことエフゲニー・ヴェネディクトフ。1959年1月27日

寝ることができる。またユーリ・ユーディンにとっては、これは移動の苦痛からのいっときの解放だった。一〇人はトラックから荷物をおろした。仲間の作業員を何人か移動させて、バラダーは女性客のために一室をあけてくれた。リュダとジーナはこの配慮に感謝したが、しかし実際には、その夜にはほとんど寝る時間はなかった。

伐採作業員たちは客人のためにパンを焼いてくれ、夕食後はみなで薪ストーブのまわりに集まって暖をとった。この丸太小屋は、ヴィジャイの宿泊施設のような快適さとは無縁だった。家具は必要最低限だったし、丸太のあいだに沼地のこけが詰めてあるのが、冷たいすきま風を防ぐ唯一の手段だった。しかし、トレッカーたちを待ち受ける寝場所と比べればはるかに贅沢だったし、暖かい歓迎と話し相手にかれらはまちがいなく感謝していた。それどころか、都会の学生であるかれらは、自分たちが思っていた以上に、この辺境の作業員と共通点が多いことに気がついていた。たしかに土地から生計を立てる者の強靭な肉体をしていたが、作業員たちは独学の知識人の頭脳と詩人の心もあわせもっていた。なかでも、トレッカーたちが最も親しみを覚えたのはバラダーだった。本から読んでいるかのように詩を暗唱できるだけでなく、彼はグループ全体にやすやすと影響力を及ぼしていた。「明らかにいちばん頭がよかった」とユーディンは回想する。「それに、仲間たちのあいだで一目も二目も置かれていました」。バラダーはまた、ほとんど森のなかで過ごしている男にしては、驚くほど身なりに気をつかっていた。ひげを剃っていないのは面倒だったからかもしれないが、粋なブレザーとコサックふうのズボンと合わせると、バラダーのふさふさのひげは驚くほど洗練されて見えた。まるで意識的にファッションで自己主張をしているかのようだった——それを見て感心してくれる者は、このロシアの森のなかにはほとんどいないのに。

砂糖なしの紅茶を何杯も飲みながら（当時、茶は中国から大量に供給されていた）、バラダーたちは客人のために自分たちの好きな詩を暗唱した。「伐採作業員として働いてはいましたが、かれらはエセーニンとその詩を知っていました」ユーディンは言う。「つまり、ただの労働者階級ではなく、学もあったんです」。セルゲイ・エセーニンは二

第41区のディアトロフ・グループ。イーゴリ・ディアトロフ（中央）、「コーリャ」ことニコライ・ティボー＝ブリニョール（右、帽子をかぶっている）。「ゲオルギー」ことユーリ・クリヴォニシチェンコのマンドリンが背後の壁にかかっている。1959年1月27日

〇世紀初期の抒情詩人で、ロシアで最も有名な詩人のひとりだ。初期にはロシア革命を支持していたが、のちに政府を批判したため、その作品はスターリンによって禁書とされ、これはフルシチョフ時代もずっと変わらなかった。エセーニンはまた精神疾患にも苦しみ、三〇歳で首を吊って自殺しているが、生命を断つ直前に最も有名な詩のひとつを書き残している。

さらば、友よ、さらば
愛しい人よ、きみはいまもわが
胸に。
別れが運命《さだめ》なら
やがての再会もまた運命。

さらば、握手は要らない。
悲しむまい、眉を曇らすまい。
いまは死になんの新味もない
生にはさらにないけれど。

ソ連時代、詩を愛する人々はこういう詩を暗記するしかなかっただろう。エセーニンの作品が載っている本はなかなか見つからなかったからだ。「エセーニンの本を読むことはできませんでした」ユーディンは説明する。「禁じられていたんです。どこにも売っていなかった……しかし禁じられていても——ちなみに、そういう詩人や作家はおおぜいいましたが、それでも彼について会話を交わすことはなんとかできていたんです」

よくあることだが、若者が詩の話をしていると、いつのまにか愛や男女関係の話が始まるものだ。そしてその夜、ふたりの女子は会話を恋愛のほうへ持っていった。ユーディンの回想によると、ふたりはそういう話をするのが好きで、ウラル工科大学の寮でもしょっちゅうその話題を持ち出していたという。「そんなわけで、エカテリンブルクを発ってから、ふたりは毎日愛について話していた。自分の気持ちを表現しようとし、それで男子の気持ちも知ろうとしていたんです」

ほんの二、三日前、ユーディンがグループ日誌に同様のことを書いている。「愛についてZ・コルモゴロヴァが論争を始めた」。どうやらジーナは、その論争にまだ納得していなかったらしい。また宿を提供してくれた男性たちが、このテーマについて新たな視点を提供することにもなった。しかし、ジーナにしてもリュダにしても、その動機には不純な点はまるでなかった、とユーディンは言う。グループのメンバーは、女子ふたりもふくめ、ほとんどが性交渉は未経験だった。「いまとは時代が違うし、雰囲気もぜんぜん違ってた。いまの人にはわからないだろうね。あのころはみんな情熱的だったが、いまとは情熱の意味が違っていたんだよ」

ユーディンも認めるように、グループの男子——とくにイーゴリ、ゲオルギー、ドロシェンコ——はジーナに熱をあげていたが、ひとりの人間に特別な興味を示すことには恥じらいがあったと彼は言う。「もちろん、お互いに多少の恋愛感情はあったが、だれも口には出さなかった。ひとりの女子だけに関心をもつわけにはいかないからだよ。それはソビエトふうじゃなかったんだ」。第四一区での夜の会話について、ユーディンはこう語る。「もちろん、私たちはお互いに好意をもっていたが、話題になったのは具体的な恋愛じゃなくて、広く愛についてで……愛とは、恋愛とはなにかとかね。完璧な女性とはどんな女性で、どんなタイプを完璧だと思うかとか」

自分の気持ちについては一般論として語ることを好んだかもしれないが、ともに歌ったり踊ったりして、若き日々をともに過ごす喜びを、そしておそらくは密かに愛しあう喜びを表現するのにためらいはなかった。楽才のあるルスティクがゲオルギーのマンドリンを演奏し、伐採作業員のひとりはギターを持ち出してきた。さまざまな歌が歌われたが、「雪」もそのなかの一曲だった。ロシアの詩人にして冒険家のアレクサンドル・ゴロドニツキーの作品で、彼の歌は若いトレッカーたちのあいだで人気があった。

静かに、しめやかに、雪が滑り落ち
はぜる火に枝がはじける
みんなまだ眠っているのに、ぼくは——
なにを思い悩むのか

雪が降る、雪が降る
テントのカンバスに白粉《おしろい》を塗っていく
一夜の短い滞在は
もうすぐ終わる

雪が降る、雪が降る
周囲のツンドラを白く塗り

第41区での写真。1959年1月27日

凍った川を埋めて
雪が降る

こういうお祭り騒ぎはもちろん、アルコールなしでおこなわれていた——少なくともトレッカーたちに関しては。「だれも飲んでいなかった。旅行中はだれも」とユーディンは断言する。もっとも、特別な機会には例外があったのは認めている。ある年の大晦日には学生一〇〇人ほどでキャンプに出かけ、二本のシャンペンをみなで分け合ったという。「みんながスプーン一杯のシャンペンをなめて、それで終わりだったよ。でも、それでひと晩じゅう踊って歌って過ごしたんだ。楽しむのにアルコールは必要なかったからね」

そんなわけで、ビールやワインやロマン

チックな月光の助けがなくとも、学生たちは作業員たちとともに笑い、床板を踏み鳴らし、あれこれ楽しく過ごすうちに、夜明けまでほんの数時間を残すだけになった。そこでようやくかれらは部屋に引き取って床についた。どうしても眠っておかなくてはならないのだ、翌日からは厳しい旅が待っている。乗物で移動できる行程はここで終わった。スキーを用意して、大自然のなかで肉体的能力を試す時が来たのだ。

ユーリ・ユーディンはよく眠れなかった。床に作ったベッドから起きたときには、痛みは前日よりさらにひどくなっていたが、それでも先に進むという決心は変わらなかった。友人たちと旅を続けたいというのも理由のひとつではあるが、引き返したくないのには個人的な理由もあった。次に立ち寄るのは、放棄された地質調査用の居住地だ――ユーディンは地質学を専攻していたから、遺棄された建物のなかでどんな鉱石や貴石が見つかるか興味があったのだ。

遅い朝食のあと、伐採作業員たちはぞろぞろと丸太小屋から出てきて、新たな友人たちを見送った。バラダーはくしゃくしゃの頭に、指に煙草をはさんでいたが、ちゃんとした集合写真の撮影が始まったのに気がつくと、髪をなでつけ、同志たちとポーズをとった。歓待のお礼に、トレッカーたちは去りぎわに贈り物を残していった。手放してもいいと思うものはなんでも置いていったのだ。第四一区の作業員のひとり、ゲオルギー・リヤジネフは、のちに捜査官にこう言っている。「エフゲニー・ヴェネディクトフ

第41区から地質調査用居住地あとに向かう途中のディアトロフ・グループ。前からユーリ・ドロシェンコ、「ジーナ」ことジナイダ・コルモゴロヴァ、「リュダ」ことリュドミラ・ドゥビニナ、「スラヴァおじいちゃん」ことスタニスラフ・ヴェリキャヴィチュス。ユーリ・ユーディンははるか後方に写っている。1959年1月27日

監督に小説の本を贈ってました。それから、アナトリー・トゥティンコフにも贈り物をしてました」

その日の午後、スタニスラフ・ヴェリキャヴィチュスというリトアニア人が馬の牽く橇でやって来て、地質調査の居住地までトレッカーたちと同行することになった。ヴェリキャヴィチュスはその日、放棄された居住地から鉄パイプを取ってくるという仕事を請け負っていて、運のいいことに、彼の橇にはトレッカーたちの荷物を積むだけのスペースが残っていたのだ。彼はこの居住地の賃雇い労働者で、刑務所キャンプ第八部門第二区で六年の刑を務めており、トレッカーたちがこの地域で初めて出くわしたもと受刑者だった。

「コーリャ」ことニコライ・ティボー＝ブリニョール、雪のなかで遭難者のまねをして遊んでいるところ。1959年1月27日

ヴェリキャヴィチュスがなにをして罰を受けたのかはわからないが、どんな罪を犯したにしても、第四一区の監督はトレッカーたちを彼に預けることになんのためらいも感じていなかった。その点は学生たちも同じで、「スラヴァおじいちゃん」と愛称で呼ぶようになるほどだった。

ヴェリキャヴィチュスのやって来るのが遅かったので、荷物が軽くなる代わりに、二五キロ近いトレッキングの大半は月明かりの下ということになりそうだった。一〇人はスキーをはいて、伐採作業員の友人たちに別れの挨拶をし、第四一区からさらに北、森の奥深くに進んでいった。一時的に重い荷物から解放されたものの、次の居住地にたどり着くまでには、荒れ地を二五キロ近くもクロスカン

左から、「リュダ」ことリュドミラ・ドゥビニナ、「ゲオルギー」ことユーリ・クリヴォニシチェンコ、「コーリャ」ことニコライ・ティボー＝ブリニョール、「ルスティク」ことルステム・スロボディン。1959年1月27日

トリーで踏破しなくてはならない。単調なトレッキングの気晴らしが、ときどき足を止めてコートの下から取り出すカメラだった。旅程を画像で記録することが、次のトレッキング資格である第三級を得るためにどうしても必要だったからだ。写真に収めることで、トレッキングのさまざまな規則を守っていたことを大学側に証明することができる。たとえば服装とか、適切な装備とかスキーの適切なフォーメーションなどが規則で定められているのである。とはいえ、ときどきカメラをべつの用途に使っていけないというわけではなく、フィルムのかなりの部分がもっと楽しい記録のために使われていて、帽子を取り替えたり、派手なポーズをつけた写真が残っている。いっしょに

楽しい時間を過ごしている、ごくふつうの大学生の姿がそこにはあった。

周囲はうっそうたる森だったから、最も楽な道は凍結したロズヴァ川をさかのぼることだった。ただ、ユーディンによれば氷はそれほど厚くなかった。寒さが厳しいとはいえ、スキーで氷が割れる心配をしなくてすむほどではなかったわけだ。さらに、湿った雪はスキーにこびりついて凍りつきやすく、そのため定期的に止まってナイフで氷をかき落とさなくてはならない。と同時に、川の氷にあまり体重をかけすぎないよう注意しなくてはならないのだ。「ひじょうに厄介で危険だった」とユーディンは言う。「川は雪で隠れているから、どんな氷のうえに立っているのかわからないからね」

体力を維持するため、第四一区で焼きたてのパンを四斤買ってあったので、夜間の行軍のさいにうち二斤をみんなで分けて食べた。いっぽう、スラヴァおじいちゃんの馬は危険な川を恐ろしくのろのろ進んでいるようで、スキーヤーたち自身も用心しいしい進んでいたにもかかわらず、おじいちゃんの橇はいつしかはるかに遅れて見えなくなった。

四分の三の月の光で、雪をかぶった屋根の集まりがやっと見えてきた。近づくにつれて、完全な村が姿を現わしてきたようだったが、今夜はかれらを迎え入れる村人はいない。小屋が二〇軒ほどあったが、ひっそり静まりかえり、どの窓にも火の明かりもろうそくの明かりも見えなかった。足跡ひとつない通りを進んでいくと、家々のドアや窓は開けっ放しだったり破れたりしている。月明かりで、屋内の置き捨てられたストーブや家具の輪郭が見分けられた。この居住地が放棄されたのは二、三年前だったが、このありさまを見ると、住民はなんの前触れもなくいきなり退去を命じられて、家具を運び出す時間も、これを最後に出ていく前にドアに鍵をかける時間もなかったのかと思いたくなりそうだった。

伐採作業員たちから、一夜を過ごすのに適当な状態の家は一軒しかないと聞いていたが、それを見つけるのに多少苦労した。ドロシェンコの日誌には、その家を発見したよ

写真を撮影する「ゲオルギー」ことユーリ・クリヴォニシチェンコ。1959年1月27日

ディアトロフ・グループが泊まった無人の小屋。1959年1月28日

うす（氷に取水用の穴があけてあって見分けがついた）と、ヴェリキャヴィチュスの遅い到着が記録されている。

夜も更けてから小屋は見つかった。氷の穴だけを手がかりにことあたりをつけた。板きれで火をおこした。ストーブはくすぶっている。何人かが釘で手にけがをした。万事オーケイだ。馬も到着した。それから夕食後、よく暖まった小屋で午前三時までふざけていた。

使えるベッドには女子ふたりが寝て、男たち（スラヴァおじいちゃんもふくめて）は寝袋に入って床に並んで寝た。脚の痛みは増していたが、ユーディンは明

ディアトロフ・グループの面々が、放棄された村の地質学標本棚に腰かけているところ。左から「リュダ」ことリュドミラ・ドゥビニナ、「サーシャ」ことアレクサンドル・ゾロタリョフ、「ジーナ」ことジナイダ・コルモゴロヴァ。1959年1月28日

日の朝にはよくなるだろうと信じることにした。

　しかし翌朝、ユーディンが目を覚まして床から立ちあがろうとしたときには、本人もふくめてだれの目にももう明らかだった――このまま旅を続けるのは賢明でない。それに、これは文明世界に安全に戻る最後のチャンスだった。この先にはもう居住地はない――森があるだけだ。ユーディンが動けなくなったら、彼を抱えて運ばなくてはならない。そんな危険は冒せなかった。しかたなく、ユーディンは引き返すことにした。コーリャがグループの日誌にこう書いている。

　彼といっしょに行けないのは、とくにぼくとジーナにとってはすごく残

念だ。でもどうしようもない。

スラヴァおじいちゃんが第四一区へ持ち帰る鉄パイプを積み込んでいるあいだに、ユーディンはあたりに散らばっていた鉱石（ほとんど黄鉄鉱と石英だった）をいくつも拾い集め、橇に積み込んでいった。「馬橇の人は急いでいて、大声で早くしろとせかしてきた」とユーディンは言う。友人たちと別れるのは残念だったが、いつもの笑みを浮かべて、一〇日後にはまた会えるのだからと自分に言い聞かせた。熱烈なハグを順ぐりに交わしてから彼はその場を去り、残りの九人は彼ぬきでオトルテン山をめざす旅を続けることになった。ユーディンは荷物を橇に積み込んだが、鉄パイプが恐ろしく冷たかったので、彼自身は乗り込むことができなかった。それで、腰と脚の痛みをこらえながら、スラヴァおじいちゃんの馬橇のあとをついて、曲がりくねった川筋を二五キロもスキーで下ることになったのである。

引き返す前に、ユーリ・ユーディンが「リュダ」ことリュドミラ・ドゥビニナと最後にハグしあっているところ。後ろで見ているのはイーゴリ・ディアトロフ。1959年1月28日

16　一九五九年二～三月

四人の遺体発見の報がスヴェルドロフスクに届き、最初の衝撃が収まると、トレッカーたちの家族や友人は非難する相手を探しはじめた。多くの人々が大学に責任があると考えた。そもそも、そんな危険な旅行を許可したのがよくないというのだ。さらにこのころには、周辺地域の部族を調べるべきだという声が大きくなってきていた。トレッカーたちのルートからほど遠からぬ場所でマンシ族の足跡が見つかったため、ロシア人が聖地に土足で踏み込んで汚したと憤慨したのではないか、という疑問の声があがったのだ。そんな声の高まりに対処するため、マンシ族の近くで働く森林監督官たちが、事情聴取のためイヴデルに連れてこられた。

行方不明になる一週間前に、ヴィジャイでトレッカーたちに会った森林監督官イヴァン・レンペルは、断固としてマンシ族を擁護している。「そんなことはありえないと思います」三月初めの証言で彼はこう述べている。「マンシ族にはしょっちゅう会っていますが、ほかの民族に対してかれらが悪く言うのを聞いたことがない。訪ねていっても、偶然会ったときでも、いつでもとても親切にしてくれます」。レンペルはまた、トレッカーたちが旅していた地域は、マンシ族の聖地ではないとも指摘している。「地元の人々が言うには、マンシ族の聖なる岩はヴィジャイ村の水源地にあるそうです。学生たちが亡くなった場所から一〇〇キロから一五〇キロも離れた場所ですよ」

マンシ族がトレッカーたちのあとをつけていたことを疑わせる形跡については、ヴィジャイの森林監督官イヴァン・パシンは捜査官に対する証言で、そんな証拠はないと否定している。「トレッカーたちが最初に立ち寄った場所から一キロの地点で、マンシ族がいつもの場所でトナカイに草を食《は》ませていた形跡はありましたが、それはトレッカーたちの死後のことです。マンシ族の足跡は新しかったが、トレッカーたちの「キャンプ」はもっと古いようでしたから」。最後に彼はこう締めくくった。「マンシ族が攻撃したはずはありません。それどころか、かれらの習慣は知っていますが、ロシア人をいつも助けているんです。マンシ族は、道に迷った人を見つけると自宅へ連れ帰って、食事を与えて保護するんですから」

スエヴァトパウルに住むマンシ族の猟師で、トナカイも飼っているアンドレイ・アニャモフは、一月末、トレッカーたちがその地域にいたころにアウスピヤ川の近くで狩猟をしていた。狩猟仲間とともにイヴデルに連れていかれて事情聴取を受けたとき、彼は捜査官にこう言っている。「私たち四人はみなスキーのあとは見たが、そのあとをつけ

雪の下を探る捜索隊。1959年2～3月

ていったりはしていない。ヘラジカやオオカミやクズリの足跡は見たが、焚き火のあとは見なかったし、人の声も聞いていない」。この地域に部族の聖地があるという説に関しては、アニャモフの狩猟仲間コンスタンティン・シェシュキンがこう指摘している。「私たちの狩場には聖山などない……が、マンシ族はいまでは聖山に参ったりはしなくなった。若いのはお祈りもしないし、年寄りは家で祈っている」

　このような事情聴取が何度かおこなわれたが、マンシ族の関与を示す物的証拠が皆無だということをべつにしても、その温和な性質で知られる人々が、トレッカーたちを死に追いやるような事件を画策するとはとうてい思えない。それは捜査官たちにとってはあまりに明らかだった。

いっぽうホラチャフリ山の捜索隊（いまもマンシ族のボランティアが加わっていた）は、ディアトロフ・グループのメンバーを生きて発見するという希望は完全に棄てていた。いまでは目的は遺体回収であり、雪の墓を五つ見つけるという暗澹たる仕事が残るだけだ。マスレニコフは、三〇人の捜索隊で二万五〇〇〇平方メートルの地域を捜索するよう指示していた。捜索隊員のなかには、深い雪のなかを探るのにスキーストックを使っている者もいたが、マスレニコフが自分の勧める工場に注文したゾンデ棒が届いて、二メートル半を超す深さまで探れるようになった。捜索隊員たちは、ほとんど同じコートにトラッパーキャップ〔長い耳あてとひさしつきの縁無し帽子〕という姿で、調査する区域の端に肩と肩を接して一列に並ぶ。そこから前進していき、足の下に敵のいる小さな軍隊のように、手にした鉄の棒を雪に突き刺していくわけだ。疲れるうえに確実とは言えない方法だ。しかもゾンデ棒が地面に届かない場所もある。とくにある峡谷では、雪の深さが四メートル半にも達していた。イヴデルから電報が来て、金属探知機を持った鉱山技師を送り込もうかと提案があった。

マスレニコフは次のような返信を送った。

——金属探知機よりゾンデ棒が必要
——雪の下の遭難者は金属を帯びていないので。

しかし、この件についてはマスレニコフの意見は無視され、翌日には鉱山技師のチームが金属探知機を携えてやって来た。一日か二日、雪原を探査したもののなにも見つからず、マスレニコフの言うとおりだと鉱山技師たちも気がついた。トレッカーたちが時計などの金属製のものを身に着けていたとしても、それぐらいでは金属探知機は反応しないのだ。そんなわけで、技師たちは探知機をゾンデ棒に持ち替えて、雪を突き刺す捜索隊員の列に加わることになった。

三月一日、レフ・イヴァノフが現場に到着した。主任捜査官の交代があったのは、テンパロフがとくに無能だったからではない。遺体が発見されたために、もっと高位の人間の監督が必要になったというだけだ。テンパロフは市の検察官だったのに対し、イヴァノフはもっと広い地域の検察官だった。司法下級顧問という地位に加えて、イヴァノフは第二次大戦の退役軍人であり、また夫であり父でもあった。しかし、妻とふたりの娘に言わせると、家庭的な男と呼ぶにはあまりにも仕事熱心すぎた。そしてこの年の春には、ディアトロフ事件のために、長期にわたって家族から遠く離れて過ごさざるをえなくなる。これからの数か月、イヴァノフはウラル山脈北部に何度も出かけ、ホラチャフリ山周辺の地形を脳裏に深く刻みつけることになるのだ。

イヴァノフにとってまっさきにやるべきことは、ヘリコプターに乗り込み、遺体が発見された場所を調べることだった。ジーナとディアトロフが倒れていた場所にはほとんど見るべき点はなかったが、高さ七メートル半のヒマラヤスギの地点ではさらに手がかりが見つかった。火の穴で焦げていたスギの枝を調べて、火はせいぜい二時間しか焚かれていなかったとイヴァノフは判断した。また近くで見つかった折れた枝から、犠牲者のひとりが木に登って、枝を集めようとして転落したらしいということもわかった。ヒマラヤスギは乾いていて折れやすく、犠牲者の体重で枝が折れたとしてもおかしくない。ドロシェンコの遺体に切り傷や打撲傷が残っていたこと、遺体の下にスギの枝があったことは、これで説明がつくだろう。いったん火をおこしたあとは、暖まるにはじゅうぶんだったと思われるが、しかし長時間燃えつづけるほど大きな火ではなかった。またドロシェンコとクリヴォニシチェンコ以外の足跡も残っていたため、この木のそばには少なくとももうひとりいたはずだとイヴァノフは考えた。また、火のそばにはスギの枝とモミノキの枝も残っていた。火を燃やすために集めてきたのだろうが、使われていなかった。とすると、靴もはかずろくに服も着ていなかったのはなぜかという疑問に加えて、当然こんな疑問がわいてくる——立派に使える薪を集めてきたのに、なぜくべずに火が消えるのを放置していたのだろう。ここで得られた情報を記録し、次はテントの正式な捜査に着手するために斜面をのぼりながら、イヴァノフはこの謎について考えていた。

マスレニコフとともに、イヴァノフはトレッカーたちのキャンプとその周囲を調査し

現場のレフ・イヴァノフ、1959年3月1日

た。テントはトレッキングの規則に従って張られている、というのがふたりの結論だった。何か所も裂けてはいるものの、斜面上での強度に問題はなかった。強風にも耐えられるように、支柱は斜面にしっかり立ててあるのは明らかだった。

いっぽうマスレニコフは、イヴデルに送った多数の電報のひとつで、二月一日の夜になにがどんな順序で起こったのか推理している。つまり、トレッカーたちはまだ昼間の濡れた服を着たままで、テントのなかで夕食にとりかかったのではないか、というのだ。そして夕食が終わりに近づいてから、いったん食事を中断して、乾いた衣服と靴に着替えはじめた。まさにその着替えのさいちゅうになにかが起こったために、九人全員がまともに服を着けずに雪のなかへ飛び出したというわけだ。

> 服を着ていただれかが、外へ用を足しに出て吹き飛ばされたのではないか。悲鳴で他の者もテントを飛び出し、やはり吹き飛ばされた。テントは風の強いきわめて危険な場所に設営されている。テントが裂けるほどの風のなかで、五〇〔メートル〕も坂を登るのは不可能だ。転落した者たちは、森に向かって斜面をアウスピヤ川のほうへ進んだのだろう。森のほうが近い。以前のキャンプの場所を見つけようとしたのかもしれない。斜面は岩がちで、森から二、三倍の距離がある。そこで火をおこした。ディアトロフとコルモゴロヴァがましな服装をしていたので、服を着てテントを探しに戻ったが、途中で力尽きて倒れた。

その日の斜面は、ボランティアたちにとって厳しい天候だった。強い風が肌に刺さるようで、視界も悪かった。どんなに探してもなんの成果もなく、日が沈むころにはだれしもいよいよ疲れてきていた。ユーリ・ブリノフはまだ大学に戻らず捜索に加わっていたが、遺体を捜すだけで果てた一日の最後に、多少の気晴らしがなくてはやりきれないと思っていたのは彼だけではなかった。このころのことを、彼は日記にこう書いている。

夜になると、雪の斜面を延々突き刺して疲れた捜索隊員は、テントに戻ってからはほかにすることもないので話をして過ごした。警察の人たちは、犯罪者の世界でよくあるあんなことやこんなことを話して楽しませてくれたし、ジョークも飛び交っていた。

行方不明の友人を捜すためにがんばってはいたが、ブリノフは疲れきっていたし、大学を何日も休んでいるのも心配になってきた。そろそろスヴェルドロフスクに戻らなくてはならない。二日後、ブリノフはウラル工科大学のほかのふたりの学生とともに、戻って大学生活を再開した。

三月二日には、前日より少しは天気がよくなった。ゾンデ棒の作業は昨日終わったところから再開されたが、隊員の一部は捜索を川谷の向こうに広げていた。その日に送った電報のひとつで、マスレニコフは最初の説を考え直している。

――お尋ねしたいのだが、二月一日の夜に新型の気象観測ロケットが現場のうえを通過しなかっただろうか。

謎めいたメッセージだが、これ以上の説明はなく、彼はただこう付け加えている。

――バター、ハルバ〔菓子の一種〕、コンデンスミルク、砂糖、コーヒー、お茶、煙草を送られたし。

翌日は吹雪と強風に見舞われたが、捜索隊員は粘り強く前進し、ロズヴァ川の谷間はとくに注意して捜索した。マスレニコフはまた、残りのトレッカーたちも生きていないだろうという見通しをこのとき初めて電報に書いている。

――捜索隊はロジヴァ川に到達。ディアトロフ・グループの痕跡はない。この川には主尾根から雪が落ちてくるため、雪がひじょうに深い。グループの一部がこの谷を抜けてロジヴァ川に達する可能性は皆無……

吹雪が激しかったため、マスレニコフのグループはロズヴァ川の谷から引き返さざるをえなかった。しかし、スロブツォフとクリコフの属していたもうひとつのグループは、アウスピヤ川のそばでディアトロフ・グループの保管シェルターを見つけていた。そのシェルターの構造にはまったく不備はなかった。規則に定める基準に基づいて作ってあり、薪の量が乏しいことをべつにすれば、帰り旅に必要になりそうな食料や予備品がそろっていた。このシェルターの状態を見て、トレッカーたちが律儀に規則を守っていたという捜索隊員たちの印象は強まるばかりだった。シェルター内に、ひとつ胸の痛む品があった――ゲオルギーのマンドリンだ。この楽器を置いていったことを見れば、かれらがいかに真剣に取り組んでいたかわかる。一段高いトレッキング資格を獲得するためなら、愛する音楽さえ犠牲にするというわけだ。

その後、マスレニコフらは即席のヘリ発着場に集まり、レフ・イヴァノフを見送った。イヴァノフはテントの現場でできることを終えて、今後はスヴェルドロフスクの事務所から捜査を続けるのだ。彼とともにヘリコプターに乗るのは、ドロシェンコ、クリヴォニシチェンコ、イーゴリ・ディアトロフ、ジーナの遺体だった。いずれも一両日中に検死解剖を受けることになっている。

主任捜査官はイヴァノフかもしれないが、マスレニコフはその後も、電報を通じて自分の仮説を追求しつづけている。

> しかし、最大の謎はなぜ全員がテントから逃げ出したかだ。テントの外で見つかったのは、ピッケルをべつにすれば、テントの屋根にのっていた懐中電灯だけだ。ここからわかるのは、ちゃんと服を着た人物が外へ出て、ほかの者にすぐにテントから逃げるよう合図したということである。

マスレニコフはまた、観測ロケットについて質問した理由も説明している。

> なんらかの自然現象か、気象観測ロケットが原因として考えられる。ロケットはイヴデルでは二月一日に目撃されたし、カレリンのグループは二月一七日に目撃している。

「カレリンのグループ」というのは、ヴラディスラフ・カレリンの率いるトレッキング・チームのことで、カレリンはいまではボランティアとして捜索隊に加わっていた。このチームは二月に出発して、ディアトロフ・グループのあとを追うように川づたいのルートをとっていた。かれらは二月なかばにマンシ族の村に立ち寄って、ピョートル・バフティヤロフにお茶をふるまわれていたのだが、行方不明のトレッカーの捜索が始まったばかりのころ、これがイーゴリ・ディアトロフのグループと混同されてしまった。

しまいには誤解は解けるものの、一時的にではあったが、そのせいで捜査が混乱することになった。しかし、カレリンのグループの遠征は、この事件においてしだいに大きな関心を集めるようになった。マンシ族の村に立ち寄った数日後、本人の言葉を借りれば「奇妙な天体現象」をカレリンらは目撃していた。のちに捜査官に話したところでは、二月一七日の早朝、彼は朝食当番の仲間たちのただならぬ叫び声で目が覚めた。「ぼくは寝袋から出て、ブーツも履かずに靴下だけでテントを飛び出し、木に登って大きな光点を見ました」と彼は語っている。「光点は大きくなってきました。その中心に小さな星が現われて、それも大きくなっていきました。その光点は星もろとも、北東から南西に移動して落ちていきました」。カレリンによれば、その光が見えていたのは一分強で、大きな隕石だと思ったという。しかし、仲間のひとりのゲオルギー・アトマナキは、その光球がとても恐ろしかったため、惑星が地球に衝突するのだと思ったと言っている。「それを見た人たちとあとで話をしたんですが、その人たちも同じように言ってました。それと、光がすごく強烈で、家のなかでも目が覚めたそうです」とアトマナキは捜査官に語っている。

それがあって、マスレニコフはこう考えたわけだ――イーゴリ・ディアトロフらも同様のものを目撃したのではないか。それで靴も履かずにテントを離れたのかもしれない。

しかしそれからの数日間で、いよいよ奇妙なことがわかってきた。三月五日、カレリンはもうひとりのボランティアとともに、まだ調査されていなかった場所をゾンデ棒で探っていた。テントがある場所から九〇〇メートルほど離れた地点だったが、雪面からさほど深くないところでなにかが棒に当たった。五人めの遺体だった。雪を掘り起こすと、それがルスティク・スロボディンなのがカレリンにはわかった。うつ伏せに横たわり、曲げた右脚が身体の下になっており、右のこぶしを胸に当てていた。チェックのシャツにセーター、スキーパンツを着て、靴下を何足か重ね履きし、フェルトの靴を片方履いていた。またスキー帽をかぶっていて、それがちゃんと頭にのっていた——これは奇妙なことだ。かれらは強風で吹っ飛ばされたはずなのに。ルスティクが倒れていたのは、ディアトロフとジーナが見つかった場所の中間あたりで、三人の遺体はテントのあった場所と一直線に並んでいた。ジーナと同じく、ルスティクはテントの方向を向いていた。斜面を登ろうとしているときに倒れたかのように。カレリンたちはまた、ルスティクの鼻と口の近くでは凍った雪に小さな穴があいているのに気がついた。息で周囲の雪が溶けたのだ。これは、倒れたあともルスティクがしばらく生きていたことをうかがわせる。しかし、最も驚くべきことは、ルスティクの顔がひどく変色していたことだ。まるで顔を鈍器かなにかで打たれたかのようだった。

写真が撮影され、状況が精密に記録されたのち、ルスティクの遺体はブーツ岩のそばに移され、スヴェルドロフスクへの搬送を待つことになった。こうして未発見のトレッカーは四人になった――リュダ・ドゥビニナ、サーシャ・ゾロタリョフ、アレクサンドル・コレヴァトフ、コーリャ・ティボー゠ブリニョールだ。

このころ、テント内の物品がくわしい調査のためにイヴデルに輸送されたあと、テントじたいについてひとつ発見があった。といっても、じつは早い段階で事件簿に記録されているのだが、当初はさして重要とは思われなかったのだ。ミハイル・シャラヴィンがテント発見のさいにピッケルで作った裂け目のほかに、テントの奥にさらにいくつか裂け目があった。それはピッケルでできた裂け目ではなく、もっと正確に切り裂かれているように見えた。ほかより長い裂け目がひとつあり、それは人間ひとりがじゅうぶん通り抜けられそうな大きさだった。ちょうど、職員のひとりの新しい制服を仕立てるために、本職の仕立屋が検察に呼ばれていたため、ついでに問題のテントの裂け目を見てもらった。謎の裂け目の切れた糸を調べて、仕立屋の女性は捜査官たちの結論を裏書きしてくれた。これは刃物で意図的に切られたあとだ。彼女はそれ以上のことを推測しようとはしなかったが、捜査官にとってその意味するところは明らかだった。トレッカーたちが、たとえうっかりにしても、こんなふうに自分のテントを破損させるとは思えない。とすれば、考えられる可能性はただひとつ――あの恐怖の夜、だれかがなかに入ろうとしてテントを外から切り裂いたのだ。

17　二〇一二年

駅に着いたときはまだ暗かった。クンツェヴィッチの軍隊式の規律のおかげで、駅に着いたのは午前八時半であり、まだ一時間以上も余裕があった。私は三時間前には起きていたのだが、前夜バリウム〔精神安定剤〕を服《の》んだせいで、まだ薬の眠気が消えていなかった。私には睡眠薬を服用する習慣はない。この七年間ときどき目まいがすることがあって、バリウムはそのために処方されていたのだ。しかし、前夜はひどく緊張していたから、薬でも服まなければ一睡もできなかっただろう。ただ、それでもほんの数時間しか眠れず、そのせいで旅行初日から目をあけているのにも苦労しているわけだ。

私は仲間のそばをいったん離れて、駅のなかをうろついた。五三年前の冬、ディアトロフ・グループの面々は、スヴェルドロフスクを出る夜の汽車に危うく乗り遅れそうになった。かれらが私の横を通りすぎ、プラットホームに急ぐさまが目に見えるようだった。息を切らし、一〇組のブーツで大理石の床をきしらせて走っていく。また、リュダの弟のイーゴリが、その数か月後にウズベキスタンの大学から戻ってきたときも、やはりここを歩いたのだとも考えた。前回のロシア訪問のさいにインタビューしたのだが、彼は一九五九年の冬にスヴェルドロフスクを離れたのだという。しかし、家族と手紙のやりとりをしていなかったため、四月に帰省するまで姉が行方不明だとは知らなかった。列車をおりて、ホームで待つ両親をひと目見ただけで、なにかよくないことがあったのはわかった。リュダの遺体はまだ見つかっていなかったが、その運命は両親の顔にはっきり書かれていた。

いま私はかれらと同じ空間を占めているのだ、と思いたいところだったが、この駅は長年のあいだに再建されたり改装されたりしているから、一九五九年にはいまとはまったく異なる姿だったにちがいない。駅の西側にはさらに古い駅舎もあって、こちらはトレッカーたちよりさらに古く、帝政ロシア時代の華やかな色合いの建物だが、いまでは鉄道博物館になっている。この駅舎はつい最近の二〇〇三年に改装されたばかりで、古い壁画の多くは修復され、新しい壁画も何点か付け加えられていた。

丸天井の待合室で壁や天井の絵画をしさいに眺めていると、この数十年でいかに多くの変化があったかよくわかった。一枚の壁画には昇天するロマノフ家の面々が描かれていて、その両側に赤軍と白軍が配置されていた。のちに知ったのだが、この絵——ロマノフ家の家族七人が、牽引ビームで引っ張られるように天に昇っていくさまを描いた——で表現されていたのは、二〇〇〇年にロシア正教会によってロマノフ一家が列聖されたことだった。いまも共産党独裁時代をなつかしんでいるユーディンが、これを見たらどう思うだろうか。さらに奇妙だったのは、世界大恐慌時代の雇用促進局《WPA》のプロジェクト〔失業問題改善のため、土木建築を主とする公共事業を数多く実施した〕を思わせる壁画だった。ロマノフ家の絵と同様の構図で、二種類のソビエト人——左側には科学者、そして右側には軍人——が描かれている。そして中央前面で煙をあげているのは青空から落ちる飛行機だった。折れた翼にアメリカ国旗が描かれ、その翼の横には緊急脱出したパイロット、ゲイリー・パワーズの落ちる姿が見える。ここには描かれていないが、彼は猛毒のサキシトキシンを塗った針を持参していたものの、それを自分に刺して自殺はせず、ＫＧＢにとらえられて何か月も尋問され、しまいにスパイで有罪とされて一〇年の刑を言い渡された。しかし一年も経たないうちに、ソビエトのスパイ、ルドルフ・アベルとのスパイ交換という形で釈放されている。アメリカ政府は最初、パワーズの飛行機の存在を否定し、コースをそれてソビエトの領空に迷い込んだ気象観測機だと主張していた。それが真っ赤な嘘だったことを認めてばつの悪い思いをしたのは、フルシチョフにこう宣言されたからだ。「ここで秘密を暴露しなくてはならない。最初に報告したとき、私はわざとパイロットがいまも元気で生きているとはひとことも言わなかった。……それなのに、アメリカ人がいかにくだらないたわごとを並べてきたか見るがいい」

　その墜落するＵ２偵察機の絵を見あげながら、私は頭のなかで計算していた——パワーズが墜落したのは、ディアトロフたちが死んでからちょうど一五か月後になる。それで気づいたのだが、どんなに関係のなさそうなことであっても、私の脳はディアトロフらのことに戻って結びつけずにはいられないようだ。

しだいに人の出入りが激しくなってきたが、私たち以外にはザックやスキー用具を担いでいる人の姿は見かけなかった。旅行者のありようは、フルシチョフの雪解け時代とは様変わりしていた。どうやらここでは、冬のさなかにシベリア方面へ出かけたいと思う人はいないようだった。出発時刻が迫ってきたころ、駅の売店でロシアのチョコレートバーをいくつか買ってザックにしまった。テントの場所までたどり着いたら、お祝いに食べるつもりだった。また仲間のもとへ戻ったとき、出発する駅の写真を撮ろうと、私はオートフォーカスカメラを取り出した。ところが、ロビーのスナップ写真を撮ろうとしたら、クンツェヴィッチとボルゼンコフが手を伸ばしてレンズをふさいだ。この駅では写真は撮らないほうがいいらしい。通訳がいなかったので、理由は説明されてもよくわからなかった。

列車に乗る前に、わがグループの四人めのメンバー、ドミトリー・ヴォロシチュクに紹介された。クンツェヴィッチがスカウトしてきたのだ。ひげをきちんと整え、ワイヤフレームの眼鏡をかけているが、せいぜい三〇代後半で、どう見ても私より年上ではない。ヴォロシチュクがまずまずの英語で説明してくれたところでは、彼は地質学の専門家で、この事件に強い関心を抱いており、またウラル山脈が好きだということだった。

グループが四人になるのは大歓迎だった。それぞれ別々の役割を果たすことができるからだ。ボルゼンコフは、とくに雪崩を研究している野外事故の専門家で、連邦旅行者連盟の副理事長を務めてきたわけで、グループの案内役に最適だ。ヴォロシチュクは専門の通訳ではないが、かなり英語ができるから、意思の疎通がもう少し楽になるだろう。それに地質学の専門家でもあるから、地形について見抜く目を提供してくれる。クンツェヴィッチは、二五年の蓄積があってこの事件を熟知しているし、また野外活動では指揮官の能力の持主だから、明らかにチームリーダーだ。そして最後に、グループのオブザーバーである私は、とうぜん記録係を務めることになる。聞くところでは、私はまた初のアメリカ人でもあった――冬のウラル山脈に向かうこんなトレッキングに、これまでアメリカ人が乗り出したことはなかったのだ。

客車には両側に寝台があって、いっぽうの側は二段ベッド、もういっぽうは一段のマーフィベッド〔折り畳んで収納できるベッド〕になっていた。荷物を頭上の網棚にのせると、客車の壁に沿って並ぶくすんだ赤のベンチに移る。腰をおろそうとすると、乗車のさいに渡された標準の白いシーツと青い枕カバーを、クンツェヴィッチが親切に座席に敷いてくれた。私たちは折り畳みテーブルを引き出し、ポットから自分でお茶をついだ。腰を落ち着け、互いに重なりあう格好になっているのに気づかないふりをしていたが、プラスティックのカップを口に運ぶときには、よくよく気をつけていないと隣の人のカップにひじをぶつけそうだった。

私たちは三等の一般車両に乗っていたが、それでもディアトロフたちのときに比べるとずっと乗り心地はよかった。ボルゼンコフが説明してくれたのだが、当時の客車の座席は木製で、詰め物もしていなかった。暖房はあったものの、私たちがかさばる冬の服装でいま経験している蒸し風呂のようなそれとはちがっていた。それに列車がいまよりずっと遅かったし、おまけにディアトロフたちはセロフで乗り換えなくてはならなかった。いっぽう私たちの列車はイヴデルまでの直行だった。もっとも、セロフで途中下車する予定だったが。

列車がエカテリンブルクを離れるころ、ようやく太陽が昇ってきた。古くて新しい都市、パステルカラーの石壁とガラスの折り重なる都市に陽光が輝きはじめる。ボルゼンコフはさっそくスケッチブックを引っぱり出し、私たちがとるルートの図を描いて、ディアトロフのルートと比較して説明してくれた。私はスペースを節約するため、小さなメモ帳と半分に折った鉛筆を持ってきていた。氷点下では役に立たないことがあるとボルゼンコフに言われて、ボールペンは置いてきた。インクが凍りつくというのだ。

昼食のとき、クンツェヴィッチが取り出した容器には、紫色のフルーツゼリーに似たものが入っていた。しかしそれに詰まっていたのはフルーツではなく、ニシンとじゃがいもと茹でたビーツとマヨネーズだった——そして全体にスライスしたタマネギがのっていた。その料理は「毛皮のコートに包んだニシン」という名前で、それは舌にのせたときの感触のかなり正確な描写と言えた。少しどうぞと勧められたとき、礼儀正しくひと口食べたのである。幸い、私は自分の食事を持ってきていた。出発前にオルガがこっそり袋を渡してくれたのだが、それには私の好物のチキン料理が入っていたのだ。お茶をがぶ飲みしながら、私はそれをがつがつ食べた。

食事のあとは、満ち足りた沈黙が私たちを包んだ。窓の外に目をやり、古い電線が飛び過ぎるのを眺める。巨大な十字架のように、電信柱が妙な角度にかしいで雪から突き出している。アメリカではたまにしか列車には乗らないが、それに催眠的な効果があるのには気がついていた。足の下で響く轟音によって瞑想状態に導かれ、私はエカテリンブルクで過ごしたこの二週間ほどを思い返していた。おおむね有望な日々だったし、ユーリ・ユーディンと知り合いになれたのは望外の幸運だった。人前に出てこないことで有名な人なのだから。

しかし、この旅にマイナス面がないわけではない。数日前、クンツェヴィッチのアパートメントにエカテリンブルクのテレビ局のレポーターがやって来た。私にインタビューをするためだ。通訳を通じて彼が繰り返し質問してきたのは、この本を書いて私がいくら儲けるのかということだった——はるばるやって来たのは、外国の謎を利用してひと山当てるためだと思っているのは明らかだった。この国を訪ねたのはお金のためではない、と私は答えた。本を出したら金持ちになれると思っているのか、ちゃんちゃらおかしいと笑いたくなるのをこらえて。また、このプロジェクトに着手したときには、本を書こうとはまったく思っていなかったと言いたくなるのもこらえた。これも彼には言わなかったが、まる三年かけたこの大計画に自分の金を注ぎ込んで、クレジットカードを使いきり、銀行口座をからにしてきたことに私は葛藤を感じていた——そのあいだに子供まで作っているのに。

レポーターは質問を続けた。「トレッカーたちが亡くなった場所にたどり着けたとして、そのときなにも感じなかったらどうします？」また「なぜアメリカ人であるあなたが、あなたの生まれるずっと前に亡くなったロシア人のトレッカーのことを気にするんですか」。私はあまり身構えずに、せいいっぱいその質問に答えようとした。にもかかわらず、インタビューが終わったあとも、レポーターの尋問が頭からなかなか離れなかった。見ないようにしてきた問題を、目の前に突きつけられたような気がした。

この二週間、ユーディンにインタビューしたり、事件に関する自分のメモを見返したりしてきて、私は結論に達しつつあった。トレッカーたちがテントから逃げたのは、兵器とも、銃を持った男たちとも、それに関連する陰謀ともなんの関係もない。雪崩の統計データは信じられないほど説得力があった。スキー関連の死亡事故のうち、八〇パーセント近くは雪崩が原因なのだ。結局、それがいちばん可能性の高い説ではないだろうか。キャンプ地のうえの雪が崩れて恐ろしい音を立てるのを耳にして、トレッカーたちはパニックを起こしてテントから逃げ出したのだろう。いったん氷点下の戸外に出たら、強風に押されて斜面の下に落ち、その後は大自然に息の根を止められてしまったのだ。これまでさんざん苦労してきて、結局この最も単純な説明に落ち着くのか。とはいえ、問題の斜面にこの足で立ってみるまでは、目先の旅に集中する以外にできることはほとんどない。そして次の立ち寄り場所はセロフだ。

クンツェヴィッチによると、ディアトロフ・グループの旅程をたどるトレッカーは私たちが初であり、またその目的のためにセロフの小学校を訪ねるのも私たちが最初だという。しかし、小学校の住所を私たちは知らなかった。知っているのは、一九五九年に第四一小学校と呼ばれていたということだけだ。そう簡単には見つからないかもしれない。さらに厄介なことに、イーゴリたちはセロフに一日じゅういたのに、私たちはたった一時間半しかいられないのだ。

私は眠くなってきて、二段ベッドのひとつに横になった。仲間たちも同じことをする。眠り込む前に窓に目を向け、列車で過ごした最初の夜に、ジーナが日誌に書いていたこと――遠くにウラル山脈がぬっと現われたとかなんとか――を思い出した。そしてそのあとに、彼女はその夜最後の問いかけを書きつけていた。「この旅ではどんなことが起こるのだろう。いままでとちがうなにかが待っているのだろうか」。車内のむっとする空気に、やがて眠りが訪れてきた。しかし、列車のゆるやかな心拍のせいで、私のまどろみは途切れがちだった。そのあいだにも、ジーナの日誌の書き込みがついに途切れた場所が近づいてくる。

18　一九五九年一月二八日～二月一日

スラヴァおじいちゃんや馬とともに、病身の友人がロズヴァ川の下流へ遠ざかっていくのを見送ったあと、残った九人のトレッカーはまわれ右をして、上流へ向かってトレッキングを続けた。それから数日間は川伝いに進んだ――最初はロズヴァ川、次はそれから分かれるアウスピヤ川だ。この川に沿って北へ進むとオトルテン山に至るのである。ロズヴァ川を進む行程の二日めは、初日とそれほど変わりはなく、かれらは雪に覆われた氷のうえを決意も固く黙々と進んだ。しかし、ユーリ・ユーディンは帰ったあとだから、旅の最後の数日間について語ってくれるのは、カメラに残ったフィルムと日誌の記述のみとなる。

雪上を進むのがことのほか難儀になってくると、みんなで順繰りに先頭に立って、一〇分ごとに交代することにした。それ以外にもしょっちゅう止まって、スキーの底にこびりつく雪をかき落とさなくてはならなかった。川の氷が薄くて危険な場所、つまり水がしみ出しているような場所では、川岸にあがる以外にしかたがない。しかし、川岸の傾斜がきつかったり、ごつごつした玄武岩が露出していたりするときは、どちらがより危険が小さいか選ぶしかなかった——薄い氷か、それとも厄介な地面か。

スキーやトナカイの蹄《ひづめ》ですでに道がついている場所もあり、そういうところに出くわすと進むのは格段に楽になった。これはマンシ族の狩人が通ったという明らかなしるしだ。またそのルートに沿って、木々にマンシ族の記号が描かれていることもあった。グループの日誌にはこう書かれている。

[この記号は] 一種の森の物語だ。見かけた動物や狩場の目印になっているほか、さまざまな標識にもなっている。このマークを解読するのは、トレッカーだけでなく歴史学者にとってもひじょうに興味深いのではないだろうか。

夕方になると、それぞれに割り当てられた仕事をこなしてキャンプを設営し、その後はストーブのそばに集まって夕食をとった。それまでの夜と同じく、歌を歌い、熱い議論が交わされた。テントでの第一夜について、コーリャは次のように書いている。

夕食後、長いこと火のそばに腰をおろし、まじめな歌を歌った。われらが楽長ルステンカ [ゲオルギー] の指導を受けて、ジーナはマンドリンの練習まで始めた。そ

「ジーナ」ことジナイダ・コルモゴロヴァが日誌を書いているところ。
アウスピヤ川にて、1959年1月29日

削られてマンシ族の記号を描かれた樹木。最初の３本の斜線は狩人の数を表わし、ふたつめの記号はその家族のしるし、その次の斜線はそのグループが連れている犬の数を示す。1959年1月29日

の後は延々と議論。最近ではたいてい愛についてだ。

そのうち眠くなってきたが、今度はだれがストーブのそばで寝るかという問題で意見がまとまらなかった。熱源にいちばん近い場所にだれもが寝たがったからだと思うかもしれないが、コーリャの日誌によると、テントのまんなかに置かれた携帯ストーブは「灼けつくよう」だった。彼とジーナはいちばん遠い場所に陣取ったが、説き伏せられてストーブの両側で寝ることになったのはゲオルギーとコレヴァトフだった。

［ゲオルギーは］二分ほどそこに寝ていたが、我慢できなくなってテン

休憩をとっているディアトロフ・グループ。左から「サーシャ」ことアレクサンドル・ゾロタリョフ、ユーリ・ドロシェンコ、イーゴリ・ディアトロフ（「サーロ」を食べている）。1959年1月30日

トの端っこに後退し、ひどい悪態をつきながらはめられたと言ってぼくたちを責めた。そのあとも、ぼくたちは長いこと起きていてさまざまな話をしていたが、しまいに静かになった。

翌日はとくに何事もなく、何時間も第二の川をさかのぼったあとでも、グループの日誌にはほとんど書くことがなかった。

スキーで進みはじめて二日め。ロズヴァ川沿いの夜のキャンプから、マンシ族の道をたどってアウスピヤ川沿いの夜のキャンプに向かった。天候は晴れ、マイナス一三度（摂氏マ

イナス二五度〕。風は弱い。ロズヴァ川ではしょっちゅう氷殻〔雨水などの水が雪表面に凍結して殻状になる現象。外は固く中は柔らかいのですべりにくい〕に出くわした。以上。

三日めには前進は著しく困難になった。気温が下がり、南西の風が吹きはじめ、雪も降りだした。しかも、マンシ族の道がなくなった。すでに踏み固められた道という恩恵がなくなって、積もって固まった雪の深さは場所によっては一メートル以上になり、前進の速度は大幅に落ちた。そのいっぽうで、周囲の森はしだいに後退していくようだった。木はまばらになり、生えているカバノキや松も低いものばかりで、おまけに風のせいで斜めに生えている。気温は下がったのに、川の氷はあいかわらず薄くて安心できなかった。

川のうえを進むのは不可能だ、凍っていない。スキーをしようにも雪の下には水と氷殻しかない。また川岸近くを進むことにした。

マンシ族の道は消えたものの、まばらになっていく木々にはあいかわらず記号が描かれていた。グループの日誌に記録されているところでは、この現地の部族のことがさかんに話題になっていたらしい。

ロズヴァ川をさかのぼるディアトロフ・グループ。前から「コーリャ」ことニコライ・ティボー＝ブリニョール、「サーシャ」ことアレクサンドル・ゾロタリョフ、「リュダ」ことリュドミラ・ドゥビニナ（左）。1959年1月30日

マンシ族、マンシ族、マンシ族。この言葉が会話にしょっちゅう出てくるようになった。マンシ族は北の部族だ……とても興味深い、変わった民族で、チュメニ地域近くのウラル山脈北部に暮らしている。

とくにジーナはこの部族の記号に興味を惹かれたようで、足を止めて日誌にその写しを書き留めている。

私たちの旅行にタイトルをつけるなら「謎の記号の地で」がいいと思う。意味がわかれば、まちがった方向に連れていかれる心配をせ

ずに、安心して記号をたどっていけるだろうに。

朝食の残り——ビスケット、乾パン、砂糖、ニンニク、コーヒー——で遅い昼食をすませ、さらに数時間前進してから止まって夜の準備にとりかかった。しかし遮蔽物がいよいよまばらになってきていたため、二〇〇メートルほども後戻りして、丈の高い冬枯れの木々に囲まれた適当な場所を見つけた。大変な一日だった。それまででいちばん大変な日だったかもしれない。グループのなかには不機嫌になる者も出てきて、リュダとコーリャは雑用の分担のことで言い争いを始めた。ジーナはそれを目撃していて、こう書き残している。

それでふたりは、どちらがテントを繕うかで長いこと言い争っていた。ついに「コーリャが」あきらめて針を手にとった。リュダは座ったままだった。私たちは穴をふさいでいた。穴はたくさんあったから、みんなやることがいくらでもあったのだ……みんなとても腹を立てていた。

しかし、グループはその後また明るい気分を取り戻した。屋外の焚き火のまわりに集まって、ドロシェンコの二一歳の誕生日を祝ったのだ。誕生日のプレゼントは、このときのために取ってあったタンジェリン〔ミカンの一種〕だった。タンジェリンがソ連に出まわるようになったのは一九三〇年代からで、黒海近くのアブハジア共和国の果樹園から北へ出荷されるようになったおかげだ。出まわるシーズンが短いためもあって特別なくだものであり、珍重されてよく元日のころの贈り物に使われていた。しかし、ドロシェンコはせっかくのプレゼントをひとりで食べようとはせず、みんなで均等に分けようと主張した。ただ、リュダひとりはそのおすそ分けにあずかれなかった。先ほどの口論にまだ腹を立てていて、テントにひとりこもっていたからだ。ジーナはこう書いている。「リュダはテントのなかに入っていき、夕食が終わるまで出てこなかった」。とはいえジーナの日誌は、控えめながら明るい調子で締めくくられている。「そんなわけで、また一日がぶじに終わった」

翌一月三一日は、グループの日誌に記録のある最後の日になる。かれらはよく日誌を朝書いていた。つまり、前日の出来事を記していたわけだ。この一月最後の日については、午前一〇時に出発したとイーゴリは書いている。天候はすぐに悪化し、西から強い風が吹いてきたという。空は晴れていたが、なぜか雪が降っていた——が、イーゴリが指摘しているように、雪が降っているように見えたのは錯覚で、木のこずえに積もっていた雪が風で吹き飛ばされてきていたのだろう。

最後の日の前日、九人は川からそれて、オトルテン山を目指して斜面を登りはじめた。

幸運にも、またマンシ族の踏みあとが見つかった――今回はスキーのあとだった――が、それでも登り坂なので速度は落ちる。雪をかき分けていくにはもっと効率的な手法が必要だった。それでその場で考え出したのが、イーゴリの言う「道踏み」だった。先頭を行く者がザックをおろし、五分間先に進んで道を踏み固め、それからザックをおろした場所に戻って休憩する。ザックを取ってきてから、彼が踏み固めた道を先に進んでいった仲間のあとを追いかけるわけだ。その道が尽きたら、今度はべつの者が先頭に立って同じことを繰り返すのである。とはいえ、この方法をとっていても、やはり前進は楽ではなかったとイーゴリは書いている。

踏みあとはほとんど見えず、しょっちゅう見失ったり、目隠し状態で歩いたりしていた。それで、一時間に一キロ半から二キロしか進めなかった。

顔に吹きつける風についてはこう書いている。

風は暖かいが、突き刺さるようだ。飛行機が離陸するときに吹きつけるような強い風だった。

「ルスティク」ことルステム・スロボディンが焼け焦げたジャケットを見せびらかしている。おそらく前夜、乾かそうとして火のそばに置きすぎたのだろう。1959年1月31日

アレクサンドル・コレヴァトフ（左）と「コーリャ」ことニコライ・ティボー＝ブリニョール。キャンプのそばでいっしょに笑っている。1959年1月31日朝

無理もないことながらかれらは疲れきってしまい、午後四時にはキャンプを設営する場所を探しはじめた。それで南に向かってアウスピヤ川の谷を選んだ。風が弱く、雪も比較的浅かったからだ。問題は、適当な薪が見当たらなかったことだ。手近にあるのはほとんど湿ったモミばかりだった。それでもどうにか薪を集めてくると、焚き火の穴は掘らずに、地面に置いた薪にそのまま火をつけることにした。夕食はテントのなかでとった。それでイーゴリは、グループの日誌としては最後の書き込みとなる文章で、次のように書いている。

こんなぬくぬくと居心地のいい場所が、この尾根にあるとは信じがたい。頭上では身を切るような風が吠えたけって

左からイーゴリ・ディアトロフ、「コーリャ」ことニコライ・ティボー＝ブリニョール、「サーシャ」ことアレクサンドル・ゾロタリョフ。悪化してくる天候のもと、ラバズから出発しようと用意している。1959年2月1日

いて、人里から何百キロも離れているのに。

二月一日

人生最後の日、かれらは一〇枚ほど写真を撮っている。最初の数枚のスナップ写真からして、その朝のキャンプサイトではみな元気いっぱいだったようだ。コーリャとドロシェンコのなにげない一枚では、ふたりはザックの山に囲まれてテントの前で笑っている。それからルスティクの写真が二枚あるが、彼の着ているジャケットはびりびりに引き裂かれているように見える。しかしよくよく見てみると、どうやら生地は焼けてしまっているようだ。たぶんストーブのすぐそばに置いていたのだろう。体温を保つために必要不可欠な層をひとつ失ったのだから、ルスティクは内心では心配していたのかもしれないが、この二枚の写真ではそんなそぶりも見せていない。それどころか、どうだとばかりに胸を張っている。なにしろ九人の仲間のうち、経済的余裕という面ではルスティクは一番であり、家に帰ればすぐ替えのジャケットを買うことができるのだ。

その朝のうきうきした気分には伝染性があったようで、メンバーのひとりが『夕刊オトルテン』二月一日発行第一号と称して虚構の新聞の第一面を作っている。社説では「ストーブ一台と毛布一枚で九人が暖かく過ごすことは可能か」という問題を提起しており、加えて「愛とトレッキング」と題する一日セミナーがテントで開催されると謳っていた。講師は「ドクター」コーリャと「科学者の卵」リュダとなっている。スポーツ欄では「同志ドロシェンコとジーナ・コルモゴロヴァ、ストーブ組立競争で世界新記録

スキーをはいて、これが最後となるキャンプ地に向かう。
ディアトロフ・グループが最後に撮影した写真の１枚。1959年２月１日

を樹立」、科学欄では「雪男」ことイエティはウラル山脈北部、オトルテン山周辺に生息していたと主張されている。

朝のお楽しみが終わると、重大な仕事が待っていた。ラバズ、すなわち一時的な保管シェルターを建てることだ。山登りにそなえて荷物をできるだけ軽くしなくてはならないから、この二日間にどうしても必要なもの以外は、シェルターに保管しておいて帰り旅で回収するのだ。シェルターが完成すると、余剰の食料、予備のスキーやブーツ、余分の救急用品、そしてなにより残念なことに、ゲオルギーのマンドリンをそこに収めた。シェルターになにを残していくか選んだり、帰ってきた日の夜の薪を収めたりしているうちに、午前の大半は過ぎていった。シェルターをしっかり閉じると、かれらは意気込みも新たに先を急いだ。

この日に撮影されたその他の写真は、いよいよまばらになる木々と目もあけられない風のなか、九人が苦労しいしい進むさまを写し出している。もうおどけた写真は一枚もなく、ただ厳しい大自然を征服しようと黙々と進む若者が見えるだけだ。うち二枚には、全員がスキーをはき、一列になって灰色のもやのなかへ突き進むさまが写っている。

その日の日没は四時五八分、薄明が終わるのは五時五二分だったが、空には重く雲が垂れ込めていたから、暗くならないうちに早めにキャンプを設営するほうがいいと考えた。そのために選んだのは東向きの斜面だった。そのほうが朝早く荷物をまとめて、すぐ山登りにかかれるからだ。キャンプの設営に数時間かかったが、翌日の登りにそなえて午後九時にはテントに入った。しかし、九人はオトルテン山の山頂を見ることはなかった。というより、オトルテン山には一歩も足を踏み入れることはなかった。生涯最悪の一夜がかれらを待ち受けており、翌朝の日の出を生きて見られる者はひとりもいない。

19　一九五九年三月

イヴデルの捜査官は、仕立屋の言葉を証拠として提出するつもりはなかったが、問題の裂け目は意図的に切られたものだという彼女の言葉に基づき、べつの女性——科学捜査官で犯罪学の専門家、G・チュルキナがくわしく調査することになった。発見時に屋根にあけられたピッケルの穴——およびトレッカーたちが自分で修繕しているさまざまな穴——は無視して、チュルキナは入口と向かい合う奥の壁にあった三つの裂け目だけに注目した。それが刃物で切ったものだということは、すぐに確認することができた。

「通常、裂け目は抵抗の小さい線に沿って広がる。すなわち、縦糸または横糸のみが切れていく」彼女は報告書に書いている。「損傷のあとは通常ひじょうに一様で、糸は直角に切れているものである。それに対して刃物で切開した場合は、さまざまな角度で縦糸と横糸の両方が損傷する。縦糸だけ、または横糸だけを切ることは不可能なのである」

レフ・イヴァノフらは、この切開口の原因を突き止めれば事件は解決すると考えた。

テントが調査のために持ち込まれたさいには、その布の状態からして、その夜に外から侵入者があったのは確実と考える者もいた。刃物による傷という結論もその説を支持する証拠と思われたが、顕微鏡でさらにくわしく調べた結果、チュルキナは新たな発見をした。テントは内側から切り開かれていたのだ。「穿孔のへりが連続して細い傷をなしているのはテントの内側であり、外側ではない。損傷の性質および形状は、刃すなわちナイフによって内側から切り開かれたことを示している」と彼女は書いている。

切り開かれたのが内側からだとわかると、新たな説が出てきはじめた。トレッカーたちはなにか、またはだれかに不意をつかれたため、入口の掛金をきちんとはずしているひまがなかったのだろう、と推測する者もいた。事件の成り行きを日記に書いているユーリ・ブリノフもそのひとりだ。「テントは内側からナイフで三か所切り裂かれている。これは、あわててテントから脱出したことを示している」と彼は書いている。

イーゴリ、ジーナ、ゲオルギー、ドロシェンコの検死解剖が三月四日、ルスティクのそれが三月一一日におこなわれ、五人は低体温症で死亡したと結論された。これはとくに驚くような結論ではなかった。遺体を発見した人々にとってはとくにそうだ。問題は死亡した原因ではなく、どんな状況で死亡したのかということだ。しかし、残る四人の遺体が新たな手がかりになると期待されていたとすれば、捜査官たちは長く待たされることになった。気象条件は悪く、ボランティアは疲れてきていた。三月八日は国際女性

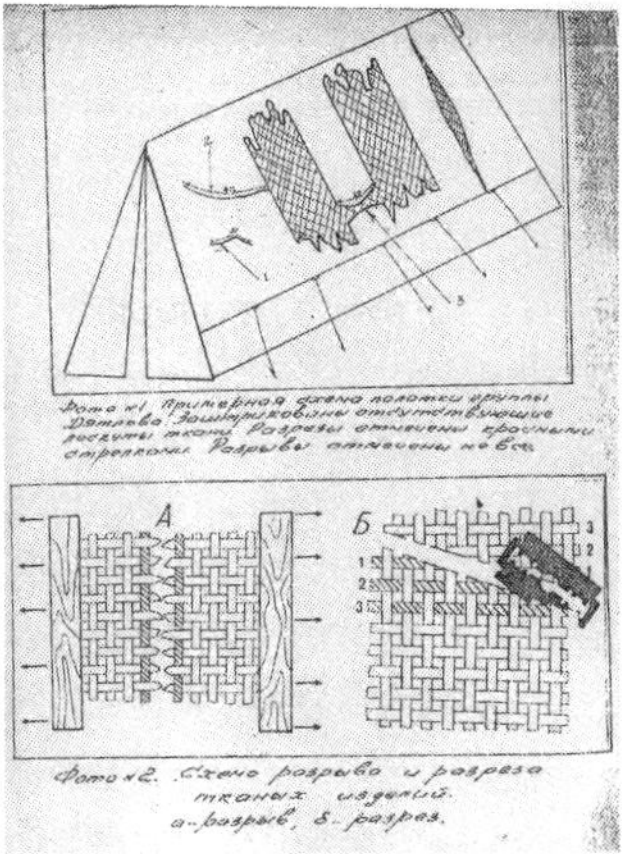

犯罪事件簿の図。
上図：「ディアトロフ・グループのテントの概略図。斜線は布が失われている部分を示す。矢印は刃物による切開口を示す。裂開口は一部のみ記してある」
下図：「布の裂開と切開の図。a）裂開、b）切開」

ディアトロフ・グループのテント。検察で調査のため撮影された。1959年

デーでソ連では祝日であり、斜面での捜索作業はさらに遅れていた。三月上旬、マスレニコフはイヴデルに飛び、捜索委員会で証言した。捜索隊員たち全員の賛同を受けて捜索の休止を提案し、雪の溶ける四月に再開すべきと訴えたのだ。しかし、委員会はマスレニコフの提案を却下し、人員を総入れ換えして計画どおり捜索を進めることにした。

委員会は、ウラル工科大学の物理学教授アブラム・キコイン（名高いソ連の核物理学者イサーク・キコインの弟）を新たな捜索隊の指揮官に選んだ。キコインは熱心な登山家で、大学の山岳部の部長でもあったので、最高のボランティアをすぐに募れる立場にあった。しかし、いったん問題の斜面に出ると、キコインらもマスレニコフと同じ問題に直面した。日々突風と深い雪と視界の悪さと闘い、それなのに残る四人の直接的な形跡はどこにも見当たらないのだ。

三月の第一週、山中の捜索が難航しているころ、ユーリ・ユーディンは大学での勉強を中断してイヴデルに向かった。九人のトレッカー全員を知る数少ない人間のひとりだったから、かれらの所持品を特定するために呼び出しを受けたのだ。イヴデル検察局でユーディンを迎えたのはイヴァノフだった。この捜査官の思いやりのおかげで、彼はこのつらい手続きをやり抜くことができたという。「やさしい、いい人だった」イヴァノフ主任捜査官についてユーディンはそう語っている。「『きみはなにも悪くない。もしいっしょに行っていたら、一〇人めになるだけだっただろう』と言ってくれた」

斜面の捜索隊は、トレッカーのテントの中身をでたらめに集め、だれの持ち物かほとんど考えずに適当にザックに詰め込んでいた。「なにもかも大きな山になっていた」、ユーディンは検察局に入ったときのことをそう回想している。彼はひとりでその遺品の山をばらして、本来の持主ごとにより分けていくことになった。それは厳粛な作業で、ウラル工科大学体育学部長と『ナ・スメヌ！』紙〔ソ連・ロシアの学生新聞〕の記者が証人として立ち会っていた。

ひとつひとつ、ユーディンは遺品を九つの山に分けていった。

伸縮式歯ブラシ……ジーナ
灰色のケースに入った角縁眼鏡……イーゴリ
さや付き猟刀……コーリャ
マンドリンと替えの弦……ゲオルギー
灰色のウールの靴下（ユーディンからプレゼントとして受け取ったもの）……リュダ
ヴィクーニャ〔ラマの一種の毛織物〕のチェックのマフラー……ドロシェンコ
トレッキング・バッジ……リュダ
風刺雑誌『クロコディル』一冊……サーシャ

青いミトン……ジーナ
テディベア……ゲオルギー

どれもユーディンには見慣れたものばかりだったが、驚きの発見もあった。コレヴァトフのザックのなかには、折れた櫛や砥石やアルミの携帯用酒壜とともに、いささかの禁制品も見つかった——フレーバー付き煙草の箱だ。やはりコレヴァトフは抜け目なく手を打って、禁煙の誓いを破ってニコチン中毒の自分を甘やかしていたらしい。また、イーゴリのノートにはジーナの写真がはさみ込んであった。イーゴリはたんに、この写真をしおり代わりにしていたのだろうか。それとももっと深い意味があったのだろうか。言うまでもなく、いまとなっては知るすべはない。作業は進み、しまいに衣類やさまざまな道具類の小さくなった山が残された。ユーディンにも持主がわからないものがあったのだ。

イヴデルの検察局をあとにしたときは精神的に疲れきっていたが、この旅の心痛はまだ終わっていなかった。いっしょにヘリコプターに乗り合わせた女性は、遭難したトレッカーの臓器の一部をスヴェルドロフスクへ輸送しようとしていたのだ。すぐそばの恐ろしげな容器になにが入っているか、それがどうしても頭から離れず、いても立ってもいられなかったとユーディンは回想している。

くわしい分析のために臓器はスヴェルドロフスクに戻されるいっぽうで、遺体を引き取って丁重に埋葬したいという遺族の希望はなかなか聞き入れられなかった。それでなくても悲しみや罪悪感と闘わなくてはならないのに、犠牲者の両親は地元当局のあいまいな態度にも苦しめられていたのだ。

ユーディンの記憶によると、地元当局はこの事件全体を厄介払いしたがっていて、遺族との個別の面談では、犠牲者を山中に葬ることを強く勧めてきた。役人は「葬式にはだれも呼ばず、だれも来させない」ことを望んでいたとユーディンは言う。「発見された場所に遺体をそのまま埋葬して、葬儀はおこなわず、それで終わりにしたがっていた」

コレヴァトフの姉のリマ・コレヴァトヴァは、捜査官への証言において、葬儀の手配をしている組織を「恥知らず」だと非難している。このとき彼女の弟の遺体はまだ見つかっていなかったが、他の遺族がなめている苦しみを彼女もまた痛いほど感じていた。犠牲者の両親たちは、党の役人から個別の面談に呼び出されて、遺体はスヴェルドロフスクには戻さず、イヴデルで埋葬したほうがいいと言われた、と彼女は述べている。「みんなスヴェルドロフスクで暮らして、そこで勉強して友だちを作っていたんですよ」リマは捜査官に語っている。「なのにどうしてイヴデルに埋葬するんですか」。リマによると、その個別の面談の場では、ほかの遺族はすでに同意しているからと言われて、イヴデルでひとつの墓に合葬して、墓標のオベリスクを一基建てることにしたいと勧められたという。ジーナ・コルモゴロヴァの両親は、遺族全員を集めてその場で話し合って決めてはどうかと提案したが、地元の共産党機関委員会の書記は、遺族は広い範囲に散らばっているから、全員を一堂に集めるのは現実的でないと弁解している。

「いったいなにを企んでるんですか」コレヴァトフの姉は尋ねている。「どうしてこんな苦労……をしなくてはならないの、家族を地元のスヴェルドロフスクに埋葬したいだけなのに。大切な人を失って苦しんでいるうえに、こんな心ない仕打ちを受けるなんて。お母さんやお父さんにこれはひどすぎます。わが子を亡くしたんですよ。罪を犯したわけでもない、ちゃんとしたいい子たちを」

ユーディンも同様に、遺族の人々が地域の役人に憤っていたと回想している。「遺族は手紙を書いて、市内で葬儀をしたいと訴えていた」という。「家族やわが子のもとを訪ねたいと思うのは当然だ。私たちはわが子の墓参りがしたい」と主張していたのだ。

家族が頑として譲らず、遺体の返還を要求したため、市当局も折れて妥協が成立した。スヴェルドロフスクに埋葬してもよいが、一度の大規模な葬儀を営まないという条件がついた。つまり、埋葬と追悼式をいちどにおこなわず、べつべつの日におこなうよう要求してきたのだ。参列者をなるべく減らし、若いトレッカーの死をできるだけ目立たせないというのが、当局の明らかな意図だったとユーディンは言う。「なにもなかったふりをしたかったんだよ」

20　二〇一二年

第四一小学校を見つけて発車前に列車の座席に戻るまで、二時間足らずしかなかった。ここの列車はムッソリーニばりに時刻にうるさいと私は聞かされていた〔ムッソリーニはイタリアの鉄道を近代化し、「列車を時刻表どおりに走らせた男」の異名をとった〕。ロシアの産業は多く民営化されているが、鉄道はいまも頑固に国営のままだ。ぎりぎりに行ってもスムーズに乗れるかどうか、そんな効率性を試してみる気にはとてもなれない。

駅を出てセロフに足を踏み出したとき、私は革命前の古い駅舎をふりかえってうれしくなった。その石造りの建物は、ディアトロフ・グループがここを訪れた日のままなのだ。一九五九年一月の朝、駅員は旅客が駅のなかに入ることを許さず、一〇人の疲れたトレッカーはよそに休憩場所を探すしかなかった。それで第四一小学校がホテル代わりになったわけだ。学校がまだあるかどうかわからなかったが、クンツェヴィッチの提案に従って、私たちは町の最も人口密度の高いほうへ足を向けた。雪道は、ひなびた住宅と冬枯れて梢を切り詰められた並木にふちどられている。ふと気づくと、その家々はまさしく、イーゴリたちがここで撮った写真に写っていた家々だった。前回訪れたときにクンツェヴィッチからもらったネガを現像していたのだが、そのうちの一枚、グループ最年長のサーシャ・ゾロタリョフの少しぼけた写真を思い出す。ちょうどこんな丸太小屋二軒のあいだに立って、ダッフルバッグを肩にかついでいた。また、母親と思春期の娘を写した写真もあった。暖かそうなスカーフで頭を包み、カメラの前で言われるままにポーズをとっているのだ。

途中で何軒か雑貨店に出くわした。櫛とかローションとか歯ブラシとか、ごく一般的な日用品を売っている。一、二軒に立ち寄って道を尋ねたが、クンツェヴィッチが学校について訊くと、店主はただ首をふるばかりだった。トレッカーたちの日誌に、学校は駅にかなり近かったと書いてあったのを思い出した。駅に戻るトレッカーたちのあとを追って、子供たちがついてこられるぐらい近かったのだ。しばらく行っても見当たらないようなら、町の反対側に行ってみるべきだろう。しかし、四、五〇〇メートルほど歩いたところで、周囲の住宅とは明らかに異なる建物を見つけた。コンクリートの三階建てで、色あせてはいるが黄色に塗られていて、窓枠は赤、フェンスの青い塗装ははがれかけている。学校だと示すものはなにもなかったが、その原色の組み合わせには子供らしさを思わせるところがあった。窓をよく見てみると、万国共通の小学校のしるしが見分けられた。紙で作った雪の結晶がガラスに貼ってある。

なかに入ると、受付に警備員がいた。ヴォロシチュクとクンツェヴィッチが質問をし、ややあってクンツェヴィッチが私に合図を送ってきた。ここはまちがいなく第四一小学校だったのだ。ヴォロシチュクが言うには、警備員は私たちが訪ねてきたのに驚いていたという。ディアトロフ・グループのことを質問しに来た者は、少なくとも彼がここで働きはじめてからはひとりもいなかったらしい。ちょっとためらったが、校内をざっと案内することに同意してくれた。

中央の通路を歩きはじめて最初に気がついたのは、火曜日の午後なのに妙に人気《ひとけ》がないということだった。生徒の姿はなく、この警備員をべつにすれば職員も見えない。これまでに入ったロシアの建物にはそういう例が多いが、ここも時間が止まっているかのようだった。壁は、二色のパフェのような黄緑色とくすんだ白色に塗られており、その配色はトレッカーたちの寮と似ていなくもなかった。のちに知るのだが、こういう黄緑色の塗料はソビエト時代の公共の建物ではよく使われていた。耐久性が高く、値段が安いからだ。

この建物は時間が止まっているようだし、生徒も教師もいないしで、イーゴリたちをこの空間に投影するのは造作もなかった。私は仲間たちからちょっと離れて、からっぽの教室をのぞき込んだ。トレッカーたちがどの部屋で話をしたのか知るすべもないが、ここであったとしてもおかしくない。一〇人のトレッカーが教室の前方に並ぶさまを想像した。三〇対の目がかれらに釘付けになっている。その日のスターはサーシャとジーナだった——サーシャはまずトレッキングについて話をし、次には愉快な歌を歌ったし、ジーナはもちろん、いつもの打ち解けた態度と魅力的な人がらで子供たちの人気をさらった。ユーディンは、ふたりの愉快なかけあいの一部を日誌に書き留めている。

サーシャ「みなさん、今日お話しするのは……トレッキングは……どんなことをするかという……」(子供たちは不安そうに静まりかえる)

ジーナ「ほらほらそんなことはいいから、はいおじさん、名前はなんていうの? どこに行ったんですって? わあすごいわねえ、テントに泊まったんだって!」

(などなど)

ここに来て去っていったグループについてなにか知らないかと警備員に尋ねたいと思ったのだが、ちょうどそのとき、外からひとりの男が入ってきて、いますぐ出ていってくれと言い、さらに「書類」を見せてほしいとも言いだした。私はその場にぐずぐずして、この男がだれなのか確かめたりはしなかった。うかつにも、パスポートとロシア語の招待状を列車に置いてきてしまったからだ。気づかれないうちに、私はこっそりその場を離れて裏口から外へ出た。

　また列車に戻ったあとで、学校を見つけられたのはとても運がよかったとクンツェヴィッチは言い、ディアトロフ・グループの「霊がついている」のだろうと言った。


　イヴデルに着いたのは真夜中の少し前だった。列車の窓から外をのぞいていると、不安感に襲われた。建物は暗く、月は出ていても雲に隠れている。不吉な予感がするのは、この暗さのせいというより、この町の歴史のせいだろう。旅行の前に少し勉強してきたのだが、ここはグーラーグのあった場所なのだ。スターリン時代、そしてその後数十年にわたり、イヴデルには一〇〇近くの強制労働収容所があった。そのほとんどが反体制派の監禁と拷問に使われていたのだ。

　一九七三年の「文学的考察」こと『収容所群島』において、ソルジェニーツィンはソ連の行刑制度を暴露した。「チェーホフの戯曲に登場する知識人たちは、二〇年後、三〇年後、四〇年後になにが起こるか推測しているが、四〇年後のロシアでは拷問による尋問がおこなわれていると知ったら――囚人は鉄の輪で頭蓋を圧迫され、酸の風呂に入れられ、裸で縛られてアリやシラミに食われ、プリマスストーブで熱せられた棒を肛門に突っ込まれ（「見えない焼印」）、男性器を軍靴のつま先でじわじわと踏みつぶされ、そして最も幸運な囚人は一週間眠らされず、水もろくに与えられず、血だるまになるまで打擲されると知ったら、チェーホフの戯曲はどれひとつ結末に至ることはないだろう。主人公はみな発狂して精神病院送りになってしまうだろうから」

ソルジェニーツィンの描写したグーラーグは過去のものとなったが、イヴデル経済はいまも行刑制度を中心にまわっている。一九九六年に死刑執行が猶予され、処刑されていたはずの囚人が、いまではロシアで最も辺鄙な収容キャンプで終身刑を務めているのだ。イヴデルのすぐ郊外には最重警備の刑務所があり、ロシア最悪の犯罪者の一部がそこに収容されている——もっとも罪状はおおむね暴力関係で、政治的なそれではなくなっているが。

ホームに降りてみて、その暗さに驚いた。明かりと言えば、列車から漏れる光と、駅のわずかな照明があるだけだった。私は仲間たちと通りを歩いていき、ウシュマ村へ行くための足——「軍の輸送車」だと聞かされていた——が来るのを待った。かなりの悪路だから、たとえ天候がよくても着くのは明日早朝になるだろうとクンツェヴィッチから聞かされていた。私たちのとるルートは、五三年前にディアトロフらがとったルートとは少し異なっていて、木材伐採者の居住地だった第四一区については、その近くを通り過ぎるだけになるという。居住地はとっくに破壊されていて、たとえ立ち寄っても見るべきものはないらしいのだ。車を待ちながら、私はふと気がついた。ここから第四一区まで移動するとき、ユーディンは悪化する足腰の痛みを抱えてトラックの荷台で苦しんだわけだが、コースこそ多少ちがっていても、移動の状況はそのときとそう大きくはちがわないのかもしれない。

三〇分後、ヘッドライトが近づいてきて、レザーのブラカバー〔車両の前面を飛び石や虫から保護するカバー〕をつけた白いヴァンが駅の前に停まった。堂々たるタイヤと、半径五〇メートル以内にいると目がつぶれそうなハイビーム・スポットライトが屋根についているのをべつにすれば、そのヴァンは七〇年代のフォルクスワーゲンの改造車のようで、ロシア軍の車両には見えなかった。なかに入ると、花柄のカーペットの床に、金属製のベンチとバケットシートがボルトで留めてあった。道案内がしやすいからと言ってクンツェヴィッチが助手席に座り、私たち三人は後部に乗り込んだ。カーペットのうえに荷物を積みあげると、クンツェヴィッチがサイドドアを閉め、かくして車は走りだした。

気がつけばまた暗闇に包まれていた。偽装の一種で、窓は内側から覆われていて光は入ってこない。通りが街灯で照らされているとは思わないが、多少は照明が（あるいはせめて月光でも）あって外が少しは見えるだろうと思っていたのに。車が走りだしてまもなく、これはとうぶん閉所恐怖に苦しみそうだと思った。いまの状況ではなく、到着先のことを考えて気をまぎらそうとしたが、以前の目まいの発作の記憶がしつこくよみがえってくる。ほんの数か月前、その発作のせいで私は経過観察のためひと晩入院する破目になった。目まいの発作では、悪心《おしん》や嘔吐、平衡感覚の喪失が起こるものだが、私の場合は三つともそろってやって来る。前回の発作のときは、四八時間はなにもできなかった。ベッドで丸くなっているか、便器に覆いかぶさっているかで、目の焦点が合わなくてろくに歩くこともできなかったのだ。嘔吐のしすぎで脱水症状を起こしていて、病院へ救急車で運ばれているとき、点滴を打とうとした救急隊員が血管を見つけられなかったぐらいだ。

クンツェヴィッチにもボルゼンコフにも、私はこの持病のことは話していなかった。その必要を感じなかったか、あるいはこの旅を中止する理由を与えたくなかったのだと思う。目的地に着くまでずっと起きていようと思っていたのだが、この暗くてがたつく箱は、まるで動く棺桶のようだという気がしてきた。そこで仲間たちにはなにも言わず、錠剤を服《の》んでベンチに横になった。バリウムが眠りをもたらすのを待ちながら、ふと思った——当時こんな強力な薬があったら、若きユーリ・ユーディンは友人たちとともにオトルテン山への旅を続けていたかもしれない。アスピリンしかなかったのは、ユーディンにとっては幸運だったわけだ。

21　一九五九年三月

三月の第二週、最初の遺体が雪のなかで発見されてから一〇日後、五人の遺体がスヴェルドロフスクに埋葬された。両親は地元にわが子を葬る権利をもぎとりはしたものの、地元の共産党は最後に遺族を出し抜いて、葬儀の執行方法は党が管理することになった。葬式は二日に分けておこなうよう命じられたうえ、初日の葬列でウラル工科大学（墓地のすぐ南にあった）のキャンパスを抜ける道をとりたいと参列者が許可を求めたが、警察はこれを認めず、柩は遺体安置所から最短距離の、なるべく目立たない道を通ってミハイロフスコエ墓地へ運ぶよう誘導された。警察や市の役人の意図は明らかだった。おおぜいの参列者が集まるのも、その結果としてうわさが広まるのも困るということだ。

ユーリ・ユーディンはまだイヴデルにいて、友人たちの所持品をよりわける手助けをしていたため、葬儀には参列しなかった。しかし、一二歳のユーリ・クンツェヴィッチ、すなわちディアトロフ財団の将来の創設者にして理事長は、葬儀を最前列で目撃していた。彼が当時、両親とふたりの兄とともに住んでいたアパートメントは、ミハイロフスコエ墓地の真正面にあって、窓から外を見るだけで、蓋の開いた柩が平床型トラックの荷台に載せられているのも、そのあとに続く参列者の海もよく見えた。墓地には塀がなかったし、その日の朝ミハイロフスコエに押しかけた群集のせいで、どこまでが道路でどこからが墓地なのかもわからないほどだった。「一〇〇〇人は下らない人々が集まっていた」クンツェヴィッチは言う。これほどおおぜいの人が集まっているのを見るのは初めてだったから、興味を惹かれてアパートメントを飛び出し、嘆き悲しむ群集に加わった。その経験はクンツェヴィッチの人生を変えた。亡くなったトレッカーを知っていたわけではないが、かれらが行方不明になったことや、その後の捜索のことはよく知っていた。兄のゲオルギーとエドゥアルドは、そのころふたりともウラル工科大学の学生で、しかもふたりとも熱心なアウトドア派だった。一二歳の少年にとって、この悲劇はとても他人《ひと》ごととは思えなかったのだ。そしてそれは、彼の家族が墓地の真正面に住んでいたからというだけではなかった。

クンツェヴィッチはまだ子供だったが、それでも警察を見ればわかったと言う。その日、私服姿の数人の男が、葬儀ではなく参列者を注意深く観察していたのを見たと彼は言っている。「まちがいなくKGBだった。あの日の葬儀を監視するために配置されていたんだよ」。クンツェヴィッチが通りを渡って墓地へやって来てまもなく、柩の蓋が閉じられ、穴に下ろされて埋葬された。その後、だれかが進み出てアンドレイ・ヴォス

ミハイロフスコエ墓地への葬列。1959年3月9日

トリャコフの詩を朗読した。

ここに肩と肩を並べて立ち
ギターの弦をつまびいて
歌声をこだまさせよう
山々に、風に、雪に。

この悲しみの歌を歌い
若き同志を思い起こそう
無慈悲な運命から
逃げきれなかった同志を

テントの側面は引き裂かれ
荒れ狂う吹雪にはためき
厳しい寒さと不運とが
死神のわざをしかけてくる

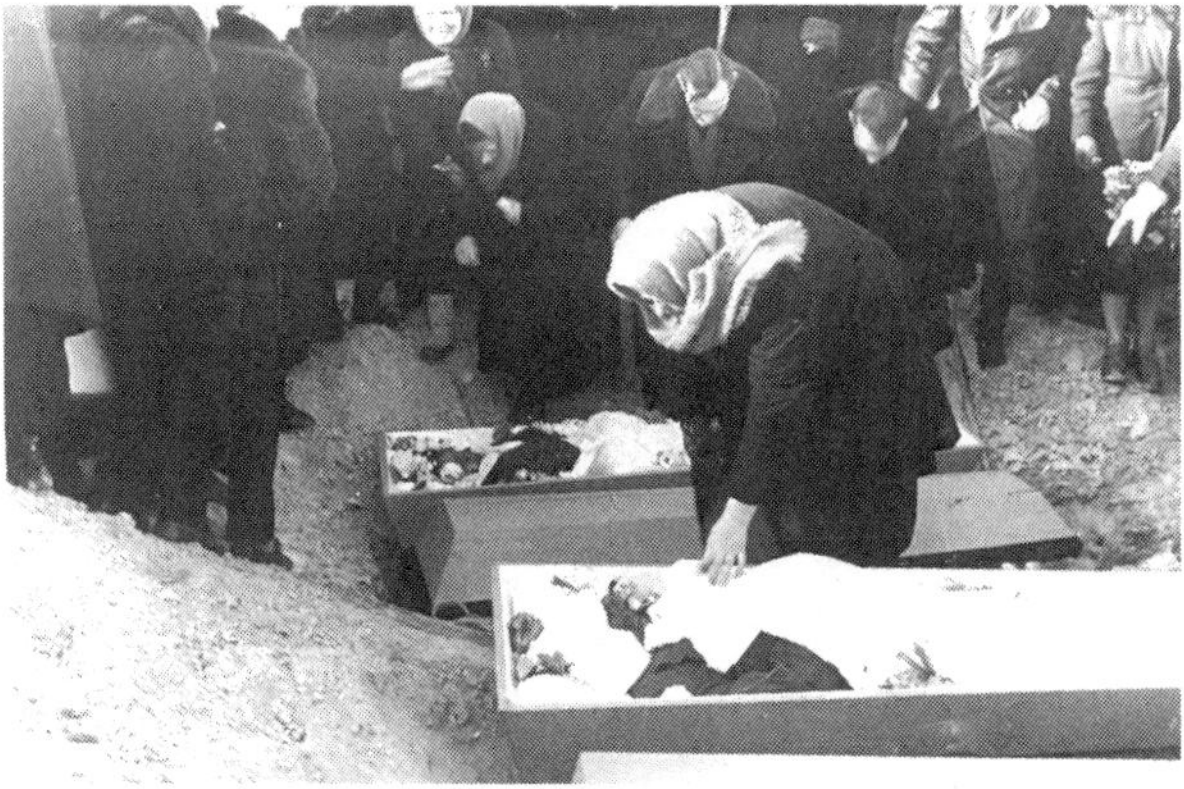

ディアトロフ・グループのメンバー4人の葬儀（ゲオルギー・クリヴォニシチェンコの遺体はべつの場所に葬られた）。スヴェルドロフスクにて、1959年3月9日

ディアトロフ・グループのメンバー4人の葬儀の参列者たち。スヴェルドロフスクにて、1959年3月9日

最後の闘いにおいて――
それは厳しい闘いで、
雄々しく闘ったものの、
かれらはついに死の前にひざを屈した。

眠れ、親愛なる魂よ
眠れ、親愛なるイーゴリとジーナ
眠れ、ふたりの仲間たちよ
眠るがいい、きみたちの最後の眠りを

あの冷酷な山ももう
きみたちの眠りを妨げはしない
その運命の影の下で
きみたちの歌をぼくたちは歌いつづける

ゲオルギー・クリヴォニシチェンコは翌日、友人たちの眠る墓地から四、五キロほど西、レーピン通りのギリシア正教会裏のイヴァノフスコエ墓地に葬られた。この墓地は

「中央スタジアム」という新築の競技場の真向かいにある。一週間前、ここでは女子世界スピードスケート選手権が開かれており、それがこのスタジアムではもちろん、市でも初めてのことだったため、おおぜいのファンが詰めかけて湧きに湧いていた。しかし、その三月一〇日には通りは静かだった。ゲオルギーの葬儀に参列した人々も、前日の弔問者の数分の一にすぎなかった。

葬儀のあと、残された友人や家族の多くはべつの説明を探しはじめた。トレッカーたちの死因はもちろん、当局の態度も奇妙だったからだ。ゲオルギーの葬儀の翌日、参列者たちはスヴェルドロフスクの家族のアパートメントに集まった。ゲオルギーの父、アレクセイ・クリヴォニシチェンコがのちに証言するところによれば、うちふたりの参列者は、その年のはじめ、ちょうどディアトロフ・グループと同じころに、ウラル山脈北部でトレッキングをしていたと話したという。ゲオルギーが亡くなった二月一日の夜、オトルテン山の近くでトレッキングをしていて、ウラル山脈上空の奇妙な現象を目撃したグループがふたつあったのだが、そのふたりはうちひとつに属していたのだ。「その夜、テントの場所から奇妙な現象を目撃したとふたりは言っていました。北の空に、ロケットかなにかのひじょうに明るい光が見えたというんです」クリヴォニシチェンコはそう語っている。「その光があまり明るかったので、テントのなかで寝るしたくをしていた人たちまで気がついて、何事かと外へ出てきたそうです。しばらくのあいだ、遠くから大きな雷鳴が聞こえていたとか」

四月一四日の証言では、クリヴォニシチェンコはこのふたりの名前をあげていないものの、そのトレッカーたちが属していたのは、シュムコフという教師の率いるグループだった可能性がある。二月初め、ディアトロフらのテントの四〇キロほど南で、チストップ山の上空をロケットが飛ぶのを目撃した、とこの教師は主張しているのだ。二月初めからなかばにかけてこの地域でトレッキングをしていて、同様の現象を目撃したというグループはほかにもある。うち、とくにくわしいのが、ボランティアで捜索に加わっていた地元のトレッカー、ゲオルギー・アトマナキとヴラディーミル・シャフクノフの話だ。このふたりは、二月一七日にウラル山脈北部上空で「光球」を見たと言っている。アトマナキの事情聴取の記録によれば、彼とシャフクノフは朝食を用意するために午前六時に起きた。ストーブで調理をしているとき、空に奇妙な白い点が見えたので、最初は月が出てきたと思ったが、そう言うとシャフクノフがそんなはずはないと言った。今朝は月は出ていないし、出ていたとしても空の反対側にあるはずだというのだ。「そのとき、その光点の中心に火花が現われました。数秒間は変化なく輝いていたんですが、それがだんだん大きくなって高速で西へ飛んでいきました」。最初のうちは面白がっていたが、一分半ほど動くのを見ているうちに恐ろしくなってきたとアトマナキは言う。「ぼくの感じでは、なにかの天体がこっちに落ちてきているような気がしましたが、どんどん大きくなってくるもんだから、惑星が地球に迫ってきているんじゃないか、ぶつかって地球が壊れてしまうんじゃないかと思いました」

アトマナキのグループだけではない。イヴデルの検察局は、二月一七日の朝に同様の光を見たという数名の証人から事情を聞いている。この地域に勤務する刑務所の看守は、ゆっくり動く光球が空で「脈打っていた」と表現している。その光球は南から北へ移動していったが、八分から一五分ぐらいは見えていたのではないかという。

しかし、二月の空に見えた奇妙な現象が、トレッカーたちの死となんの関係があるというのだろう。アレクサンドル・コレヴァトフの姉は事情聴取のさい、その答えは遺体を見ればわかるのではないかと語っている。「私は全員のお葬式に参列しました」リマ・コレヴァトヴァは言う。「どうしてみんな、顔や手があんなに茶色に変色してたんでしょう」。彼女はそれに続けて、かれらがパニックを起こしてテントから逃げ出したことと、ウラル山脈上空でそのころ目撃された不可解な現象には関係があるのではないかと言っている。「地理学部のトレッカー・グループがチストップ山に来ていて、同じころ、つまり二月の初めに、オトルテン山の方向に火の球が見えたと言っているんです。同じような火の球は、そのあとにも何度か目撃されてますよね。これはどういうことかしら。弟たちが亡くなったのは、その火の球のせいだったんじゃないでしょうか」

最初に見つかった遺体が埋葬されるころには、この「光球」の話とそれに付随する推理が、レフ・イヴァノフの捜査にすでに影響を及ぼしていた。圧倒的な数の証人がやって来て、オトルテン山の近くで奇妙な光を見たと言う（そしてその現象をトレッカーたちの死と関連づける）ので、検察局では無視しにくくなってきていたのだ。また、遺族の納得するような説明を見つけるのも、そのせいでさらにむずかしくなっていた。しかも三月なかばに新たな証拠が出てきて、問題の光球がディアトロフ・グループの死に関係があるという説をいっそう強化する結果になった。その証拠は、かれらが死ぬ前に撮影した数枚の写真のなかにあった。

22　二〇一二年

　午前四時半ごろ、私はクンツェヴィッチにそっと揺り起こされた。いつのまにか、ヴァンはマンシ族のウシュマ村に到着していた。ディアトロフたちは第四一区に泊まったが、宿泊できる場所としてはここがその第四一区に最も近いのだ。おぼつかない足どりでヴァンから降りると、外は零下二八度だった。クンツェヴィッチは三〇メートルほど先の建物を身ぶりで示し、ヴァンから荷物をおろすからあそこで待つようにと言ってくれた。

　ヴァンのヘッドライトを頼りに丸太小屋へ歩いていき、建てつけの悪いドアをあけ、薄暗い一種の前室に入っていった。すると目の前にどっしりしたカーテンが下がっていた。すきま風を防ぐためだろう。それを押しのけて入っていくと、なかはいっそう暗かった。懐中電灯は持っていないし、携帯電話はとっくに電池切れになっている。どうすることもできず、目が暗がりになれるのを待った。するとだしぬけに、目の前の暗闇のなかから低い唸り声が聞こえてきた。私は凍りついた。獣はまた唸った。さっきより近い。しかし、とっさにドアのほうへ逃げだすまもなく、獣を叱りつける男の声が飛び、唸り声はやんだ。また男の声がした。今度は明らかにこっちに向かって話している。私は頭のなかの用語集を引っくり返し、「プリヴィエート・ダー?」を見つけ出してきた。「こんにちは、はい?」という意味だ。

間があった。こちらが外国人だと気がついたようだ。犬がまた、さっきより大きな声で唸った。しまいに男は「アメリカーンスキ?」と尋ねてきた。

「ダー」私はやっとそれだけ答えた。

沈黙の闇のなかでさらに数分が過ぎ、ようやく外から仲間たちの近づいてくる足音が聞こえてきた。ヘッドランプの光が室内のあちこちを照らし、簡易ベッドに座る人物の姿が見えた。かたわらに中型犬が控えている。ヘッドランプがまたべつの部分を照らしたと見れば、そのベッドの下からはショットガンの銃床が突き出していた。まずクンツェヴィッチが、続いてほかのふたりも入ってきた。犬はやっと唸るのをやめ、そわそわと侵入者を見守っている。クンツェヴィッチは、見知らぬ男にロシア語でなにごとか声をかけ、私に向かってもうひとつの簡易ベッドのほうを指し示した。気がついてみると、この部屋にベッドはそれひとつしか残っておらず、ほかの三人は床に寝袋を広げはじめていた。私が床に寝ると言ったのだが、三人の仲間たちにあっさり却下された。疲れていて反論する元気もなく、私は金属製の簡易ベッドに自分の寝袋を広げ、ブーツを脱いだ。それから寝袋に入って身体を丸め、眠りのなかへすべり込んでいった。

ものの割れる腹に響く低い音で、私ははっと目を覚ました。なにも見えない。ヘッドランプのスイッチを入れてみると、ボルツェンコフは床で眠っていた。いまもあの蛍光色のスノースーツにくるまったままだ。そのとなりでヴォロシチュクも眠っている。音を立てていたのはクンツェヴィッチだった。簡素なセメントレンガのかまどの近くに立ち、くさび形の薪に斧をふりおろしている。火の用意をしているのだとわかってうれしかった。なにしろ、こんなに寒さが身にしみる朝は初めての経験だった。

この家はひと間の丸太小屋だった。写真で見るかぎり、ロシアのこの地域では、たいていの住宅がこういう様式で建てられている。水道は引かれておらず、したがってトイレもキッチンも洗面所もない。丸太の壁がむき出しで、ディアトロフたちの写真で見た第四一区の小屋とよく似ている。文明世界で迎える最後の朝、ディアトロフたちもきっとこんな室内で目を覚ましたのだろう。

私の向かいのベッドで眠っている男性は、たぶんこの小屋の持主のマンシ族なのだろう。飼い主に寄り添って寝ているのはジャーマン・シェパード——ディアトロフたちの捜索に使われたのと同じ犬種だ。捜索犬は毎晩、ボランティアたちと同じテントで寝ていたという話を思い出した。ぬくもりはありがたいが、問題は濡れた毛皮のにおいだった。イヴァノフも、家族に向かってのちにそのことで愚痴をこぼしているほどだ。そしてこのシェパードも、昔の捜索犬と同じ役割を果たしていた。悪臭のする、しかし愛情深い電気毛布というわけだ。

ブタントーチで焚きつけに火をつけてから、クンツェヴィッチはやかんで湯を沸かした。ボルツェンコフが冷たい床から起きあがった。たぶん、クンツェヴィッチのいれていたインスタントコーヒーの香りで目が覚めたのだろう。両手をさしのばしてマグを受け取り、いかにもありがたそうに飲んだ。

その後まもなく、小屋の主人と犬は目を覚まし、それぞれベッドのうえで伸びをした。彼はトマトの煮込みかなにかの入った大きなガラス壜を取り出し、ろくに嚙まずにすすり込んで、口直しにウォトカをあおった。クンツェヴィッチとふたこと三こと言葉を交わしたが、それ以外はふだんと変わりなく過ごしているようだ。バレンキ〔フェルト製のブーツ〕を履き、分厚いジャケットをTシャツのうえから引っかけると、雪のなかに出ていった。窓越しに見ていると、彼は目を覚ますためにあること——以来、私はそれを「ロシア式雪浴」と呼んでいる——を始めた。ジャケットを脱いで、片手で雪をすくいとり、それで脇の下や胸や首や顔をこするのだ。何度か深呼吸をし、景気づけに胸をぴしゃぴしゃやってから、彼はなかに戻ってきた。

コーヒーを飲んでから、私もブーツを履いて外へ出てみた。ウシュマ村の静けさはこの世のものとも思えなかった。イヴデルも静かだったが、この原住民の村を覆うこんな静けさは、ほかのどこでも経験したことがない。息を吸うと、空気が肺に突き刺さるようだ。身をかがめ、雪を手にいっぱいすくいとると、服の下に差し入れて、雪浴をまねしてやってみた。肌に雪が触れたときの衝撃にそなえて身構えていたのだが、やってみたらびっくりするほど爽快で、いっぺんで目が覚めたようだった。最後に、どうせだれも見ていないのだからと、胸を思いきりぴしゃぴしゃ叩いた。ところが、小屋に戻ってみたら親しみのこもる軽い会釈で迎えられ、それですぐにわかったのだが、小さな正面の窓からすべて見られていたらしい。しかし、おかげで仲間と認められたようで、小屋の主人がこちらに近づいてきた。彼の名はオレグだった。ヴォロシチュクを通訳に、彼は昨夜まともに挨拶もできなかったことを謝罪し、また犬のことも申し訳なかったと言った。私たちが着いたときには酔って眠っていたのだという。彼にしてみれば、なんの断わりもなく他人がいきなり部屋に踏み込んできたという状況だったのだ。それでわかったのだが、ウシュマ村宿泊を手配したとき、アメリカ人がいっしょだということをクンツェヴィッチはオレグに言っていなかったらしい。また、オレグがマンシ族ではないということをクンツェヴィッチは私に言っていなかった。この場所とか家のひなびた風情から、私が勝手にそう思い込んでいただけだったのだ。数か月後に帰国したあと初めて知ったのだが、オレグは実際には三〇歳のロシア人で、イヴデルで捜索救助の仕事をしていた。ロシアでもとくべつ辺鄙な地域に出かけ、凍えるような山小屋に犬連れで泊まるというのが、どうやらオレグの考える休暇の過ごしかたらしかった。

缶詰の朝食を食べながら、ホラチャフリ山をめざす計画について、仲間たちと私はオレグに相談した。ヴォロシチュクは話のごく一部しか通訳してくれなかったが、私に理解できるかぎりでは、天候が悪くて峠に到達できないおそれがあるらしい。決定はクンツェヴィッチに任せるということで全員が同意していたから、青信号を出すことができるのは彼ひとりだ。私はどうしても峠に行くつもりだったし、クンツェヴィッチはそれを知っていたが、最終的に決断するのは彼なのだ。

オレグとほかの三人は、今日の午前中に出発するべきかどうか危険性を検討しつづけていたので、この機会に私はまた外へ出て村を見て歩いた。空はほとんど雲に覆われていたが、それでも常緑樹の枝葉から射し込む陽光が、ウシュマ村の屋根に積もる雪に輝いている。煙突から煙のあがっている家もあり、私は深呼吸をして、松の香りと燃える薪のにおいを胸いっぱいに吸い込んだ。のちに地元のマンシ族の男性——私たちの泊まった小屋に訪ねてきたのだ——から聞いたところでは、この村の人口は三〇人ほどで、ほとんどが一〇軒ほどの小屋に家族で住んでいるという。暮らしは質素で、政府の補助金を補うために自給農業をおこない、黒テンの毛皮を売っているが、その捕獲頭数は政府によって規制されている。

ネイティブ・アメリカンが合衆国の「自明の運命」で住む土地を奪われていったのと同じように、マンシ族も時代を下るほどに狭い土地に押し込められてきた。ほとんどはウラル山脈の辺鄙な地域だ。今日では、このウシュマ村のような小さい村のほか、北ソシヴァ川やオビ川流域の居住地がそれにあたる。国政調査では、マンシ族を名乗る人々の数はゆるやかに増加している（一九二六年の五一七九人が、二〇一〇年には一万二二六九人になっている）が、いまもマンシ語を話す人口はすでに一〇〇〇人を切っていると見られており、いずれは消滅するおそれがあることを示している。

ブーツに踏み固められた道をたどったり、腰まで埋まる深い雪をかきわけたりして、村の端から端まで歩くのに三〇分とかからなかった。オレグの小屋に引き返そうとしたとき、一〇〇メートルほど先にあるものが目に入った。大きな木造の橋が凍ったアウスピヤ川にかかっている。半世紀以上前に、ディアトロフ・グループはあの川をスキーで遡上していったのだ。

23　一九五九年三〜五月

ディアトロフ・グループの遺したカメラのフィルムを検察局で現像したとき、とくに変わった写真は見当たらなかった。少なくとも最初のうちはそうだった。カメラは三台、いずれもゾルキー製で、イーゴリ、ルスティク、ゲオルギーの所持品だったが、九日間にわたって合計で八八枚の写真が撮影されていた。一〇人の若者が冬休みに旅行に出かけたら、きっとこんな写真を撮るだろうというような写真ばかりだった。移動の準備や休憩の一瞬を気ままにとらえた写真もあれば、旅の途上で出会った美しい風景や村、地元の人々を撮影したものもある。そしてまた、たんなるお遊びの写真もあった。グループのメンバーが、さまざまな組み合わせで滑稽なポーズをとっているのだ。フィルムのなかほどには、仲間たちと別れるユーリ・ユーディンの姿があった。この時点ではかなりの痛みを抱えており、そのせいで先に進めなくなったというのに、友人たちと別れのハグをしながら、ユーディンはカメラに向かって明るく笑っている。

問題は、ゲオルギーのカメラに残っていたフィルムの最後の一枚だった。この事件に関心を持つ人々は、この一枚にずっと頭を悩ませることになるのだ。画面は暗く、夜に撮ったか、あるいは密閉された場所で撮影したのだろう。しかし、カメラは不明瞭な光源をとらえており、その光がフレームの左側を占領していた。スヴェルドロフスク検察局が写真について多少でも知っていれば、フレーム中央の八角形の光はレンズのフレアだとすぐに気がついただろう。しかし、フレームをはみ出して上に走っている、大きな光のしみは正体不明だった。ディアトロフたちの生涯最後の数時間になにがあったのか、その後半世紀にわたってさまざまな憶測が生まれるが、この写真もまたその原因のひとつだった。

この最後の一枚は、ディアトロフたちの最期についてなんの情報ももたらさず、せいぜい答えを探し求める人々を混乱させただけだった。一九九〇年、捜査を打ち切って何十年もたってから、レフ・イヴァノフはこれらの写真についてこう書いている。「ネガ濃度やシャッタースピードや……絞りや露出の設定については豊富な情報をもたらした」が、「なぜテントを棄てたのかという肝心の疑問については、なにも教えてくれなかった」

しかし、ボランティアの捜索隊員で、捜査にも深く関わったヴラディスラフ・カレリンによれば、イヴァノフはその写真——謎めいたものであれなんであれ——を見る以前から、これは数人のトレッカーが悪天候のなかに飛び出していったという、ただそれだ

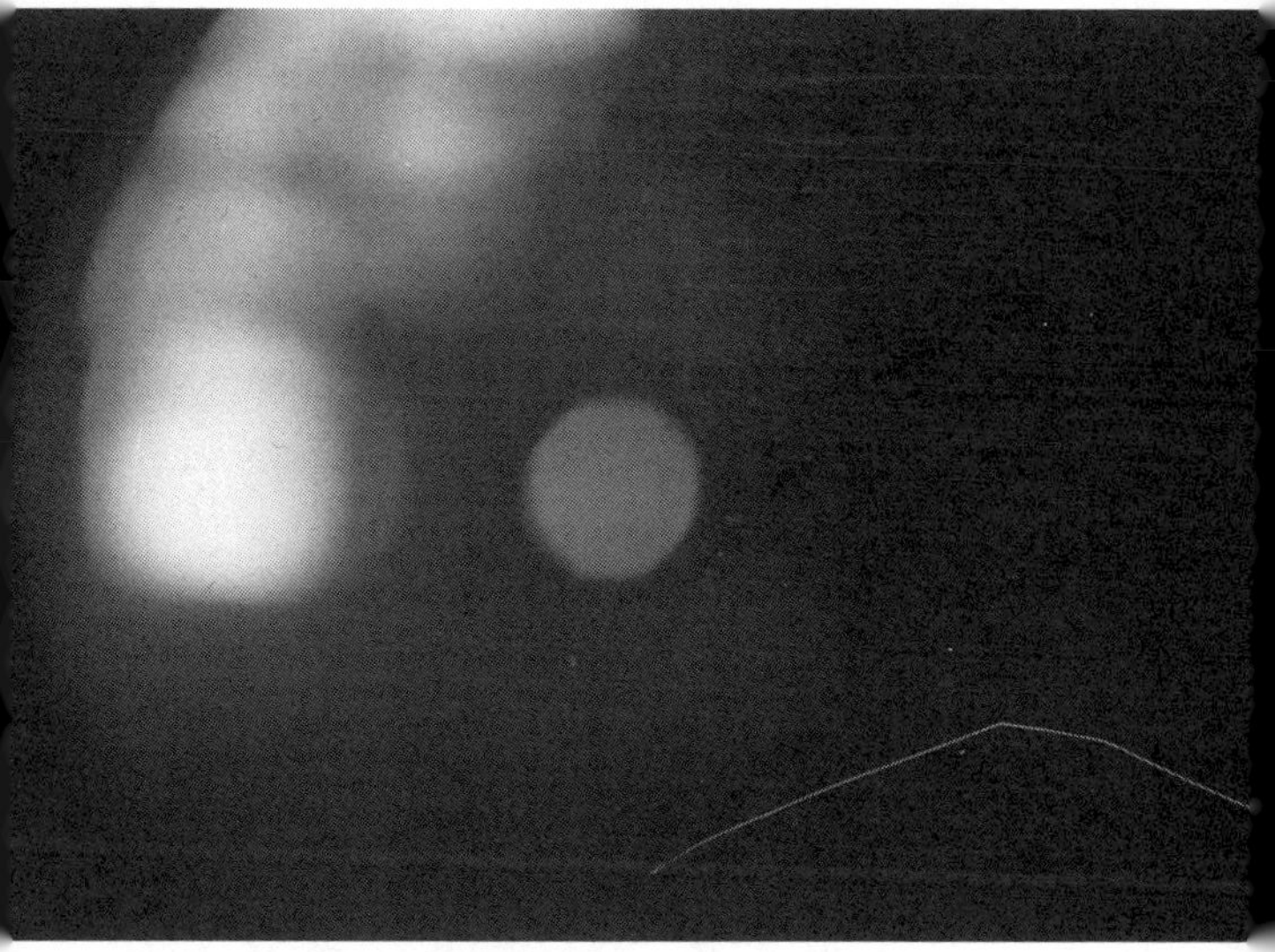

ゲオルギーのカメラがとらえた最後の１枚。1959年

けの事件ではないと考えていたという。つまり、ただの凍死ではないという可能性を最初から考えていたということだ。ロシアの作家アナトリー・グシュチンは、二〇〇九年に『死者の山殺人事件』を発表しているが、その本のためにインタビューを受けたカレリンはこう語っている。「イヴァノフは捜査の初日から、学生たちが死んだのは天候のせいではない、これは殺人だと繰り返し言っていました」

カレリンは捜査にじかに関わっていたうえ、二月一七日に空を飛ぶ「火球」を目撃したトレッキング・グループのメンバーでもあったため、四月にはイヴァノフの事情聴取を受けた。そして最後に、これは殺人だというイヴァノフの見解に沿った証言をしている。テントの外側には、人間による攻撃の痕跡が見られないことは認めながらも、まともに服も着けずにテントから逃げ出すほどおびえていたとすれば、それは「武装集団」に襲われたからとしか考えられないと言っているのだ。しかし、何年ものちにグシュチンのインタビューを受けたときには、カレリンはこの言葉を取り消している。「こういう言葉が出てきたのは、レフ・イヴァノフのせいだと言わざるをえません。誘導尋問で言わされて、調書にそう書くように指示されたんです」。もっとも、どのように言わされたのかについては、カレリンは具体的なことは語っていない。

三月なかば、イヴァノフはモスクワから呼び出しを受けたが、その理由については検察局の部下には明かそうとしなかった。しかし、戻ったときには態度ががらりと変わっていたという。「戻ってきたときは人が変わったようでした」何年ものちに、カレリンはそう語っている。「もう殺人のことも、光球のことも口にしようとせず、『よけいなことを言うな』と私たちにたびたび注意するようになりました」

一九九〇年、イヴァノフは『レーニンの道《レニンスキー・プティ》』紙に書簡を送り、奇妙な空の光と学生たちの死との関連性を追求するのは控えるよう、地域の共産党委員会から指示されたと明らかにしている。冷戦時代には、「ミサイルや核技術に関するデータが漏れるのを恐れて、そのような問題を取りあげることは禁じられていた」と彼は書いている。たとえ殺人説やＵＦＯ説をその時点まで信じていたとしても、祖国のためにそんな説は無視するように言われたというわけだ。

三月から四月にかけて、捜索隊は未発見の遺体——リュダ・ドゥビニナ、サーシャ・ゾロタリョフ、アレクサンドル・コレヴァトフ、コーリャ・ティボー＝ブリニョール——を求めて山地の捜索を続けていた。このころの電報を見ると、最初に遺体が見つかったヒマラヤスギを中心に、捜索の範囲はいよいよ広がってきているのがわかる。捜索活動が始まって二か月以上が過ぎ、四月末にはボランティアのあいだに疲労の色が濃くなってきていた。イヴデルあての電報では、気晴らしのためにコーヒーや煙草などの一般的な嗜好品がしきりに要求されている。しかし、身を切るような風と深い雪のなか、ハッピーエンドの期待もなく捜索を続ける人々にとって、それはあまりにも貧弱な慰めだった。三月初旬、ボランティアのひとりが転んでスキーがはずれ、露出した岩にぶつかってひざを負傷してしまった。それが数日後には腫れあがり、容態が悪化してきたため、ヘリコプターで搬送することになった。しかし峠は雪がきわめて深く、バケツ一〇〇杯の水をかけて雪を溶かさなくてはヘリの発着場も作れなかった。

五月三日、捜索隊に加わっていたマンシ族のステパン・クリコフが、ヒマラヤスギの近くの谷で、雪に浅く埋もれた妙な格好の枝に出くわした。どうも刃物で切られているようだ。このころ捜索を指揮していたゲオルギー・オルチュコフ大佐は、その枝の周辺をゾンデ棒で探るよう指示した。

ゾンデ棒による作業の初日、問題の枝から五メートルほど離れたところで、ひとりのボランティアが金属棒の先に服の切れ端が引っかかってきたのに気がついた。そこでシャベルに持ち替えて、捜索隊は谷底に大きな穴を掘りはじめた。穴はしまいには深さ二メートル半、面積は九平方メートルにも達した。行きあたりばったりに掘るうちに、やがてシャベルがなにか固いものに当たった。しかし、ただの木の幹だということがわかったため、捜索隊は場所を変えてまた穴掘りを再開した。

その日のうちに大量の衣服が見つかった。奇妙なことに、衣服は遺体を包んでいるのでなく、なぜか雪のなかに脱ぎ捨てられていた。さらに奇妙なのは、衣服の一部は刃物

捜索隊員ボリス・スヴォロフ。雪の下で見つかった犠牲者の衣服と木の枝の寝床の前に立っている。1959年5月3日

で切られたか、引き裂かれたように見えることだった。その日に見つかったのは、裏返しになって丸まった中国製のウールのベスト、毛糸のズボン、茶色の毛糸のセーター(ライラック色の糸で模様が入っている)、ズボンの右足部分、それに一メートルほどの包帯だった。オルチュコフ率いる捜索隊は谷底を掘り続け、掘れば掘るほど川底に近づいていき、二日めには雪混じりの泥を掘り返しているような状況だった。この日もさらに衣服が見つかっている。ひとつは黒い綿のスポーツズボンで、右足部分がなくなっていた。たぶん前日に見つかったズボンの残りだろう。そしてもうひとつは女もののセーターが半分、これはドゥビニナ〔リュダ〕のものだった。

二日めの夕方、シャベルが遺体に当たった。明らかに男性だったが、水につかっていたため腐敗が進み、顔の見分けはつかなかった。灰色のセーターを着ており、奇妙なことに腕時計をふたつはめていた。さらに掘り進めると、まもなくさらに三人の遺体が見つかった。三人とも近くに倒れていたのだ。発見された四人のうち、見分けがついたのはリュダだけだった。彼女は帽子をかぶり、黄色い下着、セーターを二枚、茶色のスキーパンツを身に着け、片足に靴下を二枚穿いていたが、もう片足は破れたセーターに包まれていた。リュダは頭を上流に向けて倒れていたが、三人の男性は川の中央に頭を向けていた。男性ふたりは抱き合ったかっこうで発見された。おそらく必死で暖をとろうとしたのだろう。

4人の犠牲者のうち、最後のひとりの遺体を谷底から引き上げているところ。1959年5月5日。写真中央、縞模様の帽子をかぶっているのがゲオルギー・オルチュコフ大佐。

発見の報を聞いて、レフ・イヴァノフは遺体の状態を調べるため山地に飛び、五月五日か六日に到着した。融雪と川水の混じりあうなかに横たわっていたため、遺体の腐敗の段階はさまざまだった。捜索隊は穴の底の泥水から遺体を引き出し、それ以上の腐敗の進行をくい止めるために防水布で包んでいた。イヴァノフの記録によると、水につかっていなかった部分はほとんど損なわれていないが、融雪の流れにまともにつかっていた部分は、水中の微生物によって分解が進んでいた。遺体はただちにイヴデルに搬送することが必要だったが、イヴァノフが乗ってきたヘリコプターは、とっくに遠くへ飛び去っていた。イヴァノフはイヴデルに電報を打ち、ことの緊急性を力説している。

一明日搬送できなければ腐敗する。

言うまでもないが、遺体をその場に埋葬するのは問題外だった。遺族がきちんとした葬儀を望んでいるからというだけではない。この四人のトレッカーは、二月一日の夜になにが起こったのか、それを明らかにするためのミッシング・リンクだ。ただちにイヴデルに搬送して適切に解剖をおこなわなければ、この事件の捜査ははなはだしく後退し、そうなったらもう挽回は望めないだろうとイヴァノフは悟っていた。

24　二〇一二年

ウシュマ村めぐりを終えるころには、粉雪が降りはじめていた。小屋に戻ってみると、仲間たちはまだ天候のことで議論していた。嵐が接近しているという点についてはみな意見が一致しているようだが、私たちが峠にいるときに襲ってくるかどうかに関しては意見が分かれているらしい。クンツェヴィッチはいずれにしても、今日出発することには賛同していたが、それにはいくつか条件があった。第一に、峠への行き帰りになにかあった場合にそなえ、クンツェヴィッチを連絡係としてこの村に残すこと。第二に、移動にはおおむねスノーモービルを使うこと――少なくとも、ディアトロフ事件の事実上の聖域であるブーツ岩までは。そして最後に、ホラチャフリ山でキャンプはせず、夜はこの村に戻ってくること。この第二、第三の条件を聞いて、私はすぐに反論しようとしたが、この点についてはクンツェヴィッチはまるで譲歩する気がなかった。こんな天候のときに、川沿いのコースを徒歩で踏破しようとするのは愚かなことだ、なにしろ七〇キロ以上もあるのだから。まして、あちらで一日以上過ごそうなど論外だというのだ。

しかし、一九五九年の冬にディアトロフたちが出発したときより、今日の天候のほうがほんとうにより危険なのだろうか。かれらと同じように、ホラチャフリ山の斜面にキャンプを設営することこそが、この旅の主眼ではなかったのか。おそらくクンツェヴィッチは、雪崩の起こりやすい危険な場所で一夜を過ごすのをやめさせようとしていたのだろう。なにしろ、スノーモービルが不安定な雪溜まりをかき乱しやすいのはよく知られている。注意していないとすぐに乗り手は雪に埋もれてしまう。不安定な雪の斜面で一夜を過ごして、みずから災いを招き寄せる必要がどこにあるのか。そんなわけで、ディアトロフたちの足跡を正確にたどるという私の計画は、ことあるごとに変更を迫られていたが、指揮系統からして最終的な決定権はクンツェヴィッチにある。

ディアトロフたちと同じ方法で、つまりブーツに縛りつけたスキーで道をたどることができないのには失望したが、私たちの乗る三台のスノーモービルが、三人の運転手つきで到着してみると、そんな不満はあっさり消えてしまった。スノーモービルに乗るのは生まれて初めてで、それを思うとわくわくしてきた。ロシア人の運転手の後ろに乗り込み、私たちは陸の水上バイクで出発した。しかし、ウシュマ村からロズヴァ川に沿って北西に進むうちに、この移動方法の危険性はすぐに明らかになった。凍った川のうえを走っているときはひじょうに効率がよいのだが、スノーモービルの重みで氷が割れはじめたため、すぐに川岸に移動することになった。こんな荒っぽいことになるとは、私たちはだれも思っていなかった。木の枝が飛ぶように迫ってきて顔を打つし、雪の下には岩が隠れているし、大きな穴ぼこが待ち伏せをしている。落ちないようにするだけで集中力のありったけが必要だったから、景色を眺めたりおしゃべりをしたりするひまはほとんどなかった。最初の一時間はなにごともなく過ぎたが、二時間が過ぎるころには、スノーモービルは一度ならず転倒していた。転倒するにも技術が必要だ。引っくり返りそうだと感じたら、ただちに脱出しなくてはならない。完全に下敷きにならないまでも、片腕片脚をつぶされるおそれがあるからだ。こんなところで骨折でもしたらどうなるか、一度聞かされれば忘れようがない。

六〇キロほど進むあいだは、エンジン音のほかはなにも聞こえず、黒い塊のような森が両側に続くばかりだった。ロシアのおとぎ話（あるいは悪夢か）に出てくる森の原型が存在するとしたら、これこそそれだ。それがだしぬけに、走りだして六時間めに森が途切れたかと思うと、見渡すかぎりの月面のような雪原に突入した。月面と異なる点があるとすれば、まれに樹木が生えていることぐらいだ——それも、せいぜいひざの高さしかないいじけた松を樹木と呼べればの話だが。このほとんどのっぺらぼうの景色のなかをさらに三〇分ほど走り、小さな丘のてっぺんに達したとき、黒と灰色のまだら模様のものが見えた。まるで雪から生えてきているかのようだ。近づいてみると、それがまさしく「ブーツ岩」だった。たしかにトレッキング・ブーツによく似ている——恐ろしく乱暴に扱われたブーツではあるが。高さ九メートルのごつごつした岩は、白一色のツンドラに思いがけず生じた傷痕のようだった。天から落ちてきたか、地下から押し上げられてきたもののように思える。

この目標のそばをスノーモービルで走るのは不謹慎な気がして、運転手は少し離れたところで停めてエンジンを切り、私たちは徒歩で岩に向かった。ディアトロフたちの家族や友人にとって、そしてまたこの事件に関心を持つ人々にとって、ブーツ岩は巡礼の場所になっている。少なくとも春夏の数か月、それほど苦労せずに来られるころにはそうだ。ブーツ岩がこんなふうに聖地化したのは、ディアトロフたちがここに来たからではない。捜索隊のメンバーが、ベースキャンプから一、二キロも離れてしまったのに気づいて、二月の風や雪をこの岩の陰でやり過ごすのに使ったからだ。また、この岩は一時的な墓標としても使われていた。ディアトロフ・グループの遺体は、イヴデルへヘリコプターで搬送されるまで、ここに保管されていたのだ。

岩のてっぺんを見あげると、上に星のついた金属製のトルコ帽のようなものが置かれていた。遠くからこの岩がもっとよく見えるようにと、一九五九年の捜索隊が取り付けた装飾だ。また岩の裏側には、地面から二メートルほどのところに、ディアトロフ・グループを記念するブロンズの銘板がはまっていた。これは一九六四年、クンツェヴィッチが兄たちとともに協力して、葬儀から五年後におこなわれた特別な儀式のために考案し、取り付けたものだ。ユーリ・ユーディンは一九五九年にこの山中へ来ることはできなかったが、その夏にはこのブーツ岩へのトレッキングをやりおおせて、悲劇の五周年記念の儀式にも出席している。

友よ、こうべを垂れよう
この花崗岩の前で
私たちはかれらを忘れはしない……
何度でも繰り返し訪ねてくるだろう
かれらの魂は永遠に
この山々にとどまるのだから……

以前の来訪者の痕跡を探して岩のまわりを歩くうちに、地面から一メートルほどのところ、自然にできた岩棚の下に色あせたステットソン帽がたくし込んであるのに気がついた。持ちあげてみたら、ディアトロフ・グループに捧げたメモや手紙や詩が何枚もしまい込まれていた。ほとんどがひどく黄ばんでいる。この五〇年間に、夏に訪ねてきた人々が風雨から守るためにここに置いていったのだろう。タイムカプセルのように――あるいは、ほかの旅人に向けた壜入りのメッセージのように。また、岩の割れ目にも巻いた紙が差し込まれていて、エルサレムの嘆きの壁を思い出した。ぜひ読んでみたかったのだが、どれぐらい脆くなっているかわからないから、手にとることはできなかった。割れ目にはトレッカーたちの写真も差し込んであったが、亡くなる直前のものが多かった。ラミネート加工した八×一〇《エイト・バイ・テン》インチサイズのイーゴリの写真もあった。私の好きな写真だ。クローズアップで撮影されたイーゴリは、雪まみれになってカメラに向かって楽しそうに笑っている。ディアトロフ・グループのリーダーが、思いきりはしゃいでいる数少ない写真の一枚だった。

最後から二番めの目的地に到達したお祝いに、スノーモービルの運転手がふところから携帯酒壜《フラスク》を取り出し、乾杯しようと言った。そこで、ボルゼンコフ、ヴォロシチュク、三人の運転手とともに、私もひと口ぐいとやらせてもらった。たちまち胃の腑が熱くなり、先へ進もうという意欲がますます湧いてきた。最終目的地はディアトロフたちがテントを張った場所であり、さらに一、二キロ先にある。ここから先は傾斜がきつく、スノーモービルでは行くことができない。そこでスノーモービル（と三人の運転手）を岩のそばに残し、私たちは徒歩で出発した。しかし、ウォトカの効果はたちまち切れるし、雪が周囲で渦を巻きはじめるしで、斜面をのぼる足は滞りがちだった。おまけに、雪の下の地面は見た目よりずっと危険で、ごつごつした岩や穴ぼこが、ひと足ごとにこちらのバランスを崩そうとしてくる。さらに悪いことに、私は足に汗をかきはじめていた。

ヴラディーミル・ボルゼンコフ（左）と著者。ホラチャフリ山にて、2012年2月

右足の親指から中指までが寒さでしびれてきているのに、同時に汗をかいているのは不思議な感覚だった。これはブーツのベンチレーションがうまく行っていないとしか考えられず、汗をかけばかくほど、その汗が凍って足指どうしがくっつき合う。こうなってみると、ほとんどの行程をスノーモービルで来ていなかったら、いったいどんな破目に陥ったか想像もつかなかった。五〇年前にここにやって来た若者たちの体力には驚くばかりだ。気象条件はさらに悪く、防寒具の性能もずっと低かったはずなのに。ちょっと立ち止まって右のブーツの口をこすろうとしたが、ボルゼンコフに止まってはいけないと注意された。

登りはじめてから三〇分ほどたったころ、背後で叫び声が聞こえた。ふり向くと、ボルゼンコフが斜面をすべり落ちようとしている。私たちにはどうすることもできず、ただ滑落の勢いが早く弱まるか、なにかつかまるものが見つかることを祈るしかなかった。少なくとも一〇メートル近くは落ちたにちがいないが、雪から突き出した岩につかまってボルゼンコフは滑落をくい止めた。ありがたいことに、岩はさほどごつごつしておらず、おかげでけがもせず、彼は苦労しいしいゆっくり追いついてきた。斜面をのぼるのは重労働で、昼の時間も、私たちの体力も残り少なくなっていく。

平坦な休憩地点にたどり着いたとき、私はボルゼンコフに、テントの場所まであとどれぐらいかと尋ねた。近づいてきているはずだと彼は答えたが、目印が見つかるまでは正確に答えるのはまず不可能だとも言った。どうやらいらいらしはじめているようだったが、あたり一面まったく同じに見えるのだから、それも無理はなかった。一九五九年のボランティアの捜索隊員たちが、こんな状況でテントを見つけられたことのほうが不思議なくらいだ。

次にひと息いれるために立ち止まったとき、ボルゼンコフが前方を指さした。右手一、二キロほど先に、ヒマラヤスギの大きな群生があった。ここから眺めるかぎりでは、雪と空を背景にしたたんなる黒いしみにしか見えない。ボルゼンコフの説明によると、トレッカーたちは最初にテントを離れたあと、あそこで小さな焚き火をおこしたのだという。言うまでもないが、そこはトレッカーたちが焚き火をした場所というだけではなく、ユーリ・ドロシェンコとゲオルギー・クリヴォニシチェンコが息を引き取った場所でもあるわけだ。

太陽が地平線に向かってぐんぐん沈んでいくなか、それでも一時間後にはテントの場所が近づいてきた。日が落ちてきたのを私が心配していたのは、ウシュマ村への帰り道がわからなくなるからではなく（いま考えてみると、それを心配するべきだったと思うのだが）、あまり暗いとディアトロフらのキャンプ地がはっきり見えなくなると思ったからだった。ふいにボルゼンコフが立ち止まり、彼の見立てではそろそろテントの場所のはずだと言った。さほど遠くないところに、人工的な目印が見えた。四年前にクンツェヴィッチが立てたスチール棒が雪から突き出していたのだ。あれがテントのあった場所だ。勇んでその棒に向かって歩きはじめたが、ボルゼンコフは私を引き止めて、クンツェヴィッチの目印は不正確だと言いにくそうに言った。そして、その棒から三〇〇メートルほど離れた場所を指さし、このあたりの正確な測量をおこなったのだと説明した。GPSと写真測量法——写真から空間の測量をおこなう技術——を用いて、正確な場所を突き止めたのだという。

ボルゼンコフの示した地点にたどり着いたとき、私はぐるりと一回転して、「死の山」の三六〇度を眺めた。「ホラチャフリ」という名は、フィン＝ウゴル語で「死」を意味する語幹「ホラト」から派生したものだ。マンシ語は、このフィン＝ウゴル語という大きな語族に属しているのである。この不吉な名はディアトロフたちの悲劇と明らかに関連していると思われがちだが、マンシ語の専門家の考えでは、この山に草木が生えないことを意味しているらしい。一部では「死者の山」とも呼ばれるようになっているが、その意味ではこれは誤っている。「死の山」のほうが正しい翻訳であり、また理にかなっていると思った。ここまで登ってくるあいだに、これといった動植物はまるで見当たらなかったからだ。この斜面はとくべつ美しくもなく、とくに印象深いところもなかったが、どういうわけだか、円蓋のような丸い山頂を私はまともに見ることができなかった。

暗黙の了解で、私たち三人はホラチャフリ山の斜面に無言で立っていた。かつてここに立った九人のために、ここではせめてそれぐらいの敬意は払うべきだと思ったのだ。しかし、山腹から吹き下ろす身を切る風が斜面をなぎ払い、甲高い口笛のような音を立てていた——美しいと同時に恐ろしい音だった。

しばしの沈黙ののち、私はテントの場所とその周辺を調べる作業にとりかかった。この斜面に着いたとき、心中ではすでに結論に飛びつきつつあったのだが、そこを踏みとどまって周辺をよく調べてみた。斜面を歩きまわって雪の挙動を観察したところ、雪は崩れることも滑り落ちることもなかった。驚いたことに、ここの傾斜は思っていたほどきつくないようだった。ボルゼンコフは、この斜面の傾斜角をＧＰＳを用いて計算したことがあるそうだ。そのデータから見るかぎり、柔らかい、あるいは水ベタの雪によって雪崩が起こることはとうていありそうになかった。この斜面の「見通し角」、つまり雪崩がどこまで到達するかを決める角度は、斜面のてっぺんからテントの場所まででは一六度だった。一六度では、雪崩がかりに起こったとしても、サッカー場の幅の半分も流れることはほぼ不可能であり、これほど平坦な表面を流れてテントに到達するとは考えにくい。テントより下の斜面でも二五度で、やはりよほどのことがないかぎり雪崩は起こりそうになかった。実際にこの山に立っているあいだに思いついたのだが、データに反してここで雪崩が起こったとしたら、雪がテントに到達する前に逃げ出すことは不可能だっただろう。雪のかたまりがテントにぶつかって押し流すまで、せいぜい一〇秒しかなかったはずだからだ。そもそも雪崩説はちょっと成り立ちそうになかった。なにしろ、斜面がこんなになだらかなのに、雪がこれほどの長距離を流れ落ちてくるとは思えないし、しかもテントはちゃんと立っていて中身もそのまま残っていたし、おまけにトレッカーたちが発見されたのは、そのキャンプ地から一、二キロも離れた場所なのだ。ここで雪崩は起こりそうにないというだけでなく、雪崩の危険があったとしても、ディアトロフ・グループがそれを理由としてテントを棄てるとはとうてい考えられなかった。

　雪崩はさておいて、もうひとつ気になる点がある。以前から不思議に思っていたのだが、ここに来て初めてその異様さが実感されたのだ。かれらはどうして、まともに服も着ず、ほとんどは靴すら履かずにテントを離れたりしたのだろう。そしてまた、地平線に見えるヒマラヤスギの林まで、一キロ半ほども歩いたのはなぜだったのだろうか。私たちは暖かい服を着込み、最新の装備をそなえているにもかかわらず、ここでは八〇〇メートル歩くだけでゆうに一時間はかかった。ボルゼンコフの分析によると、一九五九年二月一日からの周辺の天候の記録を調べたところ、かれらが斜面を下ってヒマラヤスギの林に逃げ込んだときには、毎秒一八メートルもの強風に直面したはずだという。二月一日の月は三三パーセントの下弦の三日月だから、月が昇っていればある程度は明るかったかもしれない。しかし、雲に隠れていなかったとしても、月が出るのは午前四時以降――九人のトレッカーがテントを出たと思われる時刻より、四時間から六時間もあとだ。マイナス三〇度という現在の条件は、ディアトロフ・グループが一九五九年に経験した条件に近い。そこに強風と風速冷却が重なると、体感温度はマイナス四〇度と推定される。とすれば、まともな防寒着もなしではせいぜい六時間から八時間しか生きられなかっただろう。ヒマラヤスギの林にたどり着いたあと、テントを見つけて引き返すのは不可能に近かったにちがいない。

強風と氷点下の気温が重なって、かれらを死へ追いやったのはまちがいない。そこまではわかる。しかし、この事件の謎は煎じ詰めればこの一点だ――雪崩のせいでないとしたら、いったいなにがあって、九人は安全なテントを棄てる気になったのだろうか。

25　一九五九年五月

残る四人の遺体を山からおろし、解剖台まで運ぶのは容易なことではなかった。このころには、ディアトロフ事件の話はスヴェルドロフスク地域からその周辺にまで知れわたっており、それにまつわるうわさや憶測も広まっていた。問題の夜にトレッカーたちになにがあったのか、地元住民はだれもがそれぞれに意見を持っているかのようだった――マンシ族の殺人者とか謎の武装集団に始まって、軍の飛行機や核兵器の実験まで、さまざまな憶測が飛び交っていた。春になるころには、憶測の風は軍の隠蔽説の方角に吹いていた。捜索隊のメンバーのひとりで、残りの遺体が発見されたときその現場にいたニコライ・クズミノフは、UFOと一時的な狂気という説を唱えている。これは彼ひとりの意見ではなく、その冬に空の奇妙な光を目撃した人々の大半の意見だった。グシユチンの『死者の山殺人事件』に転載された手紙のなかで、クズミノフはこう書いている。「かれらが亡くなったのは『火球』のせいだと思います。私たちもある晩そのひとつを目撃したのですが、その後は五、六分ぐらい頭がぼうっとしていました」。ディアトロフたちが「発狂した」かのように、そろってテントからさまよい出ているのがその証拠だ、とクズミノフは指摘している。

リュダ・ドゥビニナの父親アレクサンドル・ドゥビニンは、四月なかば、娘の遺体が発見される数週間前に事情聴取を受け、やはり同様の現象でかれらは感覚を狂わされたのだと言っている。「ソ連国内でミサイルが発射されたのだと思う。テントから逃げたのはやはり、高度九八七メートルの付近で爆発と放射能漏れが起こったためとしか思えない……それでテントから逃げるしかなくなったうえに、五感、とくに視覚がおかしくなったのではないだろうか」

こういう憶測が乱れ飛んでいる状況だったから、レフ・イヴァノフはそれほど驚かなかったかもしれないが、遺体を搬送するために空軍のヘリコプターを要請したとき、パイロットのガテジェンコ大尉は遺体をヘリに積み込もうとしなかった。どういう任務なのか知らずに引き受けたのか、防水布で包まれた遺体を見て、なにかただならぬものを感じたのかもしれない。いずれにしても、現場にやって来てから彼は任務遂行を拒否し、適切な容器に入れなければ、遺体の搬送を上官が承認しないだろうとイヴァノフとオルチュコフ大佐に言った。具体的には、亜鉛で内張りした柩に入れ、有毒物質や細菌などの漏出を防ぐために密閉するよう要求してきたのだ。

適切な柩に納めなければ搬送しないと言われて、オルチュコフ大佐はガテジェンコと激しく言いあいを始めたが、なんと言ってもパイロットがかたくなに拒否するので、大佐はイヴデルに電報を打った。「私は一四人の同志とともに遺体を素手でヘリコプターまで運んだというのに、これは恥ずべきことだ」オルチュコフは、イヴデルの捜索隊のメンバーである同志プロダノフあてにそう書いている。「なんと言って頼んでも、遺体をヘリに積み込もうとしない。共産党員として、乗組員たちの行動にはショックを受けている。市の共産党委員会と指揮官のレリュシェンコ上級大将にそのむね伝えてもらいたい」。オルチュコフは続けて、現場では遺体の解剖ができない理由を説明している。法医学の専門家が「遺体の状態を理由に」現場での検死解剖を拒否しているというのだ。オルチュコフはその日のうちに続けて電報を打ち、遺体は防水布にきちんと包まれていることを強調し、特殊な柩がなくとも遺体をただちに搬送するよう命令してほしいと空軍に要請している。プロダノフは空軍を説得してみると返信しているが、「柩を用意しなければ、輸送を引き受けてくれないのではないか」と付け加えている。プロダノフは次の電報でこの問題を締めくくっている。「亜鉛内張りの柩を本日注文した。明日には届く」。こうして解剖はさらに一日遅れてしまった。

五月八日、発見から四日後になって、遺体はようやくイヴデルの中央病院の霊安室に運ばれ、検死解剖を受けることになった。

イヴァノフの立ち会いを受けつつ、スヴェルドロフスクの検死官B・A・ヴォズロジディオニは、ディアトロフ・グループの最後の四人の死因を突き止める仕事にとりかかった。彼は先に発見された五人の解剖にも参加していたが、実際に担当したのは同僚のイヴァン・ラプテフだった。ヴォズロジディオニは春じゅうずっと、この呼び出しを待ち受けて——そしておそらくは恐れて——いた。

最初に解剖台に載せられたのは、二四歳のアレクサンドル・コレヴァトフだった。ヴォズロジディオニはまず、コレヴァトフの何枚もの衣服の目録作りから始め、とくに顕著な点——といってもいまでは予想どおりだったが——として、靴を履いていないと注記している。コレヴァトフは靴も履かずに雪のなかへ出てはいったものの、まともなトレッカーならどんなときもマッチは手放さないものだ。そしてたしかにポケットにマッチ箱が入っており、それとともに鎮痛薬の箱（空《から》になっていた）も見つかった。コレヴァトフは足首に包帯を巻いており、これは以前の旅行で負傷したらしいが、今回の旅行に参加できないほどの重傷ではなかったのだろう。その後の解剖では、遺体にはとくに不審な点は見つからなかった。ただ死後硬直と死斑、それにともなう皮膚や臓器の変色が見られただけだ。死因は低体温症だというのがヴォズロジディオニの結論だった。先の五人と同じであり、驚くような点はどこにもなかった。

最初の検査が終わったときには、残りの三人も同様の死を迎えたものとヴォズロジディオニもイヴァノフも予想していただろう。そしてたしかに、三七歳のサーシャ・ゾロタリョフの検死でも、最初のうちは以前の遺体のそれと同じように進むかと思われた。ゾロタリョフは何枚も衣服を重ね着しており、靴は履いておらず、皮膚と臓器にも同様の変色が見られた。ささいなちがいは、多数の刺青を入れていたことだ。右の腕から手にかけて、ビートの図とゲーナという名前が入っていたほか、左腕には五芒星と一九二一という番号（または年）が彫り込んであった。しかし、胴体の検査にとりかかってみて、検死官は異常に気がついた。右胸に大きな外傷を負っていたのだ。肋骨が五本折れて大量に出血していた。ヴォズロジディオニの結論によると、この骨折は被害者が生きているあいだに「強い外力」が加わって起こったものだった。

二三歳のコーリャ・ティボー＝ブリニョールも、やはり同様の外傷を負っていた。もっとも、こちらが骨折していたのは頭部だった。コーリャの死因は「大量の出血をともなう頭頂から頭蓋底にかけての骨折」であるとヴォズロジディオニは結論し、被害者が生きているあいだに「強い外力の影響」で生じたものと付け加えている。

いっそう不可解だったのは、リュダ・ドゥビニナの検死結果だった。この二〇歳の女性は胸部に重度の損傷を負っており、右心室その他に内出血を起こしているほか、肋骨が九本折れていた。しかし、なにより異様だったのは、口内を調べてみたら舌がなくなっていたことだ。ヴォズロジディオニの報告書では、この最後の点に関してはなんの説明もなされておらず、先のふたりの仲間とともに、リュダの死因は「暴力的な外傷による」ものと分類できると結論しているだけである。

しかしこの場合、「暴力的な外傷」とはなにを意味しているのだろうか。自然力によるのか、それとも人為的なものなのだろうか。五月九日の検死解剖では、これらの疑問に満足の行く回答は得られなかったが、かれらの生涯最後の数時間になにがあったのか、できるかぎりのことを調べようとイヴァノフは決意していた。できるなら、遺体が埋葬されないうちに。

四人の葬儀は五月二二日に、スヴェルドロフスクの陸軍病院でおこなわれることになっていた。先の五人の葬儀は大きく世間の耳目を集めたが、今回は犠牲者の家族以外の参列は認められなかった。

そのあいだにも、ディアトロフらの死に関する憶測は世間を騒がせつづけていた。五月一五日、イヴァノフはヴァディム・ブルスニツィン——捜索に加わったボランティアのひとりで、ウラル工科大学の三年生、犠牲者の友人でもあった——を呼んで事情を聞いている。なぜこんな遅い時期になってまだ証人を呼んでいたのかわからないが、先ごろの検死解剖の解釈に役立つ情報を探していたのかもしれない。ブルスニツィンは、ディアトロフ・グループのなかには、むやみにパニックを伝染させそうなメンバーはいなかったと思うと言い、なにか「異常な、前例のない」ことが起こったのでないかぎり、かれらがテントを逃げ出すとは思えないと語っている。「唯一の暖かい避難所から夜中に裸足で逃げ出すとしたら、生命に危険が迫っていたとしか考えられない」。彼はさらに続けて、「テントの壁を貫く光」や「音」や「ガス」などの奇妙な現象が起こって、それで友人たちはテントから逃げ出したのではないかと述べている。

しかし、そのような異常現象に関する説には、言うまでもなく確固たる裏付けはなにひとつなかった。検死官の言う「暴力的な外傷」という分類を適切に解釈するには、もっと情報が必要だ。そこでイヴァノフは、葬儀の四日前になってから、犠牲者の臓器サンプルおよび衣類について放射線検査を命じた。しかし、その結果が出るのは一一日後であり、そのころにはすでに遺体は埋葬されている。

五月二二日、ドゥビニナ、ゾロタリョフ、コレヴァトフ、ティボー＝ブリニョールの家族はスヴェルドロフスクの陸軍病院に集まり、柩の蓋を閉じたままで葬儀がおこなわれた。家族は蓋を開くよう要求したが、遺体の腐敗が進んでいることを理由にイヴァノフは拒否している。彼はのちにこの決断を悔やんだが、それを打ち明けたのは何十年もたってからだった。一九九〇年、スヴェルドロフスクのジャーナリスト、S・ボゴモロフのインタビューに答えて彼はこう語っている。「ご遺族にはどれだけ非難されてもしかたがないと思う。お子さんの亡骸《なきがら》をお見せしなかったのだから。ただ、唯一ドゥビニナのお父さんにだけはお見せした。柩の蓋を少しあけて、お嬢さんがちゃんと服を着けているのを確認してもらったのです」。しかし、アレクサンドル・ドゥビニンの反応からすれば、柩を閉じたままにしておくというイヴァノフの判断は正しかったのかもしれない。娘の遺体の悲惨な状態にショックを受けて、ドゥビニンはその場で気絶しているのだ。

一週間後、レヴァショフという市の主任放射線技術者から、放射線検査の結果が戻ってきた。その報告書によれば、犠牲者の臓器からはカリウム四〇という放射性物質が検出された。これはゆゆしい結果と見えるかもしれない。しかし、レヴァショフはすぐに、スヴェルドロフスクの交通事故死者から採取したべつのサンプルからも、同程度の濃度のカリウム四〇が検出されていることを指摘して、これは自然に存在する同位体であろうとしている。

しかし、衣類の放射線量測定結果はまたべつの問題だ。そしてレヴァショフ自身によるこのデータの解釈は、ディアトロフ事件に関する陰謀論が、五〇年たってもいまだに生まれつづける主要な原因のひとつになっている。レヴァショフは、ソビエト連邦のベータ粒子汚染に関する「衛生基準」は、一五〇平方センチにつき毎分五〇〇〇個以下と定められていると述べ、もしも自然レベルの放射線に曝露されていたとすれば、犠牲者の茶色のセーター（おそらくコレヴァトフかリュダのもの）の汚染濃度がそのほぼ二倍、毎分九九〇〇個という値を示しているのはなぜなのか、と疑問を呈している。レヴァシヨフによれば、この汚染濃度は「放射性物質を取り扱う人々の基準を超えている」。犠牲者の着けていたほかの衣服についても検査したところ、やはり毎分五〇〇〇個という通常の濃度を超えるベータ粒子が検出された。衣服は融雪と川水に何日もつかっていたのだから、「最初の汚染濃度ははるかに高かったと考えられる」とレヴァショフは言う。通常の状態で放射性物質に汚染される可能性はないのか、という質問に対して、レヴァショフはそれは不可能だと答えている。「衣類が汚染されるのは、大気中の放射性物質の塵が付着したか、あるいはじかに放射性物質に接触した場合のいずれかです。先にも述べたように、この衣服の汚染濃度は、放射性物質を取り扱う人々の基準をも上まわっているのです」

しかし、放射線検査とその穏やかでない意味あいは、進行中の刑事事件になんの影響も及ぼすことはなかった。放射線検査の結果が戻ってくるちょうど前日、イヴァノフは地域の上層部からの圧力に屈して、犯罪捜査をただちに打ち切ったのだ。一か月の延長を申請するという選択肢もあったのだが、すでに遺体が発見されている場合にはそれは異例なことだった。しかも、延長を申請すればイヴァノフはたいへんな重圧にさらされることになっていただろう。その一か月以内に、決定的な新しい証拠を見つけなくてはならないからだ。そういうわけで五月二八日、彼自身が命じた検査について継続調査をすることもできず、九人の具体的な死因についてはまったく言及しないままに、イヴァノフはディアトロフ事件の捜査を終了した。

その後しばらく、検察局からなんの音沙汰もないことで、遺族は怒りを募らせることになる。かれらはなにも見せられず教えられず、おそらく放射線検査がおこなわれたことすら知らされなかっただろう。ユーリ・ユーディンが憶えているかぎりでは、当局がとった唯一の行動らしい行動と言えば、ウラル山脈北部への立ち入りを三年間禁止したことだった（トレッキングの申請は許可されなかったが、なにしろ僻地であることを考えれば、自己責任で立ち入ることはできただろう）。また予想どおり、このような惨事を予防できなかったということで、さまざまな組織の責任者に処罰がおこなわれた。ウラル工科大学では、雪崩の危険があるのにウラル山脈へのトレッキングを学生に許可したということで、スポーツクラブのレフ・ゴルド部長が解雇された。また大学の学長N・シウノフは、スポーツクラブの監督不行き届きで公式に譴責《けんせき》され、また市の当局者としてヴァレリー・ウフィムツェフおよびV・コロチキンも同じ処分を受けた。そして最後に、大学および市のあらゆるスポーツクラブの管理が適切でなかったという理由で、党書記のO・ザオストロフスキーも譴責されている。

しかし、二月一日の夜については、雪崩であれなんであれ、事件簿にはなんの結論も出されていない。これを最後に事件簿を閉じる前に、イヴァノフはトレッカーたちの死因について「未知の不可抗力」と書いている。それから四〇年以上ものあいだ、犠牲者の家族や友人にはなんの説明もなされることはなかった。政府の秘密めかした行動について も、愛する家族の痛ましい死の真相についても、あるのはこの謎めいた締めくくりの言葉だけだったのだ。

26　二〇一三年

ロサンゼルスに戻った私は、かつてわが家のガレージだった場所を一種の指令センターに作り替えた。ロシアから帰国して以来、ディアトロフ事件にまつわる証拠や捜査資料を読み解こうと、ここで一年にわたって努力してきた。この部屋の目玉は壁いっぱいに貼った写真だった。ディアトロフたちの足跡と、捜査の時系列がわかるように並べて貼ってあるのだ。

ロシアへの二度めの旅では、計り知れないほど貴重な教訓を得ることができた。しかし、回答を――つまり、決定的な回答をもって戻ってくることはできなかった。だがそれを言うなら、ホラチャフリ山に登った人はいくらでもいるのに、どうして私にだけはこの謎を解くことができると思っていたのだろう。冬のさなかに出かけていき、膝まで届く深い雪をかき分けて歩いたからか。ディアトロフらの足跡をたどり、かれらがテントを張った斜面に立ったからといって、回答がこの手に転がり込んでくるとでも思っていたのか。

これまでのところ、私の戦略はただひたすら消去法だった。しばしば引用されるシャーロック・ホームズの原則——「不可能を消去していけば、どんなに突拍子もなく見えたとしても、あとに残った可能性が真実のはずだ」——に似ていないこともない。この伝で行くと、以下の説は相応の確信をもって否定できると思った。

一、マンシ族の攻撃——一九五九年の捜査では、当初有力な説と見なされていたが、早い時期に否定された。事件の起こったころ、マンシ族はその付近に住んでおらず、最寄りの居住地でも一〇〇キロほど離れていた。さらに、マンシ族はホラチャフリ山にはもともとあまり近づかなかった。草木が生えていないため狩りの獲物もいないし、かれらにとって宗教的に意味がある場所でも神聖な場所でもない。現地人の攻撃を示す証拠が皆無（物的証拠にせよなんにせよ）だということをべつにしても、そのような行動はマンシ族の性質にそぐわない。歴史的に見ても平和的な人々であり、捜索活動に最初から進んで手を貸していたことからも、そのことは明らかだ。

二、雪崩——斜面の傾きを私はじかに見てきたし、傾斜角の数字を見ても、ここで雪崩が起こることは、不可能ではないにしてもまずありえないことがわかる。事実、ホラチャフリ山には雪崩の記録はなく、悲劇以後の五四年間に一度も起こっていないのは確実だ。さらに、一九五九年に斜面を調べた捜査官たち――イヴァノフやマスレニコフも含め――は雪崩の可能性を考慮していないし、その形跡を見つけてもいない。それになんといっても、テントはおおむね無傷で地面にちゃんと立っていたのだ。この問題を調べているとき、合衆国の雪崩研究の第一人者であるブルース・トレンパーに私は連絡をとった。トレンパーは林野部ユタ州雪崩センターの所長であり、『雪崩頻発地域で生き残るために』という著書もある。データを見た彼の結論はこうだ――「このテントやその周辺では、雪崩はまず起こらないでしょう」。すべて考えあわせてみると、陰謀論に懐疑的な人々のあいだで、雪崩説がいまだに根強く支持されているのは驚くべきことだ。

三、強風――問題の峠は、風が強くて危険だとトレッカーたちは警告されていた。よく知られているところでは、ヴィジャイの森林監督官イヴァン・レンペルが、地元民が風で吹き飛ばされたという話をしている。この説はまた、当時の捜査官たちも真剣に検討していた。ひとりかふたり（たぶん布製のブーツ・ライナーを履いていたメンバー）が排尿かなにかのために外へ出て、突風に不意を衝《つ》かれたのだろう、というのがかれらの考えだった。その悲鳴を聞いて、テントのなかにいたメンバーは仲間を助けようと外へ飛び出しただけでなく、急ぐあまりテントを切り裂いてしまった、というわけだ。しかしこの説では、メンバー全員がひとりまたひとりと、危険もかえりみずに強風のなかへ飛び出していったことになる。これはちょっと考えにくい。少なくともひとりぐらいは靴を履いている者がいてもいいはずだ。それにこの説が正しいとすれば、九人全員を山腹から吹き飛ばすほどの強風が吹いていたのに、その風はルスティクの毛糸の帽子を吹き飛ばすほど強くはなかった（遺体が発見されたとき、帽子はちゃんと頭にのっていた）ということになる。ボルゼンコフの気象の分析によれば、たしかに事件の夜は風が強かった（秒速一八メートルほどにも達した）が、ビューフォート風力階級で、物的被害が出はじめるとされるレベルには達していなかっただろうし、まして颶風《ハリケーン》と呼べるほどの風（秒速三二・七メートル以上）はまったく吹いていなかった。私は最初のうち、この説はほかのどれよりそれらしいと思っていた。しかし、イーゴリたちはそれほど愚かではなかったし、その夜の風の強さから見ても、いまではこの説は自信をもって否定できると思う。

四、武装集団——なんの根拠もないにもかかわらず、武装した男たちの集団（ソ連軍または脱獄囚）のせいで死に追いやられたという説は根強く、ディアトロフ事件に昔から取り憑きつづけている。レフ・イヴァノフらもこの説を一時期検討していた（よく知られているところでは、テントの奥の壁がナイフで切り裂かれているのが見つかったあと）が、テントの穴は内側から切り裂いたものだとわかってからは、おおむねこの説は否定されている。加えて、現場には九人ぶんの足あとしか見つかっていない。足跡にせよなんにせよ、その夜にテントに来訪者があったという形跡はないのだ。また当時、周辺の収容キャンプから囚人が脱走したという報告もない。そもそも、最寄りのキャンプも八〇キロ以上離れている。

所有物の一部がなくなっているというのも、大げさに言われすぎている。刑事事件簿をくわしく読んでみたら、なくなったとユーディンが言っていたハリネズミのおもちゃは、じつはトレッカーたちの所持品のなかにちゃんと含まれていた。もっとも、誤ってルスティクの所持品と分類されていたが。チョコレートがなくなっていたのも、おそらく捜索隊のボランティアたちがテント発見のときに食べてしまったのだろう。たとえばボリス・スロブツォフは私のインタビューに答えて、ミハイル・シャラヴィンとともにテントを見つけたとき、テントにあったフラスクから薬用酒を飲んだと打ち明けている。

三人の遺体に激しい損傷――内出血、複数の肋骨骨折、頭蓋骨折など――が見つかった理由を説明するには、遺体が発見された峡谷を調べるだけでじゅうぶんだ。峡谷の片側は高さ七メートルであり、傾斜角は五〇度から六〇度にも達する。真っ暗ななかで出くわしたら、運悪く転落しても不思議はない。谷底では雪の数センチ下に岩があったのだから、それにぶつかれば重傷を負っただろうし、その衝撃はイヴァノフの言う「車がぶつかったような強い一定方向の力」に相当するものだっただろう。しかし、イヴァノフは医師ではないし、そのような損傷の専門家でもない。加えて、三人の死は「暴力的な外傷」によるという検死官の結論は、峡谷への致命的な転落の結果と考えて矛盾はない。

リュダの舌がなくなっていたのは、自然な腐敗現象のためだろう。小動物のしわざという説もあるが、遺体は融けた雪のなかに数週間も横たわっていたのだから、水中の微生物によって、最も軟らかい部分が先に分解されたと考えるほうが妥当ではないだろうか。

五、兵器実験

●ロケット実験／「光球」——事件の捜査中にはおおっぴらに口にすることはできなかったが、一九五九年二月に目撃された光球は、トレッカーたちの死と関係があるとレフ・イヴァノフは考えていた。退官後、一九九〇年にジャーナリストのS・ボゴモロフのインタビューを受けたとき、彼はこう打ち明けている。「あの光球が兵器だったかどうか確実なことはわからないが、トレッカーたちの死と直接的な関係があるのはまちがいないと思う」。また同年、一一月二二日付の『レニンスキー・プティ』紙に寄稿した長文の手紙で、三人のトレッカーの大けがと光球には関連があると彼は述べている。「だれかが人を威圧したい、あるいは力を誇示したいと考えて、そのために三人のトレッカーを殺したのである。この事件に関して私の知らないことはない。私よりよく知っているのは、あの光球のなかにいた者だけだ。あのときであれ、またいついかなるときであれ、なかに『人間』が乗っていたかどうかはいまだにわかっていない」。イヴァノフは、「光球」が一種の兵器かどうかについては明言を避け、「現代の科学では説明できないエネルギー束」というあいまいな言葉を好んで使っている。しかし、書簡のべつの場所では、「捜査の結果、ディアトロフ事件は軍とは無関係であることがわかった」とも書いている。冷戦のさなかのことで、機密扱いのロケット発射実験は一九五九年にはめずらしいことではなく、たしかにその年の二月から三月にかけてそのような実験がおこなわれていた。しかし、二月一日から二日にかけての夜、それがディアトロフ・グループに影響したことはなかっただろう。事実、その夜にはなんら異常な現象は目撃されていないのだ。

二月初めに「光球」が目撃されたという証言があるが、これは月なかばに目撃されたと言うほうが正しい。トレッキングに出ていたゲオルギー・アトマナキは、二月の第一週に光球を見たと捜査官に語っているが、彼と同行したヴラディスラフ・カレリンはのちに、実際の日付はもっと遅く、二月一七日だったと断言している。それならば、その日に空に光が見えたというイヴデルの住民の目撃証言とも一致する。犠牲者の親族など多くの人々が、月なかばの目撃と二月一日の悲劇を結びつけて考えたくなるのはわからないでもない。二月一七日および三月三一日の「光球」については無数の目撃証言があるが、その数分前に、バイコヌール試験場（ソ連の宇宙基地としても知られる）でロケットの発射実験がおこなわれたことが確認されている。このころ、ソ連ではほかにも発射実験がおこなわれてはいるものの、それはヘイス島（ゼムリャ・フランツァ＝ヨシファという北の群島中のひとつ）でおこなわれたものであり、トレッカーたちがキャンプした場所から二〇〇〇キロ近くも離れている。当時のM１００ロケットの最大飛行距離が一六〇キロを超えないことからして、ロケットが関係しているという説は確信をもって否定できると思う。

ゲオルギーのカメラで撮影された最後の写真——正体不明の光源をとらえた——は、トレッカーたちが実験的な兵器やＵＦＯと遭遇したという憶測を数多く生み出した。この写真は、生涯最後の数時間にトレッカーたちがなにかを撮影しようとしたのではないかと考えたくなるのはわかるし、私自身もその誘惑は感じたものだ。とはいえ、中央の八角形の光は、カメラの絞りの八枚のブレードによるフレアなのはまちがいないだろう。光源の正体を突き止めるのはほとんど不可能だが、この写真はピントが合っていないし、光源がぶれていることからしても、うっかりシャッターを押してしまったと考えて矛盾はないと思う。押したのはトレッカー自身かもしれないし、捜索隊や捜査官がまちがって押した可能性すらある。

●放射線関連の実験——なんらかの兵器、おそらくは核兵器がキャンプ地の上空またはその近くで爆発し、それでトレッカーは負傷し、また目がよく見えなくなって、その状態でテントから脱出せざるをえなかった——という説が生まれたのは、衣服から放射能が検出されたことが大きかった。検死解剖後、トレッカーの二枚の衣服から、通常の二、三倍の濃度の放射能が検出されたのだ。私はこの検査結果を、シカゴ大学医療センター放射線科の准教授、ドクター・クリストファー・ストラウスに見てもらい、当初の判断が正しいかどうか意見を求めた。ドクター・ストラウスはひと目見ただけで、放射線濃度に関する今日の科学的知見によれば、トレッカーたちの衣服に関して事件簿にあがっているベータ粒子の数は、まったく異常な高さではないと言ってのけた。五〇倍から一〇〇倍の放射線が検出されなければ、危険とか異常に高いレベルとは言えないというのだ。トレッカーの衣服のやや高い程度の数字は、環境汚染によって簡単に説明できる。たとえば、トレッカーたちのいた場所から一四〇〇キロほど北のノヴァヤ・ゼムリャ諸島でその冬に核実験がおこなわれているが、その放射線が大気や水の循環によってウラル山脈北部に達することもじゅうぶんに考えられる。また、トレッカーたちの皮膚が暗い色、つまり「オレンジ色」に変色していたのは、放射線被曝よりも重度の日焼けと考えるほうが当たっているだろう。遺体が雪に埋もれたのは、亡くなってから何日もあとのことと思われるからだ。太陽が出ていなかったとしても、紫外線は雲層を貫通してくる。ダートマス゠ヒッチコック医療センターの高度対応班の医療責任者で、遭難者の医療および低体温症の専門家でもあるドクター・リード・ブローズンは、こう説明してくれた。「その標高で、紫外線を浴びていて、湿度が〇パーセントであれば、遺体は時とともにミイラ化していくでしょう」

六、「機密扱いになっている」――ディアトロフ事件マニアの多く（ディアトロフ財団のユーリ・クンツェヴィッチもそのひとりだ）は、事件の謎の答えは、まだ公開されていない政府の機密文書に眠っているといまでも信じている。しかし、ソビエト時代でもロシア時代でも、政府関係者の行動を見ていると、そんな機密ファイルが存在するとはちょっと考えにくい。ソ連の法律によれば、刑事事件簿は検察局に二五年間保管することとされていた。その期間中に控訴がなされなかった場合は、その事件簿は合法的に破棄することができたのだ。したがって、ディアトロフの事件簿を完全に闇に葬ることもできたわけだが、ソビエト政府はそうはしなかった。捜査終了後二五年間、なんの控訴もなされなかったにもかかわらず、スヴェルドロフスク検察局は事件簿を文書保管所にそのまま残しているのだ。この事件簿はのちに、一九八〇年代後半から九〇年代前半にかけて、グラスノスチの時代に公開された。その当時、スターリンの文書が大量に公開され、ソ連政府にとってきわめて不都合な多くの事件——たとえば一九六二年のノヴォチェルカッスクの大虐殺と呼ばれる事件では、工場労働者らからなるデモ隊にソビエト軍が機関銃を乱射して多数の死者を出している——が明るみに出たことを思うと、ウラル山脈北部で亡くなったトレッカー九人に、それほど特別なところがあったのかと疑問がわいてくる。政府の隠蔽という説を陰謀論者があきらめることはないだろうが、ロシア政府が秘密の事件簿を隠しているという説は信憑性に乏しいと思う。

七、エイリアンなど——言うまでもなく、シャーロック・ホームズの「どんなに突拍子もなく見えたとしても、あとに残った可能性」のひとつとして、恒星間旅行者の説を持ち出す人々もいる。しかし私としては、地球外生命体の出てこない説明が可能だという希望を棄てるつもりはなかった。この広大な宇宙のどこかに生命が存在する可能性がないとは思わないが、証拠もないのに凶悪なエイリアンの襲来に答えを求めるぐらいなら、幽霊とか神の手とか腹黒い地の精を持ち出したほうがましだろう。そういうわけで、ここではエイリアン説については取りあげない。

不可能をすべて消去していったら、あとになにも残らなかったときはどうしたらいいのだろう。私の憶えているかぎりでは、シャーロック・ホームズはそれについてはなにも言っていなかったと思う。

最も可能性が高いというより、最も不可能性が低い答えはやはり、たとえ雪崩ではないとしても、なんらかの自然現象にあるのではないだろうか。この事件に関係のありそうな現象、いままで見落としていたなにかが見つかりはしないかと、私は気象現象についての資料を探しまわった。ちなみに、私は昔から変わった気象現象の本を読むのが好きだった。「ハリケーン通り」ことフロリダで育てば、気象現象マニアになるのは成人への通過儀礼のようなものだ。それだけでなく、私は一〇代のころにはいわば天気予報オタクになっていた。そもそもは気象学に興味があったわけではない。天気予報を気にするようになったのは、サーフィンに夢中だったからだ。サーファーならだれでも知っているように、沖合で激しい気象現象、たとえばハリケーンとか低気圧が発生すると、それによって生じた大波は長期間持続し、それが海岸に達して絶好のウェーブになるのだ。

プリントアウトした気象関連の記事のなかに、実験的な兵器、具体的には超低周波不可聴音兵器というテーマに関連していそうなものが一本あった。二〇〇〇年の『フィジックス・トゥデイ』誌に掲載された論文で、タイトルは「大気の作用で生じる超低周波不可聴音について」、著者はドクター・アルフレッド・J・ベダード・ジュニアとトーマス・M・ジョージズだった。タイトルの意味がちゃんとわかったわけではないが、興味を惹かれて読んでみた。ベダードとジョージズは、人の可聴域より低い周波数（これを超低周波という）で大気中を伝わる音波の発生について調べていた。超低周波というのは超音波の逆で、人の可聴域の下限である二〇ヘルツより周波数の小さいものを言い、いっぽう超音波のほうは、上限の二万ヘルツより大きいものを言う。

超低周波音の生物学効果を最初に研究したのは、ロシア生まれのフランスの科学者ヴラディーミル・ギャヴローだ。彼がその影響を発見したのはまったくの偶然だった。一九六〇年代、ギャヴローと助手は説明のつかない吐き気と鼓膜の痛みを経験するようになり、同時に実験室の器具が振動するようになった――いずれもこれといった原因は見当たらなかった。化学物質や大気中の原因物質をすべて調べたのち、ギャヴローはついに、実験室の入っていた建物の大きな換気扇装置のモーターによって、耳に聴こえない周波数の音波が発生していると結論づけた。最初は無意識の不快な刺激として始まったものが、まもなくギャヴローにとっては科学的探求のテーマになった。しかし、その探求は楽ではなかった。当時のマイクではその周波数の音波は拾うことができなかったし、超低周波音にさらされた結果、彼自身も助手もひどい不調に苦しみ、ときにはそれが数日続くこともあったという。

研究の結果、ギャヴローと助手の苦痛の原因は、超低周波音が鼓膜を圧迫するためであることがわかった。超低周波音は、鼓膜を通じて内耳の有毛細胞を振動させる。その結果、その音はふつうの人には「聴こえない」かもしれないが、興奮した内耳の有毛細胞は信号を脳に送るので、その乖離――なにも聴こえていないのに、脳はそれとは異なる信号を受け取っているという――から、身体にきわめて有害な影響が及ぶことがあるというのだ。

超低周波音の人為的な発生源は無数にあるらしく、一般的には冷却・換気装置や風力発電所が多いが、地震、山崩れ、隕石、嵐や竜巻の副産物として、自然に発生することもある。ベダードとジョージズは、この自然発生的な超低周波音について概説し、とくに特定の風速の風が障害物に遭遇したときに発生するそれを研究していた。のちに知ったのだが、この自然に発生する超低周波音は、人体に深刻な影響を及ぼすことがあり、吐き気、重度の体調不良、精神的な不調から、ひどいときは自殺の原因にもなるそうだ。実験的な超低周波音兵器が引き起こすとされる症状とよく似ている。

私はボルゼンコフにメールを送り、ここのところの調査結果を伝えた。グーグル翻訳で、ベダードとジョージズの論文の細かい点が正しく伝わればいいがと思いながら。しかし、すぐに返信が来るとは思っていなかった。ボルゼンコフはそのころ病気にかかっていて、治療のためにふだんほど楽に調査したり文章を書いたりできなくなっていたからだ。私は心配して繰り返し尋ねたのだが、ボルゼンコフは自分の病気についてはくわしく語ろうとせず、どれぐらい重い病気なのか、余命は何年なのか何か月なのか、そんなことすら教えてくれなかった。もっともこのころには、私もこれがロシア式だとわかっていた。病気のせいでメールの返信が滞りがちということがなかったら、彼は自分の健康問題のことをいっさい私に知らせなかったかもしれない。

数日後に来た返信では、滅茶苦茶な翻訳を通してすら、ボルゼンコフのいらだちが感じられた。彼はとっくに、自然に発生する超低周波音という現象について調べていたのだ。それについて書いたメールを読んでいないのか、と彼は書いていた。そこで、以前もらった超低周波音に関するメールを読みかえし、「超低周波音のせいでかれらはテントから逃げ出したのではないか」という彼の推測をまた読んでみた。しかし翻訳がひどくて、風で発生したものと兵器によるものとを、彼が明らかに区別しているのが私には理解できていなかったのだ。彼は今回のメールでさらに続けて、ロシアの超低周波音の専門家の――ロモノソフ国立大学の――話を聞いたと書いていた。その結果、ブーツ岩が超低周波の音波を生み出し、そのせいでディアトロフらはテントから逃げ出したのではないかと考えるようになったという。私はブーツ岩の形状を思い描き、そのごつごつした縁を強風が打ちすえ、それによって発生した超低周波音が斜面の無防備なテントを襲うさまを想像した。これこそ、探し求めた回答なのかもしれない。

ボルゼンコフと話がかみ合わないのはしかたがない。ひじょうに複雑な科学的現象を説明するのは、言語の問題がなくてもむずかしいのだ。言語障壁でさらに話がややこしくなるのを避けるには、英語のできる超低周波音の専門家に連絡をとることが必要だ。アメリカ在住ならなおいい。

さらに調査してみたところ、例の『フィジックス・トゥデイ』の論文の著者のひとり、ドクター・ベダードはたしかにこの分野の権威だということがわかった。話を聞くならこの人以外にない。なにしろ自然発生的な低周波音、それもとくに山岳地帯のそれの検出が専門というのだから、まさにおあつらえ向きだった。気象学や大気現象の分野にくわしく、一〇〇本もの論文を発表していて、著作も二冊あるし特許は五つとっているし、三〇以上の検出装置を発明していた。それに、海外まで行かなくても会うことができる。彼はアメリカ海洋大気庁（ＮＯＡＡ）の上級科学者で、超低周波音研究グループのリーダーであり、そしてＮＯＡＡのコロラド州ボールダーの支部に駐在している――飛行機でたった数時間の距離だ。

ドクター・ベダードはなかなかつかまらなかったが、やっと電話で話をすることができて事情をくわしく説明すると、ディアトロフ峠事件についてはじつは聞いたことがなかったと言った。しかし、ＮＯＡＡのロシア人の同僚たちはこの悲劇のことをよく知っているという。この事件がロシアではどんなに有名か、彼は初めて知ったところだったらしい。ボールダーに来てくれれば、チームのみんなでもっとくわしく検討しましょう、とドクターは言ってくれた。電話を切ったとき、私は興奮すると同時に少しおじけづいていた。大気物理学の専門家たちと話をしに行くからには、少しは予習をしていかないとまずい。

NOAAは、リチャード・ニクソン大統領のもとで創設された。商務省の管轄下にあるが、大気科学のみを専門とするアメリカで最初の機関だった。とはいえ、実際には既存の三つの機関――アメリカ沿岸・測地調査所、気象局、商業漁業局――の集合体だった。一九七〇年の下院での演説で、ニクソンはこの新しい機関について「生命財産を自然災害から適切に保護するため……環境を全体としてよりよく理解するため……「そして」調査開発によって海洋資源をより賢明に活用するため」に必要であると述べている。現在、NOAAには国内および海外あわせて一万二五〇〇名が所属し、うち一〇〇〇名弱がボールダー支部に駐在している。

二月なかばの朝、私はデイヴィッド・スカッグズ研究センターと呼ばれるNOAAのビルに到着した。連邦政府の施設だけに警戒は厳重で、信じられないほど徹底していた。まずは飛行機の予約を入れる前から、個人情報をすべて提出して許可を得なくてはならなかったし、敷地に入るとべつべつに三か所の検問所があった。最初の検問所でレンタカーを停めると、警備員が私の身分証をあらため、バックパックを金属探知機でなで、さらにディクタフォンもチェックした。そこで渡されたバッジには、私の氏名の下に「要付添い」と書かれていた。次に私は空港式の金属探知機を通らされ、それでセキュリティゲートにたどり着くと、またべつの警備員が私の入館バッジをあらため、また荷物をチェックし、レンタカーも調べられた。それでやっと通ってよいと手をふられ、駐車場に車を入れることを許された。建物に入るときも、またもや警備員に身分証をあらためられ、ドクター・ベダードのオフィスに案内するために人が呼ばれた。

その人物に案内されて、世界中のどこのオフィスにもありそうな、なんの特徴もない廊下を歩いていった。ドクター・ベダードはオフィスのすぐ外で待っていて、私たちは挨拶しながら固い握手を交わした。ベダードは身長一八〇センチほど、年齢は七〇代はじめからなかばと見えた。ふたりして自分の住んでいる町の天気の話を始めたが、そんなさりげない雑談のあいだですら、彼の身のこなしには張りつめたところがあった。自己紹介が終わると、私は会議室に案内された。まったく予想外なことに、そこには科学者が四人待ち構えていた。四人ともロシア人だった。

27　二〇一三年

ドクター・ベダードのロシア人の同僚に自己紹介をしてから、私は座席に腰をおろした。四人のなかで最年少のドクター・ヴァレリー・ザヴォロトニーは、六〇代はじめぐらいだったが、前夜は二時まで起きていて、ディアトロフ峠事件に関するロシアのウェブサイトを読みふけっていたと打ち明けた。ほかの三人も、この事件はたしかに母国ではよく話題になっていたと言い、私の調査結果をぜひ聞きたいと思っていると言った。私は私で、こちらのほうこそみなさんのお話にたいへん興味があると応じた。

にもかかわらず、会話のきっかけとして私に対する質問攻めが始まった。どうしてこの事件について書こうと思ったのか。これまでにどんなことがわかったか。ディアトロフ・グループの唯一の生存者には会ったか、彼はどんなことを言っていたか。やがて、ザヴォロトニーが真顔で尋ねた。「唯一の生存者が途中で引き返したのは、下痢のためだったというのはほんとうですか」。私は笑ったが、ザヴォロトニーが説明してくれたところでは、ロシアのブロガーのあいだでは、消化不良のおかげでユーディンは生命拾いをしたと広く信じられているらしい。ユーディンは実際には、たんなる消化不良などよりはるかに重い病気で引き返したのだと私が答えたあとで、ベダードがいくつか質問を始めた。気象現象についての議論に移る前に、その他の原因の可能性を消去しておきたいというのだ。そこで私は、これまでに提唱されたうちで、最もそれらしい四つか五つの説を取りあげ、ほぼ確実にそれらが却下できる理由を説明した。

するとベダードは自分からまたべつの可能性を取りあげて、一酸化炭素中毒という可能性はないかと尋ねてきた。テントのストーブが適切に換気されていないと、一酸化炭素が発生して急性の失見当識や目まいが起こることがあるというのだ。私はそれに答えて、問題の夜にはテント内に火の気はなく、ストーブもまだ組み立てられていなかったことを説明した。そこでロシア人たちがまずは一般的な質問を始めた。

なぜテントに戻らなかったのだろうか。これに対しては、月がまだ出ていなかったので、テントはおろかなにも見えなかったのだと私は説明した。

クマやオオカミがテントを襲った可能性はないか。それはない。猛獣が現われたのなら、テントという隠れ処から逃げ出すのは理屈に合わないし、それにテントにも遺体にも、猛獣に襲われた形跡はまるでなかった。

アルコールはどうか。酔っていたのでは？　ディアトロフたちは酒飲みではなかったと私は答えた。グループ全体で見ても、ごく少量の薬用酒しか持ってきておらず、テント発見時にはその薬用酒も残っていた。たとえグループ全員がこっそり酒を飲んでいたとしても、検死解剖では血中にアルコールはまったく検出されなかった。

科学者らの質問が途切れたところで、私は確実にわかっていることを説明した。トレッカー九人のうち六人は、氷点下の戸外で数時間過ごしたために、低体温症で死亡した。残る三人は峡谷へ転落したために内出血を起こして死亡している。私がほんとうに知りたいのは、そもそもなぜかれらはテントから逃げ出したのかということだ。超低周波音という可能性には興味を惹かれているが、これについては調べはじめたばかりで、いまだによくわかっていないのだと私は説明した。

ベダードによると、超低周波音技術が最も早く応用されたのは、冷戦時代の五〇年代前半のことだった。アメリカはこのころから、ソ連の核実験によって生じる超低周波音を測定しはじめたのだ。スパイの写真のおかげもあったが、これらの測定結果も役に立って、アメリカはソ連の核計画の範囲や進展を推測することができた。それがつい最近になって、超低周波音の検出や技術に対する関心がふたたび高まってきた。今回は、耳に聴こえない騒音公害の一種としての関心がほとんどだが、何十年も前にこの技術に初めて大きな関心が寄せられたのは、核実験の検出のためだったのだ。新しいところでは二〇〇九年にも、北朝鮮での「事件」がこの超低周波音の測定によって明らかになったが、これはやはり核ミサイルの発射実験だったことがわかっている。ベダードの説明によれば、私が読んだ『フィジックス・トゥデイ』の記事も、この問題への関心を再燃させるのに役立ったという。あの記事は「まさしく、超低周波音という分野にまた研究者を呼び寄せるために書いたものなんです。どうやら効き目があったようですね」

次いでベダードは、何年も前におこなわれた科学的実験の話をしてくれた。超低周波音が人間に与える影響を示す、よく練られた実証実験だった。二〇〇三年、超低周波音曝露の症状を調べていたロンドンの研究者は、サウス・ロンドンのコンサートホールの裏に「超低周波音発生機」をひそかに設置した。そのうえで、七五〇人の被験者に同じような現代音楽を四曲聴いてもらったが、かれらには知らせずに、うち二曲には超低周波音発生機で生成した音波を含めていた。被験者はその後、各曲に対する感想を尋ねられた。その結果、一六五人（二二パーセント）が超低周波音の部分で寒けを感じたほか、不安、悲しみ、緊張、反感、恐怖などの奇妙な感情を覚えたと答えている。また、その二二パーセントのうちの一部は、胸がどきどきしたり、突然つらい記憶がよみがえったりしたとも答えている。これらの被験者が経験したのは最も軽度の影響ではあるが、目に見えず耳にも聴こえない楽器がフルオーケストラのなかに潜んでいるというのは、自然のなかに潜むこの現象にふさわしいメタファーだ。

ベダードの考えでは、生まれつき超低周波音の影響に敏感な人もいれば、まったく影響を感じないように見える人や、より強い音波に長期間曝露されないと、有害もしくは不快な反応の起こらない人もいる。長年にわたり、ベダードのもとには世界中から切羽詰まった人々が電話をかけてくるという。一見するとなんの医学的・環境的な原因もないのに、さまざまな症状に悩まされている人々だ。ときには、同一の地域や都市に住む人々からかかってくることもある。たとえばニューメキシコ州タオスがそうで、いわゆる「タオスのハム音」のことで人々は電話してくる。また同様に、カナダの国境の町（ミシガン州デトロイトと、デトロイト川をはさんで向かいのオンタリオ州ウィンザー）の住民は「ウィンザーのハム音」に悩まされ、睡眠周期の乱れ、精神衛生や生活の質の低下をこうむっている。原因が確実に突き止められているわけではないが、この中西部の二都市の中間にあるツーク島の工場の機械が超低周波音の発生源だと考える人は少なくない。

しかし、この「ハム音」に悩む人の全員が、それを音として感じているわけではない。「耳で聴こえる人と聴こえない人がいるのです」とベダードは説明する。「ほとんどの人には振動として伝わり、それとともに絶え間ない不安や恐怖を感じると言います」。同様の「ハム音」は、英国のブリストルやオーストラリアのボンディでも問題になっており、「超低周波音」のせいではないかと言われているが、ベダードを含めだれも、まだその発生源を突き止めることはできていない。残念ながら「たいていの人は、超低周波音がするから引っ越すというわけには行かないのです」

一見するとオーウェル的と見える目的で、超低周波音の悪影響を利用しようとしている国もある。「イスラエルでは、群集の暴発を抑えるために利用されています」とベダード。これらの音波にさらされると、人はその場から逃げ去ることしか考えられなくなるからだ。『トロント・サン』紙の報道によると、二〇〇五年六月六日、イスラエル軍の白い車両が一分ほど大音響を流すのを目撃した人々がいるそうだ。すると数秒後には、抗議に集まっていた人々が船酔いに似た症状を起こしてうずくまってしまった。イスラエル軍の情報筋によれば、このような戦術は「吐き気や目まいを引き起こす音波によって群集を追い散らす」ために使われているという。ナチスドイツでは、ヒトラーの演説を聞くために集まった群集に、怒りと強い感情をかきたてるために超低周波音が使われていた。ヒトラーはまた、囚人に対して超低周波音の実験をおこなうよう命じていた。圧縮空気を用いて、高強度の低周波音を生成する兵器が開発されており、囚人たちはその実験台にされていたのだ。

超低周波音は戦争向きの兵器になるのではないかと私が言うと、ドクター・ベダードは「私はそうは思いません」と答えた。ソ連が冷戦中にそのような兵器を開発していた可能性については、「ロシア人がそれを試みていたとしても驚きませんが、超低周波音はひじょうに波長が長いので、特定方向に向けて用いるのはきわめてむずかしいでしょう」。だんだん私にもわかってきたのだが、超低周波音は短距離で群集の鎮圧に使うことはできるが、長距離の超低周波音兵器は、控えめに言っても存在しにくそうだった。

ともあれ、ディアトロフ事件に話を早く戻したくて、私はブーツ岩の写真を引っぱり出しにかかった。それとともに、岩の周辺のロシアの等高線図も取り出した。するとベダードが、「カルマン渦列」について聞いたことがあるかと尋ねてきた。じつは聞いたことがあった。それどころか、ボルゼンコフが接触したロシアの科学者が、二月一日の夜にブーツ岩で起こったと思われる現象として、そのカルマン渦列に言及していたのだ。しかし例によって、私にはそれがどういう意味かよくわかっていなかった。

地図やブーツ岩の写真をしさいに眺めながら、ベダードたちはこの現象について速習コースを授けてくれた。カルマン渦列は、ハンガリーの物理学者セオドア・フォン・カルマンにちなんで名づけられた現象で、液体にも気体にも適用される流体力学の分野の現象だ。気象現象の空気力学的な側面で言うと、この空気の渦――つまり小さな竜巻――は、特定の速度の風が、特定の形状と大きさの丸みを帯びた障害物にぶつかったときに発生する。世界中で、この特定のパターンの渦を生み出す地形はいくつか知られている。その渦が大きくなったり回転速度があがったりすると、危険な竜巻の誕生ということになる。たとえば、ジブラルタルの岩に強風が吹きつけると強力な渦が発生し、この海峡を通る船が転覆する原因になると考えられている。そしてこの危険な渦には、超低周波音という双児の危険がつきものなのだ。

ベダードは、この渦をモデル化した動画を見せてくれた。回流水槽のなかに障害物が置かれていて、その両側にカルマン渦が生まれてくる。続いて、竜巻の発する超低周波音の録音も聞かせてくれた。そのままでは聴こえないので、再生速度をあげて四〇〇ヘルツで再生しているという。それはまずかすかなごろごろという音で始まり、それがしだいに激しくなって不吉な苦悶の叫びに変わっていく。船の霧笛のように、しだいに音量が拡大していくようだった。竜巻などの空気の渦は、超低周波音のほかに可聴域の音も発する。耳をつんざく絶叫のようなその音は、貨物列車の音のようだと言われることが多い。

ベダードらはそのあいだも、私が広げた写真や地図を調べつづけていたが、かれらがとくに関心を示したのはブーツ岩の二枚の写真だった。この岩は不規則な形状をしている、とかれらは指摘してきた。カルマン渦列を生み出す理想的な条件として、障害物はある程度の対称性となめらかさを備えていなくてはならない。風の強い場所に新しいビルを建設するさいには、カルマン渦の発生を防ぐためにわざと複雑な形状にするほどなのだ。

やがて、ベダードは顔をあげてこちらに目を向けた。「ブーツ岩は、さまざまな周波数のかすかな唸りを立てることはあるでしょう。しかし……」と言って、きっぱりと首をふった。「これではカルマン渦は生まれません」。室内の同僚たちも、申し合わせたよ

ブーツ岩。捜索隊撮影、1959年

うにうなずいた。ブーツ岩が、カルマン渦とはべつの形で超低周波音を生み出すことはないかという問題を簡単に片づけたあと、ベダードはまた首をふり、「ブーツ岩は奇妙な形をしていますから、これのせいだと考えたくなるのはわかります。しかし、これは無害な岩です。これが危険なカルマン渦や超低周波音を生み出すことはありませんよ」

彼はまた等高線図に目をやった。「要は、強風があたってブーツ岩はたしかに小さな音はたてたでしょうが、経験豊富なトレッカーならこわいとは思わなかっただろうということです。それに言うまでもなく、ブーツ岩からは一、二キロも離れていたんですから、その音も大して聞こえなかったはずです」

この岩をべつの角度から撮った写真も見てもらえないかと尋ねると、送ってくれれば喜んで見せてもらうと彼は言ったが、それで「ブーツ岩原因説」——私とボルゼンコフ、それにロシアの科学者の提唱する——が肯定される見込みはまずなさそうだった。これで、あの山頂に立った一年以上前の時点にまた逆戻りだった。あのときからなんの成果もあがっていない。

私が別れの挨拶をすると、ベダードのロシア人の同僚たちは、調査がうまく行くよう祈っていると応じた。もう話すこともないというわけで、ドクター・ベダードはこの施設を見てまわりませんかと誘ってくれた。ガイドつきの特別観光というわけだ。あとについて廊下を歩いていき、彼のオフィスに入った。事件解決の希望をすべて打ち砕いてくれたあとにしては、ベダードはやけに明るく、職場を見せてまわることができてむしろうれしそうだった。彼のオフィスは、いわば整然たる混沌に支配されていた。いかにも科学者の個人的な部屋という感じだ。たくさんの引出しには「ガラスの家」とか「ケリーの目」といった謎めいたラベルが貼ってあり、書類に埋まったデスクには、スモークマシン用リキッドの容器、それに象のミニチュアが載っていて、「超低周波音が大好き」と書かれた陽気なプレートが立てかけてあった。これ以上にうってつけの場所はないだろう、超低周波音原因説を完全に否定するなら。さて、これからどうする？

その夜のホテルで、昼間ベダードたちに見せた写真や図を見なおした。気象現象と超低周波音の可能性を完全に否定する気になれなくて、ロサンゼルスに戻る前にもういちど会ってもらえないかと私はベダードに頼んでいた。ここになにか重大なものがあるという気がしてしかたがない。ボルゼンコフも同様に感じていた――この事件に関しては、すべてにおいて彼の言葉が私にとっては神託だった。それを思うと、ますますこの説を棄てるのがしのびなくなってくる。一九五九年冬、捜索に加わったボランティアのひとりが、テントを棄てたのは「狂気の沙汰」だと評していたのを思い出す。その種の狂気が生じたのは、やはり超低周波音の影響だったのではないだろうか。

ベダードたちには、ブーツ岩の複雑な形状や大きさを正しく把握できなかったのではないかと思って、私は自分のノートパソコンのフォルダーをあさり、その形状を示す写真——思いつくかぎりのあらゆる角度から撮影したもの——をメールで送った。それから、一九五九年の刑事事件簿から、イヴデルの住民がこの地域の気象について述べた部分も引用しておいた。「ウラル山脈北部では、冬期はもちろん夏期にも強い風が吹き、ときどきはつむじ風が起こることがあります……つむじ風が起こると、山ではさまざまな音がします。獣が吠えるような、人間の苦悶の叫びのような、恐ろしい不思議な音がするんです……その場で聞いているとぞっとしますよ。初めて聞いた人は何事かと思っておびえるかもしれません」

また、テントのあった場所の画像も何枚か送ったが、そのなかにとくにホラチャフリ山を写した一枚も混じっていた。この写真を見るたびに背筋が冷たくなる。あの斜面に立って、草木の一本もない不気味な丸い山頂を、もやをすかして見ていたときのことを思い出すからだろう。ホラチャフリ山の山頂の向こうに、ディアトロフたちの最終目的地だったオトルテン山の頂も見える。この山の名を「行くなかれ」という意味だと訳している人もいるが、これはまちがっている。「オトルテン」というのはロシア語でも、またマンシ語でもなく、数キロ北にあるべつの山の名を、ロシアの地図がまちがってこっちにそう記載してしまったのだ。マンシ族は実際には、オトルテン山のことを「ルント・フサップ・スヤヒル」と呼んでいる。これは「雁《がん》の巣の山」という意味だ。

ベダードに送れるものはすべて送って、ノートパソコンを閉じると、階下のレストランに降りていった。夕食にアトミック・チキン・ウィング〔鶏手羽の揚げもの〕をがつがつ食べてから、口なおしに一杯よけいにビールを飲み、部屋に戻ってすぐに眠り込んだ。翌朝目覚めてシャワーを浴びるころには、正しい答えを思いつけばいいがと思いながら。

翌朝、例によって厳重なセキュリティチェックを受けたあと、私はまたNOAAを訪れた。午前一〇時、ロビーで私を出迎えたベダードは満面の笑みだったが、その理由は私には想像もつかなかった。廊下を歩いてオフィスに向かいながら、私の送った写真を受け取ったと彼は口を開き、その一枚にとくに目を惹かれたと言った。というのも、数年前にボールダーで起こった気象現象を思い出したからだという。この近くにあるフラグスタッフ山で条件が整い、カルマン渦列が、したがって超低周波音も発生したというのだ。ベダードはみずから現場へ出かけ、それがふたたび発生したとき記録することができて、まるで夢のようだったという。なにしろNOAAの、つまり彼自身の職場の目と鼻の先で起こったのだからなおさらだ。

彼の案内で、私たちは昨日より狭い会議室に入った。席に着くと、彼はホラチャフリ山の写真を出力したものを取り出した。昨夜私が送った写真だ。

「ブーツ岩のせいではなく、この山の丸い頂のせいだったんですよ」。雪をいただく山のてっぺんを指でなぞりながら、彼は言った。「まさに左右対称の、ドーム形の障害物です」

聞きちがいではないかと、私はもういちど言ってほしいと頼まずにいられなかった。この山頂の左右対称の円蓋のような形状も、またテントの場所に近いという点からも、カルマン渦の発生する条件がそろっていたのはまちがいないと彼は説明した。この地域の気象についての私の説明、山頂付近に草木がまったく生えないこと、等高線図、そして事件簿から引用したイヴデルの住民の証言、そのすべてを考え合わせるとそう判断できるというのだ。「どの点をとっても、この山では反復的に風の現象が起こっていることがわかります」

「ちょっと待ってください」私は言った。「つまりカルマン渦のせいなんですか、それとも超低周波音のせいなんですか」

両方です、と彼は答えた。カルマン渦列——そのなかの渦が超低周波音を生み出す——が発生するのに、これ以上に理想的な気象と地形の組み合わせは思いつくのがむずかしいほどだというのだ。問題の夜、ディアトロフたちのテントのすぐ外で、そういう渦が唸りをあげて不快感や恐怖感を生み出したにちがいないが、その理由はかれらには見当もつかなかっただろう。「まるで目に見えるようです」ベダードは言った。「みんなでテントに入っていると、風音が強くなってくるのに気がつく……そのうち、南のほう

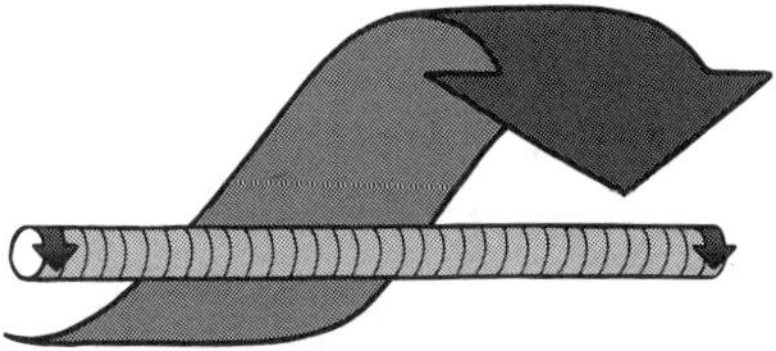

図１：地表との摩擦で風の剪断が起こり、風が山を登って高度があがるにつれてそれが強まり、丸まって、水平方向の渦すなわち竜巻が発生する。

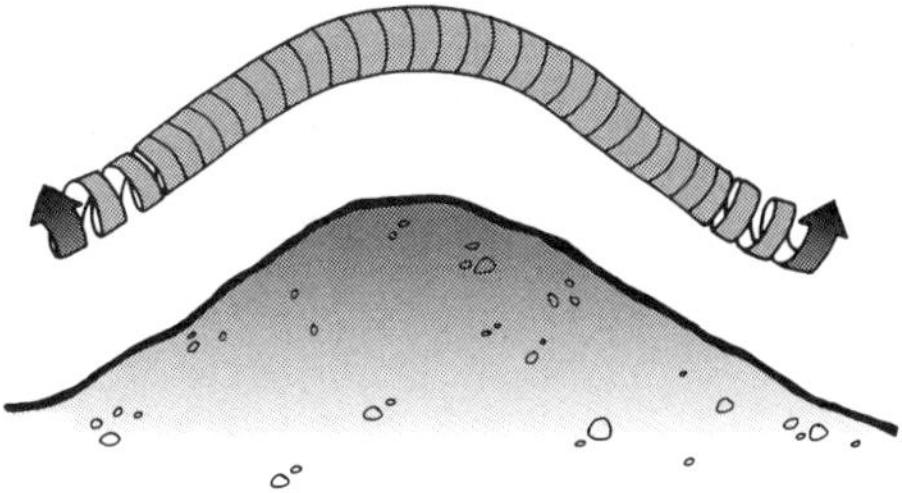

図２：水平の渦がドーム形の山頂を転がりつつ越えるにつれて、回転が上向きになり、また強度も増して、ふたつの垂直の竜巻すなわち渦が発生する。

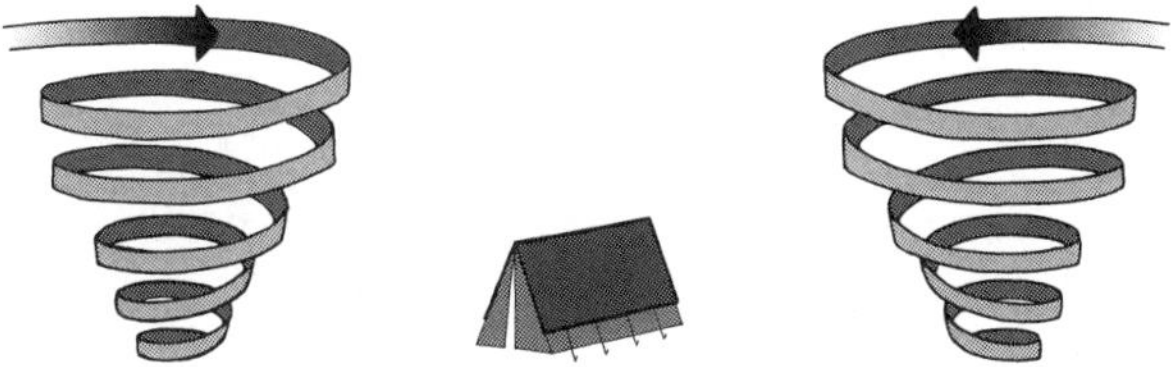

図３：ふたつの渦はテントの両側を通過し、そのまま斜面を下って消滅する。

から地面の振動が伝わってくる。風の咆哮が西から東にテントを通り抜けていくように聞こえたでしょう。また地面の振動が伝わってきて、テントも振動しはじめます。今度は北から、貨物列車のような轟音がまた通り抜けていきます……より強力な渦が近づいてくるにつれて、その轟音はどんどん恐ろしい音に変わり、と同時に超低周波音が発生するため、自分の胸腔も振動しはじめます。超低周波音の影響で、パニックや恐怖、呼吸困難を感じるようにもなってきます。生体の共振周波数の波が生成されるからです」

ベダードの話からすると、一九五九年二月一日の夜、ウラル山脈北部という広大な地域のなかで、九人のトレッカーはこれ以上はないほど最悪の場所を選んでテントを張ってしまったらしい。「想像がつきますよ」彼は言った。「ほんとうに耐えがたいほど恐ろしい状況だったでしょう……だれにとっても」

ドクター・ベダードはそれから、三年間の私の探求のすべてを、あざやかなほど簡潔にまとめてくれた。「あなたがほんとうにやろうとしていたのは、目撃者のいない悲劇的な事件を、リバースエンジニアリングによって再現することだったんですね」。しかし、目撃者がいないのだから、そして二月の問題の夜に私はホラチャフリ山にいなかったのだから、トレッカーたちがテントから逃げ出したのはなぜだったのか、絶対確実に知るすべは私には——というよりだれにも——ない。とはいえ、山と風の作用で精妙な空気の渦巻きが——そしてその影響で、パニックをもたらす超低周波音も——いかに発生するかというドクター・ベダードの説明を聞いていたあのとき、これ以上に説得力のある説はほかに聞いたことがないと私は思った。

たちまち強烈な安堵感を覚えたが、そのいっぽうで、そのあまりの単純さに驚いてもいた。最初から犯人はそこにいたのだ。地元の部族が不吉な名前をつけていた、あの山が犯人だったのだ。だれかに三年前にそう教えられたとしても、とうてい信じられなかっただろう——高度一〇七九メートル、マンシ族に「死の山」と名づけられたこの山が、トレッカーたちの悲劇的な最期にこれほど直接的に関与していたとは。

二〇一三年二月一五日、ボールダーから戻った翌日、シベリア西部で超低周波音現象が起こった。最初のうち、私はこれが超低周波音と関係があるとは思わなかった。その朝ニュースを読んだたいていの人がそうだったろうが、その事件をあっと驚く珍事（恐ろしい珍事ではあっても）としか思わなかった。夜明けの直後、現地時間の九時二〇分、エカテリンブルクのおよそ二〇〇キロ南のウラル山脈上空で、一万二〇〇〇トンの隕石が爆発したのだ。NASAによれば直径は一七メートルで、一世紀以上も前の一九〇八年のツングースカ隕石以来、地球の大気圏に突入した最大の隕石だった。ツングースカ隕石は直径が四〇メートルほどと考えられているが、それが爆発した結果、シベリア中部の森が二〇〇〇平方メートルにわたってなぎ倒されており、爆風は広島に落とされた原子爆弾の数百倍と推定されている。

ツングースカは人里離れた場所だったが、二月一五日の隕石は、チェリャビンスクという人口一〇〇万を超える都市の上空で大気圏に突入した。隕石は地表から一九キロから二五キロ上空で爆発し、まばゆい白光を発すると同時に、強烈な衝撃波を生み出した。爆発の風圧で、チェリャビンスクじゅうで窓ガラスが吹き飛ばされ（ある推定によれば、一〇万平方メートルのガラスが割れたという）、一二〇〇人以上がけがをした。

歴史記録に残る最大の隕石のひとつだっただけでなく、チェリャビンスク隕石はまた、最もよく記録された隕石のひとつでもある。この地域のドライバーはみな、この隕石を「ダッシュカム」――ロシアで人気の車の追加機能（日本でいうドライブレコーダー）――で録画しているのだ。そんなドライバーの多くは、エカテリンブルクという安全な場所からこの出来事を目撃していた。この都市からは、燃える火球が南の空を横切るのを眺めることができたのだ。

前日にNOAAを訪ねていたのだから、隕石爆発の副産物として超低周波音が発生したと知っても驚くことはなかったはずだ。この場合は、隕石の破片が減速しつつ大気中を飛んだときに発生したものだった。その亜音速波は、包括的核実験禁止条約機関（CTBTO）の運営する超低周波音センサーの世界的なネットワークによって検出された。CTBTOは核爆発を監視する目的で設立された国際機関だが、そのネットワークは二月一五日、チェリャビンスクから一万四〇〇〇キロ以上も離れた南極大陸でも超低周波音を拾っている。一万キロ以上も伝わったわけだが、チェリャビンスクじたいでは超低周波音の影響は比較的短期間で消えた。カルマン渦列によって生成されるのとはちがって、継続的な超低周波音ではなく、短時間に超低周波が激しく噴き出したからだ。専門家によれば、この隕石の減速によって生じた超低周波音も、チェリャビンスクで窓が割れた原因のひとつだったという。

その後の数日間のニュースでは、この超低周波音センサーのネットワークが報道されたほか、亜音速波とその影響がたびたび言及されていた。ドクター・ベダードは、この一〇年間に超低周波音学は広く認知されるようになったと言っていたが、それが裏書きされた形だった。超低周波音の監視が始まったのは何年も前の冷戦時代のことだが、それ以来この現象の解明も検出技術も大幅に前進している。ＣＴＢＴＯの最初の世界的な超低周波音センサーがオンライン化されたのは二〇〇一年四月で、それからの一〇年間に四〇以上のセンサーが追加された。ＣＴＢＴＯは六〇個のセンサーからなるネットワークを計画しているが、現時点ではうち四五個が稼働している。

超低周波音の検出技術が近年ますます高度化していることを知るにつけ、ディアトロフ・グループの悲劇に超低周波音が関わっていることは、かなり最近になるまでわからなかっただろうと私はますます確信するようになった。ベダードが説明してくれたように、超低周波音の分野に本格的に研究資金が集まるようになり、したがって自然界におけるその発生が明らかになってきたのは、この一〇年ほどのこと、つまりベダードとジョージズが二〇〇〇年に『フィジックス・トゥデイ』に論文を発表したころ以降のことだったのだ。

九人のトレッカーがウラル山脈で生命を落としたのは超低周波音のせいだったなどと、一九五九年に主任捜査官を務めたレフ・イヴァノフが、そんな可能性に思い当たることが万にひとつもありえただろうか。カルマン渦列はともかく、超低周波音のなんたるかをイヴァノフは知っていただろうか。おそらく知らなかっただろう。にもかかわらず、イヴァノフは当時手に入る情報をもとにできるかぎりのことをした。困惑するしかない状況に直面し、理解を超える現象が起こったらしいとなれば、「光球」やUFOに答えを求めたくなったとしても不思議はない。

三〇年ほど過ぎたころ、退官したイヴァノフは、この事件に関する心情を文章にしている。グラスノスチとペレストロイカが実施されて、イヴァノフはこの事件についておおっぴらに論じる自由を手にしたのだ。『レニンスキー・プティ』紙に寄稿した書簡で、イヴァノフはトレッカーたちの家族に対して、あの事件が秘密主義的に処理されたのを謝罪している。「この機会を利用して、犠牲者のご遺族、とくにドゥビニナ、ティボー＝ブリニョール、ゾロタリョフのご遺族にお詫びを申し上げたい。当時、私はできるだけのことをしようとしたが、弁護士の言う『やむをえない事情』で縛られていた。いまようやく、それをひっくり返すことができるようになった」

トレッカーたちになにが起こったかについては、イヴァノフは遠回しに知るすべがないと述べている。「遺体や衣服その他のデータを徹底的に検証することによって、かれらがどのように死を迎えたかについてははっきりわかっていた。検証できなかったのは、ただ空とそこにあるもの――人知を超える未知のエネルギーをもつ――のみである」

ほとんど理解不能な事件なのだから、それを正確に説明する手段などありようもないが、イヴァノフは当時手に入るかぎりの資源と語彙を駆使している。一九五九年五月二八日にイヴァノフは、トレッカーたちは「未知の不可抗力」の犠牲になったと結論し、それがこの事件をめぐる謎を定義する言葉になった。この言葉は説明にはほど遠いものの、その結論は奇妙に正確だった。カルマン渦列によって生成された超低周波音がほんとうに、あの夜トレッカーたちがテントを棄てた――そしてその結果として死に向かって歩いていった――理由だったとすれば、「未知の不可抗力」という以上に、真相を表現するのに近い言葉は当時のだれも――レフ・イヴァノフであれだれであれ――持っていなかったのだから。

28

以下は、二月一日から二月二日未明のもようを再現したものだ。基になっているのは、トレッカーたちの日誌、天候の記録、物的証拠、および専門家の科学的見解である。

一九五九年二月一〜二日

二月の第一日は、旅が始まって以来のとくべつ気楽な朝で始まった。空は曇っているが、風はなく、トレッカーたちはテントのなかで熱いココアと朝食をとりながらのんびり過ごしていた。食事が終わると紙と鉛筆が出てきて、笑ったりふざけたりしながら、友人たちは虚構新聞『イヴニング・オトルテン』第一号の原稿を書きはじめた。この旅の途上、そして長年の友情を通じて蓄積された思い出や内輪のジョークが紙に書き記されていく。完成した新聞では、いちばん上の社説は「第二一回共産党大会では、トレッカーの出生率上昇を報告しよう！」と謳っている。技術ニュースは「同志コレヴァトフ」の設計したトレッキング用橇のレビューで、おちゃめにも「汽車やトラックや馬の背で乗るにはぴったり」だが、「雪上で荷物を運ぶのにはお勧めできない」と結論されている。そのうえにあるのは科学ページの内容紹介だ。「学会は雪男《イエティ》の存在について激論を続けている。最新のデータによれば、雪男はウラル山脈北部、オトルテン山周辺に生息しているらしい」。この「雪男」が忌まわしい怪物を意味しているのか、それとも自分自身のことを茶化してさしているのか、それはかれらにしかわからない。

うきうきした気分を残したまま、友人たちはキャンプの撤収にかかり、そのさいにテントの外で楽しげな写真を何枚か撮影している。テントを畳んで収納すると、次はラバズの設営にとりかかった。これは、帰り旅のために物資を保管しておくシェルターのことだ。余分の食料や予備のスキーやブーツなど、不要不急の物資をオトルテン山のてっぺんまで持っていってもしかたがない。マンドリンを置いていくのはゲオルギーにとってつらいことだったが、音楽なしで二日過ごすことになるとしても、荷物が軽くなるのを思えば引き合うというものだ。ラバズの設置と物資の収容にかなりの時間がかかり、ついにスキーをはいて出発したのは午後もなかばになってからだった。

森を抜けて吹きさらしの場所に出るころには、午前中の笑顔は引き締まり、真剣な集中の表情に変わっていた。高度があがるほど天候は悪化し、その日の行程のなかばでは、かれらは向かい風に身をかがめて一列になって進んでいた。カメラを持ったメンバーが、灰色のもやのなかへスキーで進んでいくグループの写真を何枚か撮影している。午後五時には陽が沈むし、吹雪も明らかに激しくなってきた。そろそろキャンプ地の選定にかかるころだ。

午後四時半ごろ、一行は開けた場所で足を止めた。地図に「標高一〇七九」とのみ書かれた名もない山（のちにホラチャフリと呼ばれるようになる）の、そこは東向きの斜面にあった。イーゴリはここならおあつらえ向きだと考えた。斜面はさほど急でないから雪崩の心配はないが、高木限界より上にあって風雪にさらされている。これこそ、かれらが求めていた挑戦しがいのある課題だった。向上心旺盛なトレッカーとしては、樹木に守られて安全第一でやっているわけにはいかない。それでは、トレッキング第三級の資格が獲得できないからだ。ここはまた、うまい具合に最終目的地の山がじかに眺められる場所でもあった。日が昇ったら朝食を簡単にすませ、手早く荷物をまとめてまっすぐオトルテン山をめざすことができる。朝になったら、忘れずにここの写真を撮ろうと自分たちに言い聞かせた。トレッキング委員会に提出する資料に必要なのだ。

キャンプを設営するのは、当然ながら解体するよりずっと時間がかかる。それが身に沁みてよくわかっているのは、野外活動の経験豊富な者だけだ。そんなわけでそれから数時間、九人のトレッカーは協力して働いて、ぐんぐん近づいてくる夜と競争でキャンバス地の砦を築いた。いよいよ激しくなる西風のせいで、ふだんより時間がかかった。斜面にテントをしっかり固定するために、安全対策はすべて見直しと再見直しが必要だ。

まずはブーツからスキーをはずし、八組を雪面に床板のように横に並べた。九組めのスキー板は、その八組がずれないように両側に縦に置いて押さえにする。テントの支えとして必要ならすぐに使えるように、雪にだれかがピッケルを突き立てた。こうして基礎を整えたところで、今度は六×一三フィート〔約一八三×三九六センチ〕の防水布を広げる仕事にとりかかった。分厚い布が風に激しくはためき、テントを三次元の形に整えるのはひと苦労だった。固く締まった雪にスキーストックを突き立て、それに結びつけたコードで引っぱりあげて、しまいにテントは見慣れた形をとりはじめた。完成したテントは、入口を南に向けて斜面に対して横向きに張られていた。

いまではお決まりの手順になっているとおり、まずはジーナとリュダがなかに入った。テントの面積は七・五平方メートルほど、広々としているし、なかで直立できるぐらい高さもある。懐中電灯の光を頼りに、ふたりはその空間を夜に必要なもの――ストーブ、食料、毛布――で埋めつつ、それでからになったザックを防寒のため床に敷く。そのザックのうえに、何枚か毛布を広げた。テントの修繕されていない穴は、ジャケットなどの衣類でふさぐ。内と外の作業の組み合わせで、テントは斜面にしっかり根をおろし、地面からの冷気は遮断されていく。ハリケーンでも来ないかぎり、テントを斜面から吹き飛ばすことはできまい。

サーシャとコーリャが外に残ってテントの仕上げをしているあいだに、ほかの五人の男性――イーゴリ、ドロシェンコ、コレヴァトフ、ゲオルギー、ルスティク――はテントに入り、なかのジーナとリュダとともにザックや毛布を整えた。それがすむと、七人はブーツを脱ぎ、さらにジャケットも脱いで乾かすためにわざと広げておく。グループにとって今夜はキャンプの第五夜だから、ブーツもジャケットもすでに定位置が決まっていた。

外では風が激しさを増しつつあり、口笛のような咆哮のような音を立てはじめていた。半開きの入口が切羽詰まったようにばたばた揺れている。ついにサーシャとコーリャもなかに入ってきて、三重に留め金をかけ、さらに入口前にシートをおろしてすきま風の侵入を防いだ。午後九時には、九人の体温でテント内は少し暖まってきていた。軽い夕食にとりかかり、ハムとビスケットをまわして夢中でむさぼった。満腹すると、何人かは早くも身体を伸ばし、脇を下にして横たわった。冷たい床に触れる部分をできるだけ少なくするためだ。あとから入ってきたコーリャとサーシャは、まだ必死で夕食を詰め込んでいる。いちばん外側の防寒着も脱がず、ブーツのインナーもはいたままだった。これはたぶん、テントの端で眠ることになっているからだろう。あるいは、コーリャがインナーをはいたままだったのは、ちょっと外へ出るためだったのかもしれない。排尿のために外へ出るだけなら、わざわざブーツを履くまでもない。ゲオルギーが腕時計をはずして、翌朝の目覚まし係であるコーリャに渡した。コーリャも自分の腕時計をしているが、ねじ巻き式の時計は氷点下では不安定になる。念のため予備の時計もしておくほうがいい。寝坊して、目が覚めたら午前もなかばだったりしたら困る。

冷たい食物をとりつづけている者もいたが、ジーナとドロシェンコはテントの中央でキャンプ用ストーブの設置にとりかかっていた。折り畳みの鋳鉄の板からできていて、伸縮式の煙突がついているが、これを正しい形にひねらなくてはならず、このストーブを組み立てるのはとてつもなく面倒だった。手がかじかんでいるときはとくにそうだ。『イヴニング・オトルテン』のスポーツ欄によると、ストーブ組立の新記録は一時間二分二七秒四となっていた。しかしこの夜、ストーブは組み立てられずに終わった。おそらくジーナとドロシェンコは組み立てる気をなくしたのだろう。なにしろ高木限界から遠く離れて旅してきたから、オトルテン山の不毛の山腹を登るときのために薪を節約しなくてはならないのだ。だれかがココアの粉末を水に溶かしたが、火がなくて冷たいままだった。ジーナとドロシェンコがストーブを組み立てられなかったのは、外でなにかが起こりつつあって、不安が募ってきていたからかもしれない。テントの下のスキー板はすでに振動しはじめていたが、やがてテントじたいも揺れはじめた。

一時間前から、円蓋のような山頂を越えてくる風の速度が増してきていた。しかし、なにより恐ろしいのはその轟音だった。トレッカーたちは、山の強風の不気味な悲鳴には慣れているが、この風の恐ろしい咆哮は貨物列車の轟音のようだ。その轟音が山腹をえぐってテントのそばを走り抜けていく。それも次々に。イーゴリたちは、こんな気象現象のことは聞いたこともなく、身体がそれに反応しはじめたときには、なにが起こっているのかまったく見当がつかなかった。横になっていた者たちも、ぎょっとして起きあがった。全員が同じ重度の偏頭痛に見舞われたかのように頭がずきずきしはじめ、胸腔にみょうな振動を感じる。言いようのない不安感が急激につのり、それがしまいには本格的な耐えがたい恐怖に変わった。風の振動が超低周波音の域に達するころには、もう風のことはどうでもよくなっていた――より深い恐怖にとらわれていたのだ。

いったいなにが起こっているのか――こう自分に問いかけることさえできなかったかもしれない。超低周波音の影響で、一時的に理性的な思考能力が奪われ、原始的な逃避反応という本能に支配されていた。いまはただ、この強烈な不快感を止めたい、逃げ出したい、それだけだった。すさまじい勢いで沈んでいく船から逃げ出すように、かれらはテントから脱出せずにいられなかった。どんな犠牲を払っても、たとえ溺死する危険があろうとも。逃げろ、逃げろ、逃げろ、いまはそれしか考えられない。

サーシャとコーリャは出口の掛金をはずしたが、フラップの底にすきまができるや、そこに身体をねじ込んで外へ出た。奥のほうにいただれかがナイフを取り出し、テントの布を切り裂こうとした。しかし、テントの壁は結露で凍っていたため、最初のうちはなかなかうまく行かず、三度めでやっと裂け目ができた。裂け目を広げて人が通れるほどになると、かれらはひとりまたひとりとテントを出て、外の暗闇に逃げていった。しかし、外の気温はマイナス三〇度だ。かれらはろくに服を着ておらず、足には靴下を穿いているだけだ。わが身に取り憑いた苦痛から逃れたい一心でテントから脱出したが、そこにはべつの苦痛が待っていただけだった。

七人の男とふたりの女には見えなかったが、風はふたつの渦列となって山頂から吹き下ろしてきていた。風というより冬の竜巻の軍勢だ。渦を巻く空気の柱が巻きつくようにして山頂を乗り越え、斜面の両側を駆け下りてくる。これらの渦は轟音をあげて時速六〇キロでトレッカーたちの横を駆け抜けていく。内側の回転速度は毎時一八〇キロから二五〇キロに達し、これはＦ２の強度〔竜巻の強さを分類する藤田スケールによる尺度。Ｆ２は脆弱な木造家屋が吹き飛ぶほどの強さ〕の竜巻に相当する。渦はしだいに大きくなり、幅三〇メートル、高さ四〇メートルほどに達し、耳に聞こえる咆哮に加えて超低周波音も発生し、それがトレッカーたちの精神に恐慌をもたらした。しかし、竜巻の大きさと強さにもかかわらず、かれらが真っ暗な外へ逃げ出したとき、吹き飛ばされる危険はほとんどなかった。竜巻は、テントからかなりの距離を置いて移動していたから、テントを出たトレッカーたちが斜面を下るときに巻き込まれる恐れはなかったのだ。そのうえ、頂上から下るほどに渦は大きくなり、したがって内部の回転速度は落ちていき、ひとつひとつの渦は発生して一分とたたずに消滅する。

九人は早いうちにばらばらになった。月はまだ出ておらず、周囲は漆黒の闇だ。出口のすぐそばにいたコーリャとサーシャは懐中電灯を持っていたが、混乱のなかでサーシャは雪のなかに落としてしまった。テントを同時に出たわけではなかったし、周囲は真っ暗闇だったせいで、かれらは小さなグループに分断されてしまった。しかも、お互いの声がほとんど聞こえなかった。理想的な条件下では、人の声は二〇メートルほど先まで届くが、風を背に受けて斜面を下っていたときには、周囲の轟音のせいで言葉を交わすのはほとんど不可能だった。

山をおりきって高木限界に近づくころには、超低周波音の精神への影響も薄れてきた。苦痛や混乱が完全に去ったわけではない――それに、風の咆哮はいまも耳のなかで反響している――が、少しずつ理性的な思考能力が戻ってきた。そしてひとりまたひとりと、九人はまったく異なる種類の混乱に襲われはじめた。自分たちがなにをしたかようやく気がつき、足を貫く冷たさが意識されると、圧倒的な恐怖にわしづかみにされた。かれらはいま氷点下の戸外に立っていて、月のない夜でものを見分けることもできず、テントがどちらにあるのかろくにわからないのだ。

実際には、テントまでの距離は三〇〇メートルほどだった。またかれらは三つのグループに分かれていた――ひとつはリュダ、コーリャ、サーシャ、コレヴァトフの四人、もうひとつはジーナ、ルスティク、イーゴリの三人、そしてゲオルギーとドロシェンコのふたりだ。かれらはこの時点で、風にさからって斜面を登り、暗闇のなかでテントを見つけるのは無理だと気がついただろう。唯一の望みは、このまま風を背に受けて森の奥へ進み、日の出まで生き延びることに集中することだ。しかしこれは、その前に低体温症で倒れずにすめばの話だ。そしてその症状はすでにあらわれはじめていた。斜面を駆け下りたため、そしてまた氷点下の空気にふれたショックで心拍数はまだあがっていたが、これからの数時間で心拍数も呼吸数も落ちていく。そして、低周波音への反応として始まった混乱は、極寒のもたらす譫妄《せんもう》に変わっていくだろう。

ゲオルギーとドロシェンコは南に向かう道をたどり、凍ったロズヴァ川を渡って森に向かった。しかし、川の支流で深く雪の積もった箇所に出くわし、深い森のなかに入っていくことができなかった。そこでそのまま川床を進むうちに、大きなヒマラヤスギに行き当たった。ほかのメンバーやキャンプ地からどれほど離れてしまったかもわからず、ふたりはここで夜を過ごすことにした。そうなると火をおこさなくてはならないが、真っ暗ななかでは、考えただけでたじろぐほどむずかしい作業だ。ドロシェンコはなんとかヒマラヤスギにのぼり、焚きつけになりそうな乾いた小枝を折って、下のゲオルギーに投げ落とした。簡単に折れる小枝がなくなると、ドロシェンコはポケットナイフで太い枝を切りはじめた。しかし、低体温症で身体が思うように動かず、バランスを失って、地面に落とした枝のうえに転落した。負傷し、衝撃で息ができなくなっただろうが、ふたりをマヒさせている耐えがたい寒さに比べればそれは大したことではなかった。ふたりにとって幸運なことに、モミやカバノキとはちがい、ヒマラヤスギは比較的乾いた木で、この天候でも燃やすことができた。さらに、マッチを衣服に縫い込んでおくという予防措置が効果を発揮し、またハンカチで火をあおることもできたため、集めた大小の枝でついに火をおこすことに成功した。本来は木にそのまま火をつけてしまうほうがよかっただろう。そうすればじゅうぶんな熱が得られて、朝まで生き延びられたかもしれない。しかし、この時点ではもう頭がちゃんと働いておらず、この基本的な生き残りの戦略をふたりとも思いつくことができなかった。かれらは小さな焚き火のそばにうずくまり、そのぬくもり――と不思議な安らぎ――に身を任せてしまった。

いっぽう、コーリャとリュダとサーシャとコレヴァトフは、ゲオルギー・ドロシェンコ組とは正反対の北へ向かった。コーリャはその途中で足を負傷して歩けなくなった。おそらく、雪の数センチ下に隠れていた岩のせいだろうが、またそのさいに懐中電灯もなくしてしまった。そのため、四人は真っ暗ななかを手探りで進むことになった。サーシャとコレヴァトフが負傷したコーリャを抱えて、雪のなかをだいたい森のほうに向かって進んでいたが、なんの前ぶれもなく七メートルの崖に遭遇し、岩だらけの峡谷に転落した。コーリャとリュダとサーシャは岩に激しくぶつかり、三人とも胸部に重傷を負った。いっぽうコーリャは岩に頭蓋骨を叩きつけられた。

どういうわけか、コレヴァトフはさほどの重傷を負わずにすんだので（コーリャがクッションの役目を果たしたのかもしれない）、友人たちの生命を救うことがいまの彼にとっては唯一の関心事になった。おそらく、意識を失いつつある友人たちと意思の疎通は可能だっただろう。身体が冷えないように、彼はモミの枝で寝床を作ってかれらをそこへ寝かせた。火を焚くことは考えなかった。燃料がないからだ。周囲のカバノキやモミの木々は湿りけが多くて火がつかないのだ。しかしそうこうするうちに、コレヴァトフはいま来た方向に光が見えるのに気がついた。ほかのメンバーと再会できるかもしれない。そうしたらけがをした友人たちを救うのに手を貸してもらえる。その唯一の望みにすがって、彼は凍えた痛む足を動かし、雪のなかを光の方向へ一四〇〇メートル以上も歩いた。

ヒマラヤスギへたどり着いてみると、ゲオルギーとドロシェンコが倒れていて、その近くで焚き火はすでにくすぶっていた。火をおこすことができたのは幸運だったが、重度の低体温症にかかった人が急に熱に接すると、「アフタードロップ」現象の危険がある。逆に身体の中心温度が低下する現象だ。いきなり火にあたったせいでふたりは強烈な眠気を催し、そのまま深い無意識状態に陥ってしまったのだ。火を燃やしつづけるのを怠るという致命的なミスに加えて、早く暖まろうとして火の穴に腕を垂らしており、そのせいで衣服も皮膚も焦げていた。コレヴァトフは友人たちの腕を穴から引っぱり出したが、そんなことをしてももう無意味だった。低体温症でふたりはもう息を引き取っていたのだ。いまとなっては、峡谷に戻って転落した三人を助けることを考えるしかない。コレヴァトフはポケットナイフを取り出し、ゲオルギーとドロシェンコの衣服の温かい部分を切りとっていき、ふたりの衣服をずたずたにしてしまった。それから、せめてもの礼儀としてふたりを並べて横たえると、また峡谷へ引き返した。

ずたずたのセーターとズボンを持って戻ってみると、リュダとコーリャとサーシャはもう虫の息だった。リュダのむき出しの足にセーターの一部を巻きつけたが、もう救うには遅すぎた。彼女は意識を失い、ついに体内の負傷のせいで息を引き取った。コーリャは頭を打って意識不明だったが、脳内出血で生命を落とした。生きているのがサーシャだけになり、なんとか森の奥へ運ぼうと、コレヴァトフは最後の力をふりしぼって負傷した退役軍人を抱えあげた。しかし、峡谷の端までたどり着くことはできなかった。もうそれ以上寒さと疲労に抵抗することはできず、コレヴァトフは友人のとなりにくずおれた。ふたりは目を閉じ、抱きあいながら、安らかな無意識に滑り落ちていった。

イーゴリ、ルスティク、ジーナの三人はいちばんテントに近い場所にいたが、三人ともばらばらになってしまった。イーゴリは木々に囲まれた峡谷に入り込み、そこで低体温症の末期症状に苦しんでいた。マッチを持っていたとしても、周囲のカバノキは燃料にはならなかっただろう。彼は寒さに震え、ひとりきりだった。励ましあう友人すらなく――ほんの二〇〇メートルと離れていなかったのに。小さなカバノキのそばでくずおれ、息絶える直前までその枝を握りしめていた。ルスティクは岩に倒れ込み、頭蓋骨を骨折した。意識を失ったが、最終的には寒さのせいで息を引き取った。ジーナもまた岩で負傷し、鼻の骨を折っている。顔に血を流しながら、彼女はテントに向かって斜面を這い登ろうとしたが、体力が続かず、倒れて低体温症で亡くなった。

欠けゆく三日月が午前三時に昇り、雲の陰から青い光を投げるころには、九人のトレッカーはみな動かなくなっていた。あきらめと激しい抵抗のさまざまな姿勢で凍りついている。厳しい寒さのなか、広大な荒野を越えて、九人はみな自分自身と友人たちの生命を守るために闘った。その勇気と忍耐はトレッキング第三級の称号を得るにじゅうぶんだった。ついに勝ち得ることはできなかったが、かれらにはその栄誉を受ける資格がある。

謝辞

トレッカーたちの親族のかたがた、捜索に参加したかたがた、そしてディアトロフ事件に大きく関与したかたがたは、自分の家族や愛する人になにがあったのか知ることもないまま、その多くがすでに亡くなっている。本書の目的は、亡くなった九人のトレッカーとその家族友人に敬意を表することだ。

本書は、ひじょうに多くの人々の協力があって初めて書くことができた。

ユーリ・クンツェヴィッチ、ヴラディーミル・ボルゼンコフ、ユーリ・ユーディンの知恵とたゆみない指導と寛大な友情がなかったら、本書が日の目を見ることはなかっただろう。本書の出版前に世を去ったユーリ・ユーディンには、ここで特別に敬意を表したい。こうしてあなたの物語を語りなおすことができました。よくやったと思ってくれているでしょうか。友よ、安らかにお眠りください。

ドミトリー・ヴォロシチュクは、ディアトロフ峠への遠征に同行してくれた。タチアナ・ディアトロフとそのご家族、ピョートル・バルトロメイ、エフゲニー・ジノヴィエフ、ミハイル・シャラヴィン、ヴラディスラフ・カレリン、オレグ・アルキポフ、アレクセイ・ブドリン、アナトリー・グシュチン、アレクサンドラ・イヴァノフ、イーゴリ・ドゥビニナ、ユーリ・コプテロフ、アレクセイ・カシン、セルゲイ・ルゴフツォフ、セルゲイ・ズベレフ、ミハイル・テレハノフ、ヴァレリヤ・ガマティナ、ニコライ・ローマン、ステファン・アニヤモフ、ヴァレンティン・ヤキメンコ、エフゲニー・コシュカレフ、レオニード・ロコティアン、ミラナ・ボリソヴァは、インタビューに応じて貴重な回想を語ってくれた。カーチャ・ブシュコフスカヤ、オルガ・タラネンネコ、エウゲネ・アルピルンは通訳を担当してくれた。レフ・イヴァノフは、一九五九年の捜査においても手がかりを与えてくれた。私を家族として温かく迎えてくれたオルガ・クンツェヴィッチには、いくら感謝してもしきれない。

J・C・ゲーブルとノヴァ・ジェイコブズは、校正でも執筆でも調査でも粘り強く協力してくれた。おふたりがいなかったら本書が完成することはなかっただろう。

クロニクル・ブックスの編集者スティーヴ・モッカスは、語り口についての鋭い洞察力を持ち、この物語をどう語るべきか理解する足がかりを与えてくれた。エミリー・ドゥビンは、入り組んだわかりにくい物語に視覚的な枠組みを与えるのを助けてくれた。クロニクル・ブックスのベス・スタイナー、リーア・ブラウン、コートニー・ドルーの協力にも感謝したい。

以下のかたがたには、専門家・学者としてお知恵を貸していただいた。NOAA地球システム研究所のドクター・アル・ベダードとヴァレリー・ザヴォロトニー。シカゴ大学メディカルセンターの准教授ドクター・クリス・ストラウス。ダートマス＝ヒッチコック・メディカルセンターの先進対応チームの医師、ドクター・リード・ブローゼン。林野部ユタ州雪崩センターの所長、ブルース・トレンパー。チャペルヒルのノースカロライナ大学でハンガリーの言語と文化を教えるピーター・シャーウッド教授。ロシア語の専門家ジョナサン・ブレントとJ・アーチボルト・ゲッティ。

『ロサンゼルス・タイムズ』のキャロリン・ケロッグは、J・Cと私にリチャード・ロイド・パリーのすぐれた著作*People Who Eat Darkness*〔邦題『黒い迷宮――ルーシー・ブラッ

ユーリ・ユーディンとドニー・アイカー。2012年2月

クマン事件の真実』）を紹介してくれた。この本から受けた刺激は本書執筆に大いに役立った。ポール・ティンティ・ノートンには、その友情と出版に関する専門知識と指導に感謝したい。ニーナ・ウェイナーは、二〇一一年にJ・Cと私を引き合わせてくれた。ジョン・シンクレア、コンラッド・リベロ、トニー・マカルスコ、ジェレミー・ラップ、ジョージ・ホダック、シビル・ペレス、レイチェル・ワイズマンは、原稿をとてもていねいに読んでくれた。ジョシュ・ロジャーズは一夜かぎりのサロンを提供して、本書がより多くの支援を得られるように手助けしてくれた。

親友ジェイスン・トンプスンへ、苦しい時期に見放さずにいてくれてありがとう。それから両親にも感謝。子供の私に勇気を吹き込んでくれ、道に迷ったときは導いてくれた。そして最後に、恋人のジュリアにお礼を言いたい。その輝かしいほどの誠実さと、無限の楽観主義と、豊かな創造性に私は助けられている。それから私たちの息子ダッシュのかわいいあんよに。その笑顔を見ると目に涙がわいてくる。ジュリアとダッシュは私の創造力の泉だ。この本をきみたちふたりに捧げる。

登場人物

◉トレッカー

ユーリ・ドロシェンコ（ドロシェンコ）――一九三八年一月二九日～一九五九年二月一／二日（享年二一）。ウラル工科大学無線工学専攻の学生。

リュドミラ・ドゥビニナ（リュダ）――一九三八年五月一二日～一九五九年二月一／二日（享年二〇）。ディアトロフ・グループ最年少、ふたりの女性のひとり。ウラル工科大学建築学部の学生、とくに経済学関連を専攻。

イーゴリ・ディアトロフ（イーゴリ）――一九三六年一月一三日～一九五九年二月一／二日（享年二三）。ディアトロフ・トレッキンググループのリーダー。無線と写真が趣味。ウラル工科大学工学部の学生。

アレクサンドル・コレヴァトフ（コレヴァトフ）——一九三四年一〇月一六日～一九五九年二月一／二日（享年二四）。ウラル工科大学核物理学部の学生。

ジナイダ・コルモゴロヴァ（ジーナ）——一九三七年一月一二日～一九五九年二月一／二日（享年二二）。ディアトロフ・トレッキング・グループに属する女性ふたりのうちのひとり。ウラル工科大学の学生、無線工学専攻。

ユーリ・クリヴォニシチェンコ（ゲオルギー）——一九三五年二月七日～一九五九年二月一／二日（享年二三）。ウラル工科大学の学生、建築・流体力学専攻。

ルステム・スロボディン（ルスティク）——一九三六年一月一一日～一九五九年二月一／二日（享年二三）。ウラル工科大学卒業生。機械工学の学位を取得。

ニコライ・ティボー＝ブリニョール（コーリャ）——一九三五年六月五日～一九五九年二月一／二日（享年二三）。ウラル工科大学卒業生。土木建築学で学位取得。

ユーリ・ユーディン（ユーディン）——一九三七年七月一九日～二〇一三年四月二七日（事件当時は二一歳）。ディアトロフ・トレッキング・グループの一〇人めのメンバーだったが、一九五九年のトレッキングでは慢性リューマチのため引き返した。

アレクサンドル・ゾロタリョフ（サーシャ）――一九二一年二月二日～一九五九年二月一／二日（享年三七または三八）。ディアトロフ・グループ最年長。トレッキングのインストラクターで、第二次世界大戦の退役軍人。鉱山会社に勤めていたが、一九五九年にグループに加わったときは軍事工学を学んでいた。

◉友人と家族

ルフィーナ・ディアトロヴァ――イーゴリ・ディアトロフの妹。兄と同じく、ウラル工科大学で無線工学を学ぶ。事件当時は二一歳。

スラヴァ・ディアトロフ――イーゴリの兄。トレッキングと野外活動が趣味で、それに感化されてイーゴリもそれが好きになった。事件当時、スラヴァは無線工学の学位をとってすでにウラル工科大学を卒業していた。

タチアナ・ディアトロヴァ――イーゴリの妹。事件当時一二歳。のち化学工学の学位を取得してウラル工科大学を卒業。

スタニスラフ・ヴェリキャヴィチュス——リトアニア人の賃雇い作業員で、もと囚人。廃棄された地質調査用の居住地にディアトロフ・グループを送っていった。トレッカーたちに「スラヴァおじいちゃん」と呼ばれる。

エフゲニー・ヴェネディクトフ（バラダー、「ひげ」）——木材伐採作業員の居住地、第四一区の住人。

◉一九五九年捜査・捜索班

ゲオルギー・アトマナキ——捜索救難のボランティア。一九五九年二月、シャフクノフおよびカレリンとともにトレッキングに参加して、光球を目撃した。

ユーリ・ブリノフ——ウラル工科大学の学生、トレッキング・クラブのメンバーでディアトロフ・グループの友人。最初の捜索隊に加わっていた。ブリノフ自身のトレッキング・グループは、行程の前半ではディアトロフらと行動をともにしていた。生きたグループのメンバーを最後に見た者のひとり。

ヴァディム・ブルスニツィン――捜索ボランティア、ウラル工科大学の学生。同じ班ではないが、ミハイル・シャラヴィンおよびボリス・スロブツォフと同じ捜索隊に加わっていた。事情聴取のさいの彼の証言は、シャラヴィンとスロブツォフがテントを発見するのに役立った。

レフ・ゴルド――当時四七歳、ウラル工科大学スポーツクラブの部長。ユーリ・ブリノフとともに、ゴルドは最初の捜索隊に加わっていた。

レフ・イヴァノフ――スヴェルドロフスク地方検察局の犯罪捜査官。ヴァシリー・テンパロフに代わってディアトロフ事件の主任捜査官に就任。

ヴラディスラフ・カレリン――捜索ボランティアで、(シャフクノフおよびアトマナキとともに) 一九五九年二月にトレッキング中、光球を目撃した。

アブラム・キコイン――有名な核物理学者イサーク・キコインの弟。ウラル工科大学で物理学を教えており、また大学の山岳クラブの部長を務めていた。そのため、捜索隊が交代することになったとき、交代後の捜索隊の隊長に任命された。

イヴァン・ラプテフ――ディアトロフ・グループの遺体を解剖した検死官。

レヴァショフ――スヴェルドロフスク市の主任放射線技術者。イヴァノフの求めに応じて、トレッカーの衣服や臓器の放射線検査をおこなった。

エフゲニー・マスレニコフ――トレッカーたちが死亡した当時、スヴェルドロフスクで最も野外活動の経験が豊富だった人物のひとり。ディアトロフ・グループの顧問でもあり、最終的には捜索隊の隊長を依頼された。

ニコライ・モイセイエフ――警察中尉。警察犬を使って、トレッカーの遺体を発見した。

ゲオルギー・オルチュコフ大佐――ウラル工科大学予備役将校訓練部隊の講師。捜索に深く関わり、最初の公式な捜索隊を組織した。

ミハイル・シャラヴィン――ウラル工科大学の学生、捜索ボランティア。ボリス・スロブツォフとともにテントを発見した。

ヴラディーミル・シャフクノフ——一九五九年二月、（カレリンおよびアトマナキとともに）トレッキングに参加し、光球を目撃した。

ボリス・スロブツォフ——ウラル工科大学の学生、捜索ボランティアで、ディアトロフ・グループの友人。ミハイル・シャラヴィンとともにテントを発見した。

ヴァシリー・テンパロフ——この事件の捜査を最初に担当した検察官。イヴデル検察局の下級司法顧問。しかし、彼より地位の高いレフ・イヴァノフにすぐに交代させられた。

アレクセイ・ヴォズロジディオニ——検死官。イヴァン・ラプテフとともにディアトロフ・グループの解剖を担当した。

◉現代の部

ヴラディーミル・ボルゼンコフ——災害研究の専門家、航空技術者、ディアトロフ事件を調査しており、主たる権威となっている。

ドニー・アイカー——映画作家、著者。

オルガ・クンツェヴィッチ——ユーリ・クンツェヴィッチの妻、エカテリンブルク在住。

ユーリ・クンツェヴィッチ——ディアトロフ財団の理事長。トレッカーでもあり、エカテリンブルクのヤング・パイオニアで指導員を務める。

ジェイスン・トンプスン——著者の映画制作のパートナーにして友人。著者の最初のロシア旅行に同行した。

ドミトリー・ヴォロシチュク——地質学者兼通訳。著者、ボルゼンコフ、クンツェヴィッチとともにディアトロフ峠遠征に参加した。

トレッカーの時系列

一九五九年一月二三日

ディアトロフ・グループは、スヴェルドロフスク市で午後九時五分の汽車に乗り、セロフに出発した。

一九五九年一月二四日

セロフの町に午前七時三九分に到着、午後を第四一小学校で児童を楽しませて過ごす。夕方、イヴデル行きの汽車で出発。イヴデルには真夜中ごろに到着。

一九五九年一月二五日

午前六時のバスでヴィジャイに向かう。午後二時ごろ到着。自由労働者のキャンプの所長に、贅沢な宿舎をあてがわれる。

一九五九年一月二六日

次の輸送手段を待つあいだに、ヴィジャイの森林監督官のアドバイスを聞きに行く。その後、トラックに乗って人里離れた木材伐採作業員の居住地第四一区に向かい、午後四時三〇分に到着。作業員の寮で夜を過ごし、真夜中をとっくに過ぎるころまで歌ったり詩を暗唱したりした。

一九五九年一月二七日

荷馬車をもつ男が来るのを午後四時まで待ち、それから廃棄された地質調査用の北部の居住地に向かう。夜遅くまで、凍ったロズヴァ川のうえを進んだ。

一九五九年一月二八日

凍ったロズヴァ川のうえを苦労して進んだのち、それでも元気いっぱいに、無人の地質学調査用居住地あとに夜明け前に到着。空き家を見つけて明るくなるまで眠る。その日、ユーリ・ユーディンは健康問題のため引き返すことになり、友人たちに最後の別れをする。残りのメンバーは、そのままスキーでロズヴァ川を北上する。

一九五九年一月二九日

さらにロズヴァ川に沿って進み、凍ったアウスピヤ川の近くでキャンプする。

一九五九年一月三〇日

さらにアウスピヤ川に沿って進み、木々に記されたマンシ族の記号について日誌に書き記す。雪が深くなり、スキーで進むのがさらにむずかしくなる。

一九五九年一月三一日

アウスピヤ川の上流に向かって旅を続け、夜にはキャンプを設営する。

一九五九年二月一日

前半は、一時的な物資保管シェルターを作るのに費やし、物資の一部をそこに残して、オトルテン山への登山に備えて荷物を軽くする。それから午後じゅうスキーで進み、のちにディアトロフ峠と呼ばれる場所に午後三時に到着。日没は午後四時五八分。ホラチャフリ山の標高一〇七九メートルの地点にテントを設営する。

一九五九年二月二日
一〇人めのメンバー、ユーリ・ユーディンがエメリヤシェフカの自宅に戻る。

一九五九年二月一二日
ディアトロフ・グループはこの日にヴィジャイに戻る予定だった。ユーディンはまだエメリヤシェフカにおり、グループが予定より三日遅れていることをスヴェルドロフスクに伝えるのを忘れていた。

一九五九年二月一五日
親族は遅れについて知らされていなかったため、当初の予定どおり二月一三日にグループがスヴェルドロフスクに戻らないとなって心配しはじめる。

一九五九年二月一六日

イーゴリの妹のルフィーナが、兄たちが戻っていないことを大学側に連絡する。

一九五九年二月一七日

午前六時〜七時、トレッカー、猟師、軍人など、ウラル地域のさまざまな人々が空に光球を見たと報告する。大学は家族や友人からの圧力に負けて、ディアトロフ・グループが通るはずのヴィジャイ市に問い合わせの電報を打つ。

一九五九年二月一八日

家族から捜索機を飛ばすよう要請があったが、大学側はこれを拒否。

一九五九年二月一九日

ヴィジャイからスヴェルドロフスクの大学側に返信があり、ディアトロフ・グループはまだ到着していないと知らせてくる。ウラル工科大学のゲオルギー・オルチュコフ大佐が正式な捜索隊を組織し、行方不明のトレッカーの捜索に着手。ユーリ・ブリノフ――ウラル工科大学の学生で、彼のグループはディアトロフたちと旅の前半で行動をともにしていた――もまっさきに捜索隊に加わる。

一九五九年二月二〇日

行方不明の九人の正式な捜索が始まる。ユーリ・ブリノフとレフ・ゴルド〈ウラル工科大学のスポーツクラブの部長〉がヘリコプターでイヴデルに飛ぶ。イヴデルから〈ヤク12〉偵察機で北へ飛び、行方不明者の姿がないかウラル山脈の尾根を調べたが、悪天候のため早めに切り上げざるをえなかった。

ユーリ・ユーディンは、故郷のエメリヤシェフカからスヴェルドロフスクに戻り、仲間たちがまだ帰っていないと知らされる。

イヴデル検察局は、トレッカーの行方不明事件について犯罪捜査を命じる。

一九五九年二月二一日

イヴデル検事ヴァシリー・テンパロフが捜査責任者に任命される。

ブリノフとゴルドはマンシ族のバフティヤロヴァ村に飛び、現地の部族から話を聞く。そして今月初め、若いトレッカーのグループが村に立ち寄ってお茶を飲んでいったことを知る。

一九五九年二月二二日

ウラル工科大学の学生ボリス・スロブツォフの率いる捜索隊が、飛行機でイヴデルに向かう。

一九五九年二月二三日

捜索隊がヘリコプターでオトルテン山(ディアトロフらが目指していた目的地)の東斜面に到着。二機の飛行機で、オトルテン山より東の山地とロズヴァ川の川岸を捜索する。

一九五九年二月二四日

ボリス・スロブツォフの捜索隊が、ロズヴァ川の谷間とアウスピヤ川を調べる。熟練の登山家エフゲニー・マスレニコフがスヴェルドロフスクからやって来て捜索に加わる。捜索の規模が拡大し、ウラル工科大学の学生、家族、地元の役人や、周辺の労働キャンプの労働者がオトルテン山に至るさまざまなルートを調べる。

一九五九年二月二五日

アウスピヤ川上空で捜索にあたっていたヘリコプターが、スキーのあとを発見する。捜索機からボリス・スロブツォフ隊に向けてメモが落とされ、ルートを変更してこの見つかったばかりのあとをたどるように指示される。

一九五九年二月二六日

捜索隊員のボリス・スロブツォフとミハイル・シャラヴィンが、ホラチャフリ山の東斜面の高所でトレッカーたちのテントを発見する。

スロブツォフとシャラヴィンがキャンプに戻ったあと、テントが見つかったというニュースを無線技師のイーゴリ・ネヴォーリンがイヴデルに送る。

一九五九年二月二七日

捜索隊がホラチャフリ山に集結。テントの二〇メートルほど下に、九組の足跡が見つかる。足跡はテントから谷に向かっていた。

ユーリ・ドロシェンコとユーリ・クリヴォニシチェンコの遺体が、テントから一キロ半ほど下ったヒマラヤスギのそばで発見される。

その後、イーゴリ・ディアトロフとジナイダ・コルモゴロヴァの遺体も、その日のうちに発見された。ディアトロフはテントから一二〇〇メートルほどの場所で見つかり、コルモゴロヴァはディアトロフから三〇〇メートルほど離れた場所で見つかった。

一九五九年二月二八日
その他のトレッカーの捜索が続けられるも、成果はあがらず。

一九五九年三月一日
地区の犯罪捜査官レフ・イヴァノフがテンパロフに代わって主任捜査官に任命される。イヴァノフは現場に到着すると、遺体が発見された状況の捜査を開始。イヴァノフはまたディアトロフのテントの場所も調べ、テントがトレッキング規則に従って設置されていることを確認する。
ディアトロフ・グループのうち最初に見つかった四人の遺体が、イヴデルへの搬送に備えてブーツ岩に運ばれる。

一九五九年三月二日
トレッカーたちの保管シェルターが発見されたが、食料とメンバーの所持品が納められたままだった。
イヴァノフは、四人の遺体を収容したヘリコプターに同乗してイヴデルに飛んだ。

一九五九年三月三日
その他のトレッカーの捜索が続けられるも、成果はあがらず。

一九五九年三月四日
イーゴリ、ジーナ、ゲオルギー、ユーリの遺体の検死解剖がイヴデルで始まる。

一九五九年三月五日
ルステム・スロボディンの遺体が発見される。イーゴリ・ディアトロフとジナイダ・コルモゴロヴァから三〇〇メートルほどの地点で、雪に三〇センチほど埋まっていた。

一九五九年三月六日
ルステムの遺体とテントの内容物がヘリコプターでイヴデルに運ばれる。

一九五九年三月七日
ユーリ・ユーディンはヘリコプターでイヴデルに行き、ディアトロフ・グループの所持品について所有者の特定をおこなう。

一九五九年三月八日

ユーリ・ユーディン、イヴデルでディアトロフ・グループの装備や所持品について所有者の特定をおこなう。

一九五九年三月九〜一〇日
最初に見つかった四人の葬儀がスヴェルドロフスクでおこなわれた。ユーディンはまだイヴデルにいて、葬儀には参列できなかった。

一九五九年三月一一日
ルステムの検死がイヴデルで始まる。ウラル山脈では捜索が続いている。

一九五九年三月一二〜一六日
いまだ四人（リュダ・ドゥビニナ、サーシャ・ゾロタリョフ、アレクサンドル・コレヴァトフ、コーリャ・ティボー＝ブリニョール）が見つかっていない。捜索が続いている。

一九五九年三月一七日
イヴデルの気象学者や兵士たちが光球を目撃する。捜索隊メンバーのヴラディスラフ・カレリンは、仲間とともにウラル山脈北部を旅行していて同様の現象を目撃した。

一九五九年三月一八～三〇日

イーゴリ、ジーナ、ゲオルギー、ドロシェンコ、ルスティクの検死の結果、五人の死因は低体温症であると結論された。残る問題は、どのように死んだかではなく、どんな状況で死んだかということだ。

捜索は範囲を広げて続けられているが、やはり成果はあがらない。

一九五九年三月三一日

アウスピヤ川のそばで捜索をおこなっていたメンバーが、二月一七日に目撃されたものと同様の光球が空を飛んでいるのを目撃した。

一九五九年四月一～二日

悪天候のため、捜索活動が滞る。

一九五九年四月三～六日

スヴェルドロフスクの犯罪調査研究室でテントの検査がおこなわれ、テントが何者かによって切られ、ディアトロフ・グループは急いで脱出したと結論された。イヴァノフは、このテントが切られたという問題が事件解決の鍵だと考えた。

一九五九年四月七日〜五月二日

本職の仕立屋がテントの裂け目を見て、捜査官たちがすでに出していた結論を裏書きした。これは意図的に刃物で切られたあとだというのだ。

科学捜査官G・チュルキナがのちにテントの裂け目を顕微鏡で調べ、これはテントの外側からでなく、内側から刃物で切られたものと断定した。それでイヴァノフは外部の攻撃という説は考慮しなくなった。

捜索は続いていたが、強風と深い雪で難航していた。

一九五九年五月三日

マンシ族の捜索隊員ステパン・クリコフが、ヒマラヤスギの近くの峡谷で、切られた木の枝が雪の下に埋もれているのを見つける。その周辺をゾンデ棒で探ると、衣服の破片が引っかかってきた。川床のうえに大きな穴を掘ると、切り取られてずたずたになった衣服が何枚も見つかった。

一九五九年五月四日

川床の上の雪と泥を掘るうちに、残る四人（リュドミラ・ドゥビニナ、アレクサンドル・ゾロタリョフ、アレクサンドル・コレヴァトフ、ニコライ・ティボー＝ブリニョール）の遺体が峡谷の底で見つかった。ボランティアたちは、腐敗の進んだ遺体を峡谷の泥のなかから引き上げた。

一九五九年五月五～六日
峡谷から引き上げられた遺体の状態を調べるためイヴァノフが到着。

一九五九年五月七日
ヘリコプターの操縦士ガテジェンコ大尉が、化学物質または微生物の漏出を防ぐため、遺体を亜鉛で内張りした棺に入れるよう要求し、そうでなければイヴデルに搬送することはできないと拒否する。

一九五九年五月八日
四人の遺体は、亜鉛で内張りした棺に納めて、ヘリコプターでイヴデルへ搬送された。

一九五九年五月九日
残る四人の検死解剖の結果、三人の遺体に「外力による」負傷が見つかった。

一九五九年五月一〇～一七日
イヴァノフは、最近の検死結果について理解しようと、さらに多くの証人の話を聞く。

一九五九年五月一八～二一日
イヴァノフは、放射能汚染の可能性を考え、放射線分析を命じる。

一九五九年五月一九～二一日
トレッカーの臓器と衣類のサンプルに対して、放射線検査がおこなわれる。

一九五九年五月二二日
ドゥビニナ、ゾロタリョフ、コレヴァトフ、ティボー＝ブリニョールの葬儀が、柩の蓋を閉じたままおこなわれる。参列者は親族のみ。

一九五九年五月二八日
刑事事件としての捜査は終了し、レフ・イヴァノフは「トレッカーたちの死は、未知の不可抗力によってもたらされたと考えられる」と結論した。

一九五九年五月二九日

捜査が打ち切られたあとに、放射線分析の報告があがってくる。犠牲者の衣料品からは通常濃度を上まわる放射線が検出されたというのが、放射線技師の判定だった。

解説　到達不能、あるいは検索不能の未踏へ

佐藤健寿

今日、私たちが知る、いわゆる「世界の謎」と呼ばれる出来事は、そのほとんどが二〇世紀半ばから八〇年代後半にかけて発見（あるいは発掘）されている。空飛ぶ円盤や未確認動物、超能力に大予言、オーパーツ云々……。第二次大戦が終結し、テレビやラジオを中心とした媒体《メディア》の技術が進歩し、世界経済の上昇機運の中で、そうした〝不思議なこと〟は、まるで失われた叡智のごとく、人々の関心を集めた。日本も例外ではない。空飛ぶ円盤の特番が高視聴率をあげ、ノストラダムスの世紀末予言が年間ベストセラー一位となり、人々は屈託もなくスプーンに「曲がれ！」と叫んだのだ。そうした一連の奇妙で平和な時代はしかし、世紀末、世界に降臨した想定外の恐怖の大王によって終わりを告げた。その名を、インターネットという。

インターネットの時代になると、テレビや雑誌という古き良き媒体《メディア》が繰り返し伝えてきた「世界の謎」は、大方その実相が暴かれてしまった。二〇世紀、未知の世界に心震わせた少年少女を喜ばせる出来事は、二一世紀以降、ほとんど何も起きていないし、発掘もされていないといってよい。そこには暗闇に跋扈する未確認生物も、空に怪しくき

らめく銀色の円盤も、密林の奥に隠された黄金の遺跡も、もはや存在する余地はない。誰かが奇妙なことを言い出せば、すぐに誰かが暴いてみせる。あらゆる事物が検索可能となり、あらゆる〝未確認〟は失われた。私たちは〝聡明な〟時代に生きている。ところがそんな時代に突風のように現れたのが、本書に描かれる「ディアトロフ峠事件」だったのだ。

ディアトロフ峠事件とは、一九五九年、ロシア西部、ウラル山脈の一帯で起きた遭難事故である。真冬のウラル山脈に学生登山部の若者九人が入山し、全員が消息を絶った。そして一か月後、凄惨な死に様で全員の死亡が確認される。当局はその原因を「未知の不可抗力」とだけ報告し、調査を終了。しかしなぜか二〇一〇年頃から、この出来事が急に「新たな謎」として発掘されたのだった。その理由は様々だが、ひとつにはこの事件が「旧ソ連」で起きたということと、深く関係している。本書の中でこんな印象的な場面がある。

アメリカ人がロシアへやって来て、本人とはまるで関係のなさそうな謎を解こうとするというのが、クンツェヴィッチと同じくユーディンにもやはり不可解に思えるらしい。「あなたの国には、未解決の謎はないんですか」とまた尋ねられた。(…)

ロシアを訪れた著者ドニー・アイカーは、事件の唯一の生き残りであるユーリ・ユーディンにこう問われて、困惑する。「もちろんないわけがない」。著者は心の中でそう呟いてみせるが、アメリカ人のドニーがわざわざロシアにまで来てしまった理由はたぶん、単純である。現代のアメリカには、もうディアトロフ峠事件のように「新たな謎」がないのだ。事実、二〇世紀の「世界の謎」は、アメリカや英国、つまり英語圏を中心に発信されたものであった。中東や南米、ヨーロッパで発掘された不思議な出来事の多くも、英米の研究者らが発掘して英語で発表したものがほとんどである（例えばヒマラヤの雪男伝説でさえ、英国のゴシップ紙が取材して世界に広めたものだ）。つまり二〇世紀の謎は多分に、英語圏中心の文化だった。だから例えばロズウェル事件やバミューダ・トライアングル、あるいは水晶ドクロのような「世界の謎」の多くは、二〇世紀のうちに開陳され、消費され、そしてインターネットという恐怖の大王によって沈黙させられた（それはネットの事実上の通用言語が英語であることとも無関係ではないだろう）。

　しかし第二次大戦以降、米国と拮抗しつづけたロシアだけは別であった。この超大国は、冷戦下で内外的な情報封鎖に加え、世界最大の非英語圏国でありつづけることで、現在でも事実上、世界のなかで〝未知〟でありつづけている（ロシアの秘密を暴いたジャーナリストたちがどうなるかはみんな知っているはずだ）。そしてディアトロフ峠事件についていえば、情報が公開されたのも八〇年代のグラスノスチ以降である。つまり、そうしたロシアの特殊性が、この「ディアトロフ峠事件」を現代まで封印しつづけた理由となった。例えばディアトロフ峠事件について、聡明な時代の道しるべたるウィキペディアのページを見てみると、英語ページの初出は二〇〇六年、ロシア語ページの初出は二〇〇八年とある。つまりつい一〇年ほど前まで、この事件はほとんど世界に知られていなかったと言ってよい。だから二一世紀、突如として発掘されたこの「新たな謎」に、世界の好事家たちが食いついたのはいうまでもない。著者のドニーも、常に新しいネタに飢えるテレビマンの本能で、久しぶりに現れたこの〝大ネタ〟に食らいついたのだろう。

そうして描かれた本作は、この複雑怪奇なディアトロフ峠事件をめぐる、現時点での唯一にして決定的な読み物となっている。一九五九年一月、山へと向かっていく学生たちの主観的な視点、そのひと月後に救助作業へと向かった人々の客観的な視点、そして二〇一〇年、ロシアの現場へと向かう著者の現地からの視点という三つの視座から事件のあらましが提示され、事件の諸相を、複雑に絡みあった紐をほどくように丁寧に描写してゆく。

特に貴重なのは、当時の学生たちの日誌や写真から彼らの足取りをたどる物語である。本書の中心でもある学生たちの紀行描写は、これまで「哀れな犠牲者たち」としてしか描かれなかったウラル工科大学登山部、隊長のイーゴリ・ディアトロフをはじめ、隊員ひとりひとりのキャラクターを浮き彫りにし、行方不明前日までの様子をリアルに追想させるものとなっている。事件の犠牲となった若者たちは、どこにでもいるような陽気な学生であったこと。事件前日まで意気揚々と山を登り、登山の成功をメンバーのおよそ誰一人も疑っていなかったこと。彼らの間にある微妙な人間関係やその経緯などは、おそらく本書が初めて明らかにしたものであり、ディアトロフ峠事件を語る上での重要な〝一次的〟資料といえる。また事件をめぐるゴシップ記事ではしばしば「学生たちが雪男を見たらしい」とか「UFOに遭遇したらしい」とか、同地に暮らすマンシ族の間で「死に山」と呼ばれていた、といった奇妙な噂がつきまとい、事件を一層謎めいたものにしてきた。しかしどのようにしてそうした超常現象的噂が生まれたのか、その秘密も本書は明らかにしている。

また事件後に現地を訪れた捜索隊のレポートもまた、これまでほとんど公開されてこなかったディティールを含む貴重なものである。とりわけ、ディアトロフ峠事件においてもっとも謎とされているのが、学生たちの死に様であった。ある者は裸であったとか、ある者は舌が引き抜かれていたとか、ある者は強い打撲傷を負っていた……云々。その異様な死に様はこの事件が今なお未解決事件とされ、人々の興味を惹きつける最大の理由でもある。この事件のように、一次情報が少なく、しかもセンセーショナルな出来事の場合、報道や記事そのものが、都市伝説の温床となる。とりわけネット以降の社会においては、まるで壮大な伝言ゲームのごとく、記事一つ一つに含まれる微妙な表現の差異や僅かな誤訳が積み重なって大きな偏差を生み、いつしか出来事そのものとはまるで無関係な尾ひれはひれが付け足されて行くのが常だ。そこで著者は当時の記録を綿密に調べ上げて、事件担当者の変遷から調査方法、その発見の様子まであぶりだし、曖昧な情報を排除している。つまりこの記録を読めば、ディアトロフ峠事件における基本的な事実、少なくとも「公開されている事実」のほとんどは俯瞰できると言っていいだろう。

そして最後に、二〇一〇～一二年にかけて、実際に現地を訪れた著者の視点がある。著者は事件の重要参考人となる生存者や遺族、関係者を訪ね歩き、それでも飽き足らずにほとんど無謀とも思える行動力で、最後に事件の現場を訪れる。それまでの綿密な一次資料の調査により、学生たちや調査隊の記録はほぼ明らかになっているにもかかわらず、である。しかし本書を読むかぎり、その〝六〇年後の現地視察〟があったからこそ、本書の洞察が決定的な説得力を得ていることは疑いようがない。例えばディアトロフ峠事件をめぐる仮説のひとつして「雪崩説」や「強風説」がある。現在、ネットで検索して得られるような情報だけをもとにして考えれば、それがもっともらしく、聡明な仮説だと結論することはたやすい。ところが著者は実際にみた現場の様子をもとに、これら仮説の可能性を、あっさりと否定してゆく。現地を訪れればすぐにわかる些細な事実すら誰も確かめず、いたずらに言及者だけが増えつづけ、伝言ゲームで出来事が複雑化、肥大化していくことはネット以降の社会のあらゆる場面で見られることだ。著者は、冒頭でこう述べる。

この半世紀前の謎に対する興味は、最初のうちはごく表面的なものだった。たとえて言えば、とくべつ面白いウェブサイトを見つけて、しょっちゅうのぞきに行かずにいられないというような。そして実際、まだ読んだことのないちょっとした情報でもないかと、盛んにインターネットめぐりをしたものだ。そうこうするうちに、信頼できるものもあやしげなものも、簡単に入手できるオンラインの資料はあっというまに漁り尽くしてしまった。

そうして著者はついに、ロシアへと旅立ってゆく。ネットの情報《ノイズ》で汚染された泥の山をかきわけ、六〇年前に学生たちがみたままの純白の雪原を掘り起こすために。それは真冬のウラル山脈という到達不能な「未踏」を巡る過酷な探検であると同時に、ネット社会の「圏外」へと旅する、知の探検でもあったのだ。そして現代もなお検索不能な「未踏」は、暴風吹き荒れる白い雪原の向こう側に、確かに存在していたのである。

（さとう・けんじ＝写真家）

本書は二〇一八年、小社より刊行された。

DEAD MOUNTAIN
by Donnie Eichar

死《し》に山《やま》
世界一《せかいいち》不気味《ぶきみ》な遭難事故《そうなんじこ》
《ディアトロフ峠事件《とうげじけん》》の真相《しんそう》

二〇二三年一〇月一〇日　初版印刷
二〇二三年一〇月二〇日　初版発行

著　者　ドニー・アイカー
訳　者　安原和見《やすはらかずみ》
発行者　小野寺優
発行所　株式会社河出書房新社
〒一五一－〇〇五一
東京都渋谷区千駄ヶ谷二－三二－二
電話〇三－三四〇四－八六一一（編集）
〇三－三四〇四－一二〇一（営業）
https://www.kawade.co.jp/

ロゴ・表紙デザイン　粟津潔
本文フォーマット　佐々木暁
印刷・製本　中央精版印刷株式会社

Printed in Japan　ISBN978-4-309-46792-4

銀河ヒッチハイク・ガイド

ダグラス・アダムス　安原和見〔訳〕　46255-4

銀河バイパス建設のため、ある日突然地球が消滅。地球最後の生き残りであるアーサーは、宇宙人フォードと銀河でヒッチハイクするはめに。抱腹絶倒ＳＦコメディ「銀河ヒッチハイク・ガイド」シリーズ第一弾！

宇宙の果てのレストラン

ダグラス・アダムス　安原和見〔訳〕　46256-1

宇宙船が攻撃され、アーサーらは離ればなれに。元・銀河大統領ゼイフォードとマーヴィンがたどりついた星で遭遇したのは⁉　宇宙の迷真理を探る一行のめちゃくちゃな冒険を描く、大傑作ＳＦコメディ第二弾！

宇宙クリケット大戦争

ダグラス・アダムス　安原和見〔訳〕　46265-3

遠い昔、遙か彼方の銀河で、クリキット軍の侵略により銀河系は絶滅の危機に陥った——甦った軍を阻むのは、宇宙イチいい加減なアーサー一行。果たして宇宙は救われるのか？　傑作ＳＦコメディ第三弾！

さようなら、いままで魚をありがとう

ダグラス・アダムス　安原和見〔訳〕　46266-0

十万光年をヒッチハイクして、アーサーがたどり着いたのは、八年前に破壊されたはずの地球だった‼　この〈地球〉の正体は⁉　大傑作ＳＦコメディ第四弾！……ただし、今回はラブ・ストーリーです。

ほとんど無害

ダグラス・アダムス　安原和見〔訳〕　46276-9

銀河の辺境で第二の人生を手に入れたアーサー。だが、トリリアンが彼の娘を連れて現れる。一方フォードは、ガイド社の異変に疑問を抱き——。ＳＦコメディ「銀河ヒッチハイク・ガイド」シリーズついに完結！

ダーク・ジェントリー全体論的探偵事務所

ダグラス・アダムス　安原和見〔訳〕　46456-5

お待たせしました！　伝説の英国コメディＳＦ「銀河ヒッチハイク・ガイド」の故ダグラス・アダムスが遺した、もうひとつの傑作シリーズがついに邦訳。前代未聞のコミック・ミステリー。

長く暗い魂のティータイム

ダグラス・アダムス　安原和見〔訳〕　46466-4

奇想ミステリー「ダーク・ジェントリー全体論的探偵事務所」シリーズ第二弾！　今回、史上もっともうさんくさい私立探偵ダーク・ジェントリーが謎解きを挑むのは……なんと「神」です。

パワー

ナオミ・オルダーマン　安原和見〔訳〕　46782-5

ある日を境に世界中の女に強力な電流を放つ力が宿り、女が男を支配する社会が生まれた――。エマ・ワトソン、オバマ前大統領、ビル・ゲイツ推薦！

アダムス・ファミリー全集

チャールズ・アダムス　H・ケヴィン・ミゼロッキ〔編〕　安原和見〔訳〕　46783-2

謎の美女モーティシア、夫ゴメス、長男パグズリー、長女ウェンズデーたち、朽ち果てた屋敷に住むアダムス一家。映画・アニメ・ドラマ化もされた原作１コマ漫画を完全集成。カラー画多数、詳細な解説付き。

これが見納め

ダグラス・アダムス／マーク・カーワディン／リチャード・ドーキンス　安原和見〔訳〕　46768-9

カカポ、キタシロサイ、アイアイ、マウンテンゴリラ……。『銀河ヒッチハイク・ガイド』の著者たちが、世界の絶滅危惧種に会いに旅に出た！　自然がますます愛おしくなる、紀行文の大傑作！

動物になって生きてみた

チャールズ・フォスター　西田美緒子〔訳〕　46737-5

アナグマとなって森で眠り、アカシカとなって猟犬に追われ、カワウソとなって川にもぐり、キツネとなって都会のゴミを漁り、アマツバメとなって旅をする。動物の目から世界を生きた、感動的ドキュメント。

人間はどこまで耐えられるのか

フランセス・アッシュクロフト　矢羽野薫〔訳〕　46303-2

死ぬか生きるかの極限状況を科学する！　どのくらい高く登れるか、どのくらい深く潜れるか、暑さと寒さ、速さなど、肉体的な「人間の限界」を著者自身も体を張って果敢に調べ抜いた驚異の生理学。

アフリカの日々

イサク・ディネセン　横山貞子〔訳〕　46477-0

すみれ色の青空と澄みきった大気、遠くに揺らぐ花のようなキリンたち、鉄のごときバッファロー。北欧の高貴な魂によって綴られる、大地と動物と男と女の豊かな交歓。20世紀エッセイ文学の金字塔。

マスードの戦い

長倉洋海　41853-7

もし彼が生きていたなら「アフガニスタンの今」はまったく違ったものになっていただろう——タリバン抵抗運動の伝説の指導者として民衆に愛された一人の戦士を通して描く、アフガンの真実の姿。

砂漠の教室

藤本和子　41960-2

当時37歳の著者が、ヘブライ語を学ぶためイスラエルへ。「他者を語る」ことにあえて挑んだ、限りなく真摯な旅の記録。聞き書きの名手として知られる著者の、原点の復刊！（単行本1978年刊）

娘に語るお父さんの戦記

水木しげる　41906-0

21歳で南方へ出征した著者は、片腕を失い、マラリアに苦しみながらも、自然と共に暮らすラバウルの先住民たちと出会い、過酷な戦場を生き延びる。子どもたちに向けたありのままの戦争の記録。

逆さに吊るされた男

田口ランディ　41797-4

地下鉄サリン実行犯の死刑囚Ｙと交流する作家の「私」。こんな「いい人」がなぜ？　オウム真理教の真実を追ううち、自身が制御できなくなり…人のグロテスクな自我を抉る衝撃のノンフィクション・ノベル。

カルト脱出記

佐藤典雅　41504-8

東京ガールズコレクションの仕掛け人としても知られる著者は、ロス、ＮＹ、ハワイ、東京と九歳から三十五歳までエホバの証人として教団活動していた。信者の日常、自らと家族の脱会を描く。待望の文庫化。

官報複合体

牧野洋　41848-3

日本の新聞はなぜ政府の“広報紙”にすぎないのか？　権力との癒着を示すさまざまな事件をひもとき、「権力の応援団」となっている日本メディアの大罪を暴いていく。

情報隠蔽国家

青木理　41849-0

警察・公安官僚の重用、学術会議任命時の異分子排除、デジタル庁による監視強化、入管法による排外志向、五輪強行に見る人命軽視……安倍・菅政権に通底する闇を暴く。最新の情報を大幅増補した決定版。

チッソは私であった

緒方正人　41784-4

水俣病患者認定運動の最前線で闘った緒方は、なぜ、認定申請を取り下げ、加害者を赦したのか？　水俣病を「文明の罪」として背負い直した先に浮かび上がる真の救済を描いた伝説的名著、待望の文庫化。

樺美智子、安保闘争に斃れた東大生

江刺昭子　41755-4

60年安保闘争に斃れた東大生・ヒロインの死の真相は何だったのか。国会議事堂に突入し22歳で死去し、悲劇のヒロインとして伝説化していった彼女の実像に迫った渾身のノンフィクション。

私戦

本田靖春　41173-6

一九六八年、暴力団員を射殺し、寸又峡温泉の旅館に人質をとり籠城した劇場型犯罪・金嬉老事件。差別に晒され続けた犯人と直に向き合い、事件の背景にある悲哀に寄り添った、戦後ノンフィクションの傑作。

連合赤軍　浅間山荘事件の真実

久能靖　41824-7

日本中を震撼させた浅間山荘事件から50年。中継現場から実況放送した著者による、突入までの息詰まる日々と事件の全貌をメディアの視点で描く。犯人の証言などを追加した増補版。